网络安全技术丛书

企业
信息安全体系
建设之道

马金龙 著

INFORMATION SECURITY

人民邮电出版社
北京

图书在版编目（CIP）数据

企业信息安全体系建设之道 / 马金龙著. -- 北京：人民邮电出版社，2023.11
（网络安全技术丛书）
ISBN 978-7-115-62578-6

Ⅰ. ①企… Ⅱ. ①马… Ⅲ. ①企业管理—信息安全 Ⅳ. ①F272.7

中国国家版本馆CIP数据核字(2023)第166216号

内 容 提 要

企业信息安全体系建设是为了保护企业的信息资产和确保其信息安全而构建的一系列组织和管理措施，旨在建立一个全面、系统、可持续的信息安全管理框架，以应对不断变化的威胁和风险。

本书通过四部分（安全基础知识、安全管理知识、安全技术知识和安全运营知识）介绍企业信息安全体系建设的相关知识，涉及安全理论、可信计算、信息安全体系、组织与策略、需求与规划、风险管理、合规与认证、人员管理与安全意识培训、访问控制与身份管理、物理环境安全、安全域边界、安全计算环境、应用安全防护、数据安全保护、确认安全防护目标、保持防护状态、异常情况处置、业务持续运营、安全运营中心等主题。

本书内容深入浅出，图文并茂，能够帮助大家更好地厘清知识脉络，非常适合信息安全领域的从业者阅读参考。此外，关注企业信息安全体系建设的读者，也可以通过本书了解具体的方法论。

◆ 著　　马金龙
　责任编辑　胡俊英
　责任印制　王　郁　焦志炜

◆ 人民邮电出版社出版发行　北京市丰台区成寿寺路 11 号
邮编 100564　电子邮件 315@ptpress.com.cn
网址 https://www.ptpress.com.cn
大厂回族自治县聚鑫印刷有限责任公司印刷

◆ 开本：800×1000　1/16
印张：16.75　　　　　　2023 年 11 月第 1 版
字数：387 千字　　　　　2023 年 11 月河北第 1 次印刷

定价：79.80 元

读者服务热线：(010)81055410　印装质量热线：(010)81055316
反盗版热线：(010)81055315
广告经营许可证：京东市监广登字 20170147 号

推荐语

作者基于多年在甲方企业从事信息安全体系建设的经验写作了本书。如果你想要了解企业安全防御策略，或者有一点甲方企业信息安全体系建设经验，想要更全面地学习信息安全体系建设，那么本书是很好的选择。

——魏兴国（云舒）

著名网络安全研究人员，默安科技创始人兼 CTO

本书全面介绍信息安全相关体系，可以帮助读者充分了解信息安全领域的知识要点，以及如何将它们应用到企业信息安全体系建设中。本书适合网络工程师、系统管理员、信息安全专业人员及其他对信息安全感兴趣的人士阅读。通过阅读本书，读者可以充分了解信息安全的架构和体系，从而更好地进行企业信息安全体系建设，提升企业信息安全水平。

——董志强（Killer）

腾讯安全副总裁，腾讯安全云鼎实验室负责人

本书凝结了作者多年的企业信息安全建设、管理和运营的经验，深入浅出地探讨了企业信息安全方面的工作要点。作为我的好友，马金龙（吗啡）多年在甲方一线负责安全，有非常丰富的实战经验。在本书中，他除了把在企业的工作经验进行了体系化的梳理，还从安全建设角度提出了很多安全理念方面的思考，涉及多个方面的复杂问题，相信对于技术人员和安全业务整改都有比较好的借鉴。

——马坤（cnfjhh）

四叶草安全创始人兼董事长

安全虽然包罗万象，但无论如何演变都没脱离内核——保密性（Confidentiality）、完整性（Integrity）和可用性（Availability），也可简称 CIA。马金龙（吗啡）是行业老兵，他把自己多年的工作经验及自己所了解的关键技术和管理思路集结成册，为广大读者提供了一本不可多得的案头好书。

——秦波（大波哥）

京东高级安全总监

这是一本综合性的信息安全技术与安全管理理论的参考书，全面论述了信息安全体系的建设步骤、信息安全技术、管理策略等内容，详细地分析了各种安全威胁及其处理方式，并给出了有

效的安全管理策略，内容实用、新颖、丰富，是企业信息安全体系建设方面必不可少的参考指南。

——凌云（linkboy）

携程高级安全总监

本书用言简意赅、通俗易懂的方式介绍了信息安全的基本概念、企业信息安全运行的核心逻辑，以及不少安全概念背后的来龙去脉，可以快速帮助读者厘清宏观脉络，方便大家在日常工作学习中展开全局视角，达到事半功倍的效果。无论是对企业信息安全感兴趣的新人，还是已经在某个垂直领域深耕并希望一窥全貌的"老兵"，这本书都能帮到大家。

——赵弼政（职业欠钱）

美团基础安全负责人

我非常高兴向大家推荐马金龙（吗啡）的新书。我和作者相识于2013年的一个CISSP学习群，我们一起学习、交流、受益良多。吗啡自2011年起就在新浪工作，一直从事企业信息安全建设工作，有丰富的企业信息安全建设的实践经验，这使本书的内容非常实用，让读者能够从中获得很多有价值的建议和方法。我强烈推荐本书，希望更多的人能够读到它，从中获得启示和思路，提升自己的信息安全能力，为行业的信息安全发展贡献力量。

——卢佐华，CISSP-ISSAP，ISC2北京分会主席

梆梆安全研究院院长

随着整个社会的数字化程度越来越高，攻击方式也在快速迭代更新，企业面临的安全威胁和压力与日俱增。对于完成了基础合规建设，更加注重安全效果和能力的企业，本书提供了一个完整的框架和最佳实践，非常值得参考。

——薛锋

微步在线创始人兼CEO

随着企业数字化转型的快速推进，企业所容纳的数据量呈爆发式增长，企业对信息安全的重视程度也达到了新的高度。如何搭建高效的信息安全体系，降低信息安全风险是企业关注的重要议题。本书的内容结构符合信息安全的全局观，从安全基础概念入手，涉及安全技术、安全管理、安全运营等主题，作者结合自身经验和具体实践全面讲述了信息安全体系建设的思路。无论是在校学生，还是信息安全领域的从业者，若想全面地学习和理解信息安全，本书都是不错的选择。

——王彬

华住集团信息安全副总裁

作者马金龙（吗啡）有非常丰富的网络安全从业经验。本书从管理和技术层面做了阐述，并融入了目前较新的安全运营理念，具备很好的实战效果。我强烈推荐大家阅读。

——张百川（网路游侠）

游侠安全网站长

推荐语

这本书是关于网络安全的全面性读物，旨在帮助读者了解网络安全的新发展和最佳实践。作者以专业的知识和丰富的经验，详细阐述了网络安全的基本原理，并深入讲解了各种安全技术和实践。如果你是网络安全领域的从业人员或者对网络安全感兴趣，这本书将为你提供有价值的信息和宝贵的指导。

——杨大路

天际友盟创始人兼 CEO，中国威胁情报和数字风险管理的先行者

作者马金龙（吗啡）有着 10 多年的网络安全体系建设与安全治理经验，他把这些经验毫无保留地写到了书中，读者可以通过本书快速了解这些内容。我强烈推荐大家阅读本书！

——林鹏（lion_00）

CCIE-security，《互联网安全建设从 0 到 1》作者，猎豹移动高级总监

很荣幸为本书写下几句推荐语，作为入行十多年的安全人员，对图书的要求不可谓不挑剔，本书既总结了过往的技术，也引入了一些新概念，全面贴合行业现状和需求。感谢作者的用心良苦，也期待本书能成为口碑之作。

——张坤

OWASP 北京分会负责人，脑动极光医疗科技首席信息安全官

越来越多的企业开始关注信息安全体系的建设，安全人员面临的挑战也变得越来越多，不仅要关注攻防对抗、安全漏洞，而且还要懂得如何构建系统化的安全治理体系。本书从安全基础、安全管理、安全技术、安全运营四个方面深入浅出地介绍了一个成熟的安全治理体系所需要的知识和实践经验，帮助安全人员从全局视角探索安全治理体系的奥秘。

——王任飞（Avfisher）

华为云资深云安全专家

有幸拜读了马金龙（吗啡）的著作，即使从业多年，读来也是获益颇多。本书从甲方安全的视角，结合本身的安全从业经验和实践，从基础安全理论到安全管理要求，从安全技术布防到安全运营落地，全方位地介绍了企业信息安全体系建设的各个要素。既有高屋建瓴的体系化视角，也有贴近实战的技术细节，适合公司 CIO、CTO、CISO、信息安全相关从业者阅读参考。

——沈明星

某公司资深安全专家

本书以企业安全建设为导向，以保护企业的资产和数据为目的，详细介绍了企业安全的各个方面，包括数据安全、网络安全、应用安全、访问控制等。马金龙（吗啡）是安全领域的专家，写作生动有趣，使读者可以轻松理解复杂的企业信息安全体系建设的知识。如果你是一位企业信息安全从业者，那么本书就是你的不二之选！

——郑歆炜（cnhawk）

国内知名安全专家

推荐语

马金龙（吗啡）是我认识多年的好友，一直在互联网企业中负责网络安全工作，具备相当多的实战经验。在本书中，他不但谈到了网络安全领域比较新的概念和框架，同时结合实战深入浅出地讲解了如何建立完整的企业网络安全体系、如何确保长期运营，并为读者提供了很多实际的案例和技巧。我认为这本书是企业安全管理人员和技术人员的实用指南，能够帮助读者轻松掌握企业网络安全和信息安全的知识和技能，应对安全挑战，保护公司的信息资产。无论你是刚刚涉足这一领域的新手，还是已经成为行业专家的老手，如果希望了解企业网络安全和信息安全的更多知识和经验，那么本书就是非常好的选择。

——李钠
奇安信合伙人

各行各业的数字化转型都在快速推进，面临的数据安全和网络安全风险陡增，企业对信息安全工作的需求也越来越高。然而大部分企业信息安全从业人员是从安全攻防技术研究逐步积累经验并转型为企业安全从业者的，可系统性学习与参考的企业信息安全体系建设领域的图书比较少，尤其缺少关于实践落地经验的体系化的总结。本书内容覆盖面广并与实践紧密结合，相信企业信息安全从业者阅读本书将会有所收获。

——张园超（张欧）
网商银行首席信息安全官

龙哥是安全行业的资深从业者，也是我认识多年的老朋友。这本书是对龙哥多年安全从业经验的系统性总结，很多观点背后都有深入的思考和丰富的实践经验。所谓"有麝自来香，无须大风扬"，不需要我写更多的溢美之词，大家可以自行阅读体会。

——马传雷（Flyh4t）
《风控要略：互联网业务反欺诈之路》作者之一，支付宝资深安全专家

随着攻防实战化的普及和大众安全意识的提高，企业安全保护水平也需要不断提升。企业安全主题的热点和重心，包括安全运营，以及围绕信息安全体系建设的安全架构和组织架构变革，这是甲方安全的内生需求。此外，随着基础安全能力的不断完善，企业安全体系和架构的不足随之显现。正是在此大背景下，本书提供了有益的视角和参考。

——聂君（君哥）
《企业安全建设指南》作者，知其安有限公司 CEO
"君哥的体历"公众号主理人

序 一

马金龙（吗啡）是互联网企业信息安全领域的"老兵"。伴随着企业内信息安全体系的一点一滴建设，他在不断完善自身企业的安全体系的同时，也积累了丰富的最佳实践和相应的方法论，进而孕育出了这本好书。

本书全面介绍了完整的企业信息安全体系的建设，适合对企业信息安全体系建设感兴趣的朋友们阅读。内容深入浅出，既包含理论框架，又有大量的实际案例，既适合零基础的爱好者入门学习，也适合有一定建设经验的企业信息安全从业者参考实践。

企业信息安全体系的建设是一个非常复杂的系统工程，既要有理论框架、法律法规做指导，又要有管理运营、制度意识做保障，还必须有技术能力作支撑。防护体系的正向建设，攻防风险的逆向建设缺一不可。很多时候还需要综合考虑效率、成本和历史积累的习惯。

风险是无穷无尽的，在某个层面上百分之百地解决风险，几乎是不可能的。因此，安全体系的建设必须是立体的、全链条的，在每一层能最大程度地降低风险，将上一层漏掉的风险点在下一层最大程度地进行防御，形成多层立体纵深的安全防御体系，防御住整条攻击链。

安全体系建设需要理论结合自身实际场景和实际业务，做到因地制宜，不能生搬乱套。本书介绍了很多具体的案例和实践可供参考，同时介绍了这些案例背后的方法论和洞察，非常适合相关行业的从业者参考学习。

——陈洋（cy07）
百度副总裁，百度安全总经理

序 二

马金龙（吗啡）是资深的安全从业者，有超过十五年的网络安全从业经验，目前在大型互联网企业负责信息安全工作。我和他也认识很多年，大家经常会在群里一起探讨企业信息安全体系建设的思路、经验和问题，他也经常会分享一些从业经验和个人心得，给人以新的启发。

得知他花了近一年时间结合个人实践把企业信息安全体系建设经验总结梳理出来了，洋洋洒洒十多章，不得不佩服他对安全的执着与热爱。

本书围绕安全基础、安全管理、安全技术和安全运营四个部分依次展开阐述，结合个人实践经验深入浅出地讲述了企业应该如何着手，既有理论指导又有实践经验，可以说是一本普适的信息安全体系建设指导手册，适合广大信息安全从业者反复阅读和思考。

本书在过去的信息安全理论上也有所创新。例如，我从刚刚参加工作时就听说过信息安全"三分技术、七分管理"的指导思想，但是本书能够不落窠臼，把安全运营提升到与安全管理、安全技术并重的地位，并花大量笔墨讲述安全运营工作，这是非常难得的。很多组织其实有非常全面的安全管理规章制度，也部署了各类安全技术产品，但还是发生了安全事故。以我多年的从业经验来看，原因很可能是重建设而轻运营。也就是说，很多企业的规章制度、安全产品都被束之高阁，并没有人真正去执行和使用。所以我认为，安全团队应当重视安全运营的作用，并通过安全运营不断地去完善和优化自身的安全体系。

同时，本书也介绍了近年来安全领域出现的一些新理念、新理论，如DevSecOps、零信任、XDR等，先让读者有所了解，有兴趣的读者可以再去延伸阅读。当然了，把这些知识点中每一个拿出来都可以再写一本书，也非常期待吗啡后续的作品能够深入解读！写书不易，佩服坚持的吗啡，也期待本书能够给读者带来一些新的启发。

——胡珀（lake2）
资深安全专家

序 三

我与马金龙（吗啡）认识很久，他有着多年在甲方企业从事信息安全体系建设的经验，常常在群里与群友讨论关于企业安全相关的话题，大家各抒己见，气氛十分热烈。

一直以来我认为的黑客精神就是善于独立思考、喜欢自由探索、热衷解决问题、克服种种限制，黑客精神从来就是一种崇尚自由、分享的精神，是一种匠心钻研的精神，还有就是一种坚守基本道德底线的精神。

随着信息安全技术的快速发展，信息安全行业得到了国家的重视，各个企业也加大了业务、产品、服务等方面的投入，也让坚守黑客精神的安全从业人员迎来了春天。但近年来不少新的安全概念，往往在企业内部难以落地，很多企业盲目地追求新产品、新技术，却忽视基础的重要性。不管是边界模糊，还是系统环境（云环境）改变，只有服务和运营精细化、可落地，才能帮助企业在干草堆里真正找到针。同理，提高效率、节约成本的产品才是最好的产品，才是企业真正需要的。

如同在互联网企业中，攻防趋势和互联网业务发展是对应的，安全一直是随着核心业务一起发展的。因为安全自身不创造价值，安全的价值必须和公司业务挂钩，并间接地得到体现。但通过建立信息安全为业务服务的安全体系，降低业务自身的安全威胁，大大减少了资损率和企业负面消息的曝光率，使得信息安全技术和业务风险管理并驾齐驱。也就是说，在卓越绩效企业的理念中，没有终止信息安全技术或启动业务风险管理的"节点"，它们应该是完全融合在一起的。

本书就非常全面地从安全基础、管理、技术、运营等维度，结合作者多年的实践经验，对企业信息安全体系建设进行了深入浅出的介绍，内容全面、翔实，推荐从事甲方信息安全管理和建设的从业者深入研读和参考。

安全从业人员应该持续学习来对抗内存攻防、架构变迁、业务演变等新威胁。比如甲方公司对安全的投入和感知取决于公司高层对安全的认知，如何利用事件（无论是安全事件还是监管事件）获取资源、资金、人员，如何了解业务，识别业务风险，让业务部门感受到安全的价值，这就是甲方安全人员需要掌握的向上管理能力。所以，如果你从事了安全行业，那么恭喜你，这将是一个很辛苦但又很有挑战的工作，是一个活到老学到老的工作，要保持一辈子的兴趣爱好和坚持。

作为安全从业人员，一定要有独立思考的能力、交流和分享的精神以及坚持道德底线的原则。

——张迅迪

国内知名安全组织"安全焦点"（xfocus）创始人

自　序

　　大多数企业的主要目的是盈利，但是企业在经营过程中也应该遵守相关的法律法规和行业规范，完成信息安全合规和整改等工作，如购买和部署防火墙、入侵检测系统、身份管理系统以及审计系统等设备或产品。企业需要投入人力、物力对这些设备或产品进行日常管理，还要设计安全策略对业务产品进行安全防护和事件响应。

　　同时，企业还面临着多种威胁，如近年来受多种因素影响，员工不得不居家办公，企业机密数据的安全性无法有效保证。"信息战"时代境内外有组织的黑客进行高级持续性威胁攻击，导致企业机密数据或用户个人敏感数据泄露。企业内外部用户有意或无意对信息或数据进行滥用、窃取或恶意利用，企业还可能因为个人信息或敏感数据泄露而被监管部门通报或处罚。持续的分布式拒绝服务（Distributed Denial of Service，DDoS）攻击使企业业务系统或服务中断数小时或数天，信息系统服务器还有可能被植入木马、"挖矿"、勒索等病毒，或沦为网络"肉鸡"，成为攻击其他企业或个人的帮凶等，这些都会给企业带来直接或间接的经济损失或声誉影响等。

　　为了保护企业信息资产、客户隐私数据，让业务能够持续、稳定地运行，企业不得不考虑对策。面对内外部的各类安全威胁，企业应该遵从行业最佳实践，聘请专业的安全人员来面对并解决这些问题。被请来解决问题的安全人员，在帮助企业解决问题之前，应该知晓企业目前所面临的风险，利用自身的专业知识并结合业务特点，降低或规避相应的风险，使企业能够继续安稳运营。

　　因此，安全人员应该具有自主学习的能力，善于总结经验与教训，不断完善、充实自身知识体系，并学以致用；还应该尽职尽责，有强烈的使命感及责任心。使命感是指个人找到适合自己的，并可以展现自身价值的角色及人生舞台，也就是个人对所从事的工作要有舍我其谁的精神。责任心是指个人对自己、他人、企业、国家和社会有负责任的意识，以及与之相应的承担责任和履行义务的态度，也就是说个人对待本职工作要有认真负责的态度。

　　安全人员在工作过程中应该具备两个属性：应有的关注和应有的谨慎。应有的关注是指安全人员的工作态度及意识行为，如制定相应的安全策略，并采取合理的安全保护措施。而应有的谨慎是指安全人员对工作尽职尽责，如对制定的策略和措施进行验证和检查，做到查漏补缺等。

　　比如你第一天上班，是阴天，天气预报说有雨，但你没带伞，下雨了，你被雨淋湿了；第二天上班，又是阴天，天气预报又说有雨，你带了伞，又下雨了，你打开伞后发现伞坏了，你又被雨淋湿了；第三天上班，还是阴天，天气预报还说有雨，不过这次你不但带了伞，还检查了伞，并确认伞是好的，虽然还是下了雨，但你没被雨淋且安全地到达了公司。

　　从上面的故事可以看出：第一天，阴天不带伞，说明你主观上不在意，没有做到应有的关注；

自　序

第二天，阴天带了伞，说明你主观上在意了，吸取了第一天的教训，但出门没检查伞是否可用，疏忽大意，没有做到应有的谨慎；而第三天你吸取了教训，不仅在主观上在意，还对伞进行了检查，做了应该做的所有工作，所以安全到达。

在工作中，每个人都扮演着不同的角色，而每一个角色都有其相应的使命与责任，强烈的责任心会给其他角色带来足够的安全感和信任感。作为安全人员，理应尽职尽责，遇到安全方面的问题当仁不让。这会给团队带来强烈的安全感，为今后业务拓展和监管合规提供强有力的支持，在安全领域成为团队成员心中坚实的后盾和信心来源。

曾子在《论语·学而》中有言——"吾日三省吾身：为人谋而不忠乎？与朋友交而不信乎？传不习乎？"

马金龙
2023 年春

前言

作为一名毕业20多年、从事安全行业超过15年的安全"小兵",从没想过可以写书给读者看,能够有一部作品呈现给大家,笔者感到非常荣幸。

好友著书出版之后称:"不求声名远播,只想为信息安全事业留点东西,做些贡献。"笔者听后很受感动,萌生了写书的想法:如果能把自身所学的企业信息安全体系建设相关的知识、理论以及实践经验梳理出来,给那些对企业信息安全体系建设知识感兴趣的朋友或刚入行的新人提供些许帮助,这将是一件很好的事。因此,笔者在2021年5月开始动笔,虽然在写作过程中遇到了各种困难,也曾几度想放弃,但在多位朋友的鼓励和蓝星群[1]中大佬们的指导下,对书稿进行了无数次修改,终于在2022年3月完成了初稿。

"道",出自老子所著《道德经》中"道可道,非常道;名可名,非常名。无名天地之始;有名万物之母。故常无,欲以观其妙;常有,欲以观其徼。此两者同出而异名,同谓之玄,玄之又玄,众妙之门。"

在安全领域,对于安全人员而言,"道"就是安全体系建设的思想。读者在职业生涯中可能会接触到企业信息安全体系建设的方方面面,通过不断学习、沉淀与总结,持续完善自己的工作方式及方法,这也是一种"道"的修行。

本书通过4个部分来介绍笔者心中的"道",也就是企业信息安全体系建设的相关知识。

第一部分"安全基础篇",主要介绍安全人员应该知晓的相关基础内容,如信息安全的基本概念、攻击与防御、可信计算、信息安全体系等,以及其他理论知识。

第二部分"安全管理篇",主要介绍安全人员在安全管理方面所使用的方法,如编写策略文件、明确安全需求、制定安全规划、实施人员管理等,以及安全管理方面的其他知识。

第三部分"安全技术篇",主要介绍安全人员在安全技术方面所使用的安全产品、技术及设备的作用和功能,如防火墙、入侵检测、杀毒软件、终端管理工具、数据防泄露技术等,以及安全技术方面的其他知识。

第四部分"安全运营篇",主要介绍安全人员在安全运营方面所使用的安全流程、方法和系

---

[1] 蓝星群是由一群安全人员组成的,年龄跨度从"70后"到"90后",由原腾讯安全应急响应中心(Tencent Security Response Center,TSRC)负责人马传雷在2016年建立,由腾讯、阿里巴巴、蚂蚁金服、华为、中国移动、京东、美团、小米、百度、快手、滴滴等互联网企业的主要安全负责人组成,群全称为"蓝星最强技术公益群",简称蓝星群。

统,如资产管理、配置管理、变更管理等,以及安全运营方面的知识。

在稿件完成之际,笔者有很多需要感谢的人,首先感谢前领导陈洋(cy07)以及当年的面试官孙磊(鬼仔)、孟卓(疯狗)破格录取笔者入职新浪集团,让笔者有幸在之后几年见证了新浪集团安全团队"梦之队"的建立;感谢王巍、邱春武、康宇3位现任领导,以及其他同事在工作中对笔者的信任、包容、理解和支持,使笔者和新浪集团安全团队可以持续发展。

其次,感谢尹玉飞、夏旻、卢佐华、胡安勇、陈驰、李滨、孙书强、周斌(Sinbad)、欧建军、陈世雄、徐鹏、黄泽君、郑路赛、周栋梁、黄子江、徐丹等众多学友在笔者多年前备考CISSP(Certification for Information System Security Professional,信息系统安全认证专业人员)时的陪伴和鼓励。

感谢老一辈安全人员,他们开拓进取的精神使整个行业得到了良性发展,让我们可以踩在巨人的肩膀上继续前行。感谢蓝星群的群友马传雷(Flyh4t)、王晖(Huiwang)、张迅迪(Xundi)、方斌(孤独雪狼)、王任飞(Avfisher)、高亮、顾孔希(鸡子)、秦波(大波哥)、周宇(oldjun)、王森(wilsonwang)、徐亮(Saiy)、凌云(linkboy)、钟武强(小五)、聂君(君哥)、杨蔚(301)、欧少虎(Tiger)、傅奎(二米)、李康(Rozer0)、王润辉(小胖胖)、马坤(cnfjhh)、王云翔(Instruder)、张维垚、荣文佳(Mystery)、王彬(酒精菜包)、张作裕(bk7477890)、王宇(xi4oyu)、曾毅(相守)、李学庆(Himan)、孙博(北北)、陈继安(齐迹)、何艺(乐平)、刘嵩(wooyaa)、陈洋(cy07)、石刘洋(易侠)、费亮(中毒)、方兴(flashsky)、张钧保(BAO)、孟阳(团长)、李劼杰(lijiejie)、牛纪雷(大牛)、高树鹏(小灰灰)、项显献(贤唐)、卢明樊(cloudbase)、沈俊、田伟(man8)、胡大磊、沈海涛(等待牛市)、赵弼政(职业欠钱)、沈明星、朱伟元(噎死的鱼)、陈曦(等灯等灯)、李钠(sbilly)、王哲(无敌大聪聪)、王伟(alert7)、李杰(popey)、庄剑锋(临之)、陈冬云、何淇丹(flanker)、卢彬良(lockhart)、梁超越(Charles)、汪利辉(老马)、张园超(张欧)、杨宁(鸟哥),与其他各群[1]的大佬杨勇(coolc)、韦韬(Lenx)、丁丽萍、金湘宇(NUKE)、王红阳(why)、薛锋、杨大路、张百川(网路游侠)、陈博(xiya)、金龙(Amxking)、樊山(教授)等在群中的日常沟通及指点,让笔者可以持续学习,逐步完善自身的安全知识体系。以上排名不分先后。

特别感谢胡珀(lake2)、郑歆炜(cnhawk)、林鹏(lion_00)、赵海锋(netxfly)、齐鲁(kevin1986)、雷平等朋友提出的宝贵建议及意见,他们为本书的完善提供了巨大的帮助,没有他们应该就不会有本书的出版。

感谢在笔者生命的不同时期给笔者带来不同体会的亲人和朋友,尤其是笔者的妻子,她使笔者不必操心家事,可以在空闲时间进行写作。

---

1 其他群包含但不限于以下社群:ISC2北京分会会员群、金融业企业安全建设实践群、网空安全新技术研究与情报共享群、中国电子学会电子数据取证专家委员群、行业安全大佬交流群、行业蓝军联盟(COS联盟)、FreeBuf咨询安全智库群等以及京安社等。

最后感谢在幕后默默付出的出版社工作人员，你们辛苦了。

希望读者读完本书，可以有一定的启发或收获。由于信息安全领域的知识太过纷繁，而笔者所学知识和写作水平又十分有限，书中难免存在不足之处，还请读者体谅。如有任何反馈或建议，欢迎读者联系笔者，联系方式如下。

公众号：itiscissp。

电子邮箱：majl8131@gmail.com。

马金龙

于 2023 年春

资源与支持

资源获取

本书提供如下资源:
- 书中彩图文件;
- 本书思维导图;
- 异步社区 7 天 VIP 会员。

要获得以上资源,您可以扫描下方二维码,根据指引领取。

提交勘误

作者和编辑尽最大努力来确保书中内容的准确性,但难免会存在疏漏。欢迎您将发现的问题反馈给我们,帮助我们提升图书的质量。

当您发现错误时,请登录异步社区(https://www.epubit.com/),按书名搜索,进入本书页面,点击"发表勘误",输入勘误信息,点击"提交勘误"按钮即可(见下图)。本书的作者和编辑会对您提交的勘误进行审核,确认并接受后,您将获赠异步社区的 100 积分。积分可用于在异步社区兑换优惠券、样书或奖品。

与我们联系

我们的联系邮箱是 contact@epubit.com.cn。

如果您对本书有任何疑问或建议,请您发邮件给我们,并请在邮件标题中注明本书书名,以便我们更高效地做出反馈。

如果您有兴趣出版图书、录制教学视频,或者参与图书翻译、技术审校等工作,可以发邮件给我们。

如果您所在的学校、培训机构或企业,想批量购买本书或异步社区出版的其他图书,也可以发邮件给我们。

如果您在网上发现有针对异步社区出品图书的各种形式的盗版行为,包括对图书全部或部分内容的非授权传播,请您将怀疑有侵权行为的链接发邮件给我们。您的这一举动是对作者权益的保护,也是我们持续为您提供有价值的内容的动力之源。

关于异步社区和异步图书

"**异步社区**"(www.epubit.com)是由人民邮电出版社创办的 IT 专业图书社区,于 2015 年 8 月上线运营,致力于优质内容的出版和分享,为读者提供高品质的学习内容,为作译者提供专业的出版服务,实现作者与读者在线交流互动,以及传统出版与数字出版的融合发展。

"**异步图书**"是异步社区策划出版的精品 IT 图书的品牌,依托于人民邮电出版社在计算机图书领域 30 余年的发展与积淀。异步图书面向 IT 行业以及各行业使用 IT 技术的用户。

目　录

第一部分　安全基础篇

第 1 章　安全理论 ... 2
- 1.1　信息安全的基本概念 ... 3
- 1.2　攻击与防御 ... 5
  - 1.2.1　黑客攻击 ... 6
  - 1.2.2　防御策略 ... 8
- 1.3　本章小结 ... 9

第 2 章　可信计算 ... 10
- 2.1　可信计算机系统 ... 10
- 2.2　可信计算技术 ... 11
- 2.3　零信任理念 ... 14
  - 2.3.1　零信任架构 ... 15
  - 2.3.2　零信任技术 ... 16
- 2.4　本章小结 ... 17

第 3 章　信息安全体系 ... 18
- 3.1　指导思想 ... 19
- 3.2　建设步骤 ... 21
- 3.3　建设方法 ... 22
- 3.4　本章小结 ... 22

第二部分　安全管理篇

第 4 章　组织与策略 ... 24
- 4.1　安全组织 ... 24
  - 4.1.1　信息安全指导委员会 ... 24
  - 4.1.2　专职的安全团队 ... 26
- 4.2　策略要求 ... 26
  - 4.2.1　策略文件 ... 27
  - 4.2.2　策略执行 ... 28
- 4.3　本章小结 ... 29

第 5 章　需求与规划 ... 30
- 5.1　安全需求 ... 30
- 5.2　安全规划 ... 31
- 5.3　本章小结 ... 33

第 6 章　风险管理 ... 34
- 6.1　规划阶段 ... 34
- 6.2　风险计算阶段 ... 35
  - 6.2.1　资产识别 ... 35
  - 6.2.2　威胁识别 ... 36
  - 6.2.3　脆弱性识别 ... 38
  - 6.2.4　风险分析方法 ... 39
  - 6.2.5　总风险及剩余风险 ... 40
- 6.3　风险处置阶段 ... 40
- 6.4　风险评估流程 ... 41
- 6.5　本章小结 ... 43

第 7 章 合规与认证 ·············· 44
7.1 监管合规管理 ············· 45
7.2 合规事务 ··············· 45
7.2.1 网络安全等级保护 ······· 45
7.2.2 增值电信业务经营许可证 ··· 47
7.2.3 SOX 法案的 404 条款年审 ··· 48
7.2.4 重要法律法规 ·········· 49
7.3 安全体系认证 ············· 50
7.4 本章小结 ··············· 52

第 8 章 人员管理与安全意识培训 ······ 53
8.1 人员管理措施 ············· 53
8.2 角色责任 ··············· 55
8.3 安全意识培训 ············· 56
8.4 本章小结 ··············· 57

第三部分 安全技术篇

第 9 章 访问控制与身份管理 ········ 60
9.1 访问控制 ··············· 60
9.1.1 访问控制的要素 ········ 60
9.1.2 访问控制的类型 ········ 61
9.1.3 访问控制的实现机制 ····· 62
9.2 身份管理 ··············· 63
9.2.1 用户账号 ············ 64
9.2.2 用户认证 ············ 64
9.2.3 用户授权 ············ 68
9.2.4 用户审计 ············ 68
9.2.5 集中身份认证管理 ······· 69
9.3 本章小结 ··············· 70

第 10 章 物理环境安全 ··········· 71
10.1 保护人员安全 ············ 73
10.2 保护数据中心及设备安全 ····· 74
10.3 本章小结 ·············· 75

第 11 章 安全域边界 ············ 76
11.1 安全域 ················ 76
11.2 网络隔离 ·············· 77
11.3 网络准入 ·············· 79
11.4 虚拟专用网络 ············ 80
11.5 防火墙 ················ 82
11.6 访问控制列表 ············ 84
11.7 本章小结 ·············· 85

第 12 章 安全计算环境 ··········· 86
12.1 系统安全 ·············· 86
12.1.1 主机安全 ··········· 86
12.1.2 终端管理 ··········· 87
12.2 加密技术 ·············· 89
12.2.1 加密算法分类 ········ 90
12.2.2 密码技术的应用 ······· 92
12.2.3 国密算法 ··········· 94
12.2.4 密码分析法 ·········· 95
12.3 反恶意程序 ············· 96
12.3.1 恶意程序介绍 ········ 96
12.3.2 反恶意程序介绍 ······· 97
12.3.3 企业级防恶意措施 ····· 98
12.4 入侵检测技术 ············ 99
12.4.1 入侵检测系统 ········ 99
12.4.2 入侵防御系统 ········ 101
12.4.3 两者的区别 ·········· 102
12.5 蜜罐技术 ·············· 103
12.5.1 蜜罐分类 ··········· 104
12.5.2 部署方式 ··········· 104
12.6 安全审计 ·············· 105
12.6.1 审计的级别 ·········· 105
12.6.2 安全审计技术 ········ 106
12.7 本章小结 ·············· 109

第 13 章 应用安全防护 ………………… 110

13.1 应用保护技术 ………………… 110
- 13.1.1 Web 应用安全防护 ………………… 110
- 13.1.2 App 安全防护 ………………… 114
- 13.1.3 API 安全防护 ………………… 115
- 13.1.4 代码审计 ………………… 116
- 13.1.5 Web 应用防火墙 ………………… 117
- 13.1.6 RASP 技术 ………………… 120

13.2 电子邮件保护技术 ………………… 121
- 13.2.1 反垃圾邮件技术 ………………… 121
- 13.2.2 反垃圾邮件网关 ………………… 122

13.3 业务持续运行技术 ………………… 123
- 13.3.1 高可用性相关技术 ………………… 124
- 13.3.2 备份与恢复技术 ………………… 131
- 13.3.3 防 DDoS 技术 ………………… 132

13.4 本章小结 ………………… 134

第 14 章 数据安全保护 ………………… 135
- 14.1 分类分级原则及方法 ………………… 135
- 14.2 数据安全生命周期管理 ………………… 135
- 14.3 数据防泄露 ………………… 137
- 14.4 层级纵深防御机制 ………………… 140
- 14.5 本章小结 ………………… 143

第四部分 安全运营篇

第 15 章 确认安全防护目标 ………………… 146

15.1 资产管理 ………………… 146
- 15.1.1 资产管理系统 ………………… 146
- 15.1.2 CMDB 系统 ………………… 151

15.2 配置管理 ………………… 152
- 15.2.1 配置管理的过程 ………………… 152
- 15.2.2 基线标准化 ………………… 154
- 15.2.3 安全配置管理 ………………… 155

15.3 变更管理 ………………… 157
- 15.3.1 变更管理流程 ………………… 157
- 15.3.2 补丁管理 ………………… 159
- 15.3.3 补丁服务器 ………………… 160

15.4 本章小结 ………………… 164

第 16 章 保持防护状态 ………………… 165

16.1 开发安全产品 ………………… 165
- 16.1.1 安全开发生命周期 ………………… 165
- 16.1.2 DevSecOps 安全理念 ………………… 170

16.2 供应链管理 ………………… 172
- 16.2.1 第三方供应链管理 ………………… 173
- 16.2.2 软件供应链管理 ………………… 176

16.3 威胁情报 ………………… 178
- 16.3.1 威胁情报平台 ………………… 179
- 16.3.2 威胁情报格式 ………………… 180
- 16.3.3 威胁情报分析模型 ………………… 187

16.4 安全监控 ………………… 193
- 16.4.1 监控系统 ………………… 194
- 16.4.2 SIEM 系统 ………………… 195
- 16.4.3 UEBA 系统 ………………… 196

16.5 安全扫描 ………………… 198
- 16.5.1 安全扫描流程 ………………… 199
- 16.5.2 安全扫描器 ………………… 200

16.6 本章小结 ………………… 200

第 17 章 异常情况处置 ………………… 201

17.1 脆弱性管理 ………………… 201
- 17.1.1 漏洞管理流程 ………………… 201
- 17.1.2 漏洞评估方法 ………………… 202

17.2 安全事件管理 ………………… 210
- 17.2.1 事前准备阶段 ………………… 211
- 17.2.2 事中处理阶段 ………………… 212
- 17.2.3 事后反思阶段 ………………… 213
- 17.2.4 安全事件处理策略 ………………… 214

目 录

- 17.3 渗透测试 ················ 217
  - 17.3.1 渗透的方法 ········ 218
  - 17.3.2 渗透的流程 ········ 218
  - 17.3.3 渗透的人员 ········ 219
  - 17.3.4 攻防演练 ·········· 219
- 17.4 本章小结 ················ 224

第 18 章 业务持续运营 ········ 225
- 18.1 制定业务持续性计划 ······ 226
- 18.2 业务持续性计划的内容 ···· 227
  - 18.2.1 组织与人员 ········ 227
  - 18.2.2 威胁评估 ·········· 227
  - 18.2.3 业务影响分析 ······ 228
  - 18.2.4 策略计划 ·········· 229
  - 18.2.5 计划测试及维护 ···· 231
- 18.3 本章小结 ················ 232

第 19 章 安全运营中心 ········ 233
- 19.1 安全运营中心的功能 ······ 235
- 19.2 安全运营中心的建设步骤 ·· 237
- 19.3 XDR 产品 ················ 238
  - 19.3.1 XDR 产品的实现方法 ·· 239
  - 19.3.2 XDR 产品的安全能力 ·· 239
- 19.4 本章小结 ················ 240

附录 ························ 241

结语 ························ 245

第一部分
安全基础篇

第 1 章

安全理论

没有网络安全就没有国家安全。[1]技术不断发展和创新,给人们的生活带来极大的便利。与此同时,黑客攻击、数据窃取、内容篡改等对安全的威胁,也从企业逐步扩大到了整个社会,它们甚至威胁到了国家安全、社会稳定和公众利益,使企业安全环境日益复杂。

安全是什么?很多人都会有自己的看法,在本书中"安全"(Security)是指受保护的目标没有遇到危险、没有受到威胁、没有出现事故,它可以是一种状态,也可以是一种过程,还可以是一种结果。

从安全概念的发展来说,最开始提出的网络安全(Network Security),主要是指通过采取必要的措施来保障信息在网络传输过程中避免受到攻击,保证相应的网络通畅(可用性),侧重于网络通信的持续保护;之后的信息安全(Information Security),将以前的网络安全扩展到更多的领域,保证在信息的收集、处理、存储、分析、传递等过程中的安全特性(可用性、完整性、保密性),在技术方面以及管理方面采取必要的措施,实现对业务的持续防护;而数据安全(Data Security)是信息安全中重要的分支部分,侧重于通过采取必要措施,确保数据在处理过程(收集、存储、使用、传输、共享、销毁)中始终处于有效保护的状态;最后是网络空间安全(Cyberspace Security),同时也是监管机构所说的"网络安全",它是信息安全的分支,更关注于使用有效的手段保障网络空间边界(企业或国家)内的人员、软硬件、信息系统以及运行数据。

根据国际标准化组织(International Organization for Standardization,ISO)的定义,信息安全是指为数据处理系统建立和采用的技术、管理方面的安全保护,为的是保护计算机硬件、软件、数据不因偶然和恶意的原因而遭到破坏、更改和泄露。

简单来说,信息安全就是将信息系统相关的硬件、软件及系统中的信息保护起来,实现信息的保密性、完整性及可用性,使其不受有意或无意的破坏、更改、泄露,确保信息服务持续可靠且不中断地运行。

CIA 是指信息安全三要素(见图 1-1),即信息资产的 3 个重要属性:保密性、完整性以及可用性。CIA 来源于单词 Confidentiality、Integrity 和 Availability 的第一个字母,几乎所有的安全防护策略都是围绕着这 3 个属性而设计和实施的。

信息安全三要素以及相应的安全措施如下。

- 保密性(Confidentiality)是指确保信息在存储、使用、传输过程中不会泄露给非授权用户或实体。

---

[1] 出自 2018 年 4 月,习近平在全国网络安全和信息化工作会议上的讲话。

实现保密性的安全措施有密码技术、加密算法、数据加密、加密传输［通过 IPsec（Internet Protocol Security，互联网络层安全协议）、SSL（Secure Socket Layer，安全套接字层）、SSH（Secure Shell，安全外壳）等协议实现］、访问控制（含物理和技术的）、安全意识培训等。

- 完整性（Integrity）是指确保信息在存储、使用、传输等过程中不会被非授权篡改，防止授权用户或实体不恰当地修改信息，保持内部和外部的信息一致性。

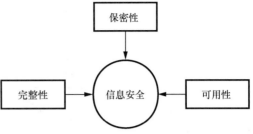

图 1-1　信息安全三要素

实现完整性的安全措施有哈希函数（数据完整性）、配置管理（系统完整性）、变更控制（进程完整性）、访问控制（含物理和技术的）、数字证书、电子签名等。

- 可用性（Availability）是指确保授权用户或实体对信息及资源的正常使用不会被异常拒绝，允许其可靠而及时地访问信息及资源。

实现可用性的安全措施有独立磁盘冗余阵列、服务群集、负载均衡、冗余数据/硬件/软件、数据备份、异地多活、备份恢复、灾难恢复等。

1.1　信息安全的基本概念

企业对资产采取合适的安全控制措施，才能确保资产的保密性、完整性、可用性，确保不会因人为和自然因素的危害，导致网络中断、信息泄露或破坏。

在制定安全措施前，我们先了解信息安全的基本概念。

- 资产（Asset）是指企业拥有的能够体现价值的资源，包括人、设备、数据、信息系统以及知识产权等。
- 脆弱性（Vulnerability）是指信息系统、软件、硬件及其使用过程中存在的可能会被威胁利用的薄弱环节或者人为缺陷，也可以称为漏洞。
- 威胁（Threat）是指识别到特定脆弱性并利用其来危害企业或个人，利用脆弱性的主体称为威胁主体，如黑客、渗透测试人员等。
- 风险（Risk）是指威胁主体利用脆弱性造成业务影响的可能性。
- 暴露（Exposure）是指威胁主体造成的资产损失的实例，如黑客入侵导致数据泄露的安全事件。
- 对策（Countermeasure）是指能够缓解潜在的风险的手段，可以是软件配置、部署硬件设备或者安全控制措施，也可以称为防护措施（Safeguard）。

信息安全的基本概念之间的关系，如图 1-2 所示。

攻击者利用漏洞（脆弱性）可能会导致安全风险的出现，会破坏资产的保密性、完整性或可用性，从而导致安全事件的发生（暴露）。有效的防护措施（对策）则可以降低攻击者攻击的可能性，减少系统的漏洞，从而预防安全事件的发生，保护企业资产。

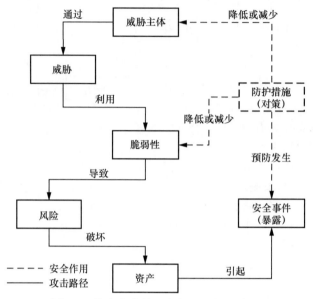

图 1-2 信息安全的基本概念之间的关系

例如某个企业被黑客攻击导致用户数据泄露的事件,事后经安全部门溯源检查发现,这是因为一些 Windows 服务器的系统更新是关闭的且从未更新过"补丁"。

在这个事件中,未更新补丁的服务器就是脆弱性,黑客就是威胁主体,黑客利用未更新补丁的服务器,导致了数据损失的可能,这就是风险。而发生了数据泄露事件,造成的企业的经济与名誉损失,这就是暴露。

倘若在安全事件发生之前,安全部门在日常安全扫描工作中发现了问题,督促相应责任人进行补丁更新,就可以大大降低攻击的风险,从而避免黑客攻击事件的发生。这就是减少安全事件的常见对策之一。

安全控制措施就是用来缓解潜在安全风险的手段,通常分为行政控制、技术控制以及物理控制三种。

第一种是行政控制(Administrative Control),指通过行政手段完成的措施,如安全策略文件、风险管理、人员安全培训等。

第二种是技术控制(Technical Control),指通过技术手段完成的措施,由软件或硬件组成,如防火墙、入侵检测系统、加密、身份识别和身份验证机制等。

第三种是物理控制(Physical Control),指通过设计物理防护来保护设备、人员和资源的措施,如安保人员、门禁、监控设备等。

而实现不同类型的安全控制措施有以下几种手段。

- 威慑手段是指威慑潜在的攻击者的安全措施,如在办公场所入口处部署摄像设备,用来威慑物理入侵者。
- 预防手段是指避免意外事件发生的安全措施,如为操作系统安装杀毒软件,防止系统被恶意程序破坏。
- 纠正手段是指意外事件发生后的修复安全措施，如在处理入侵事件后，由于其根本原因是系统未更新补丁，则将所有系统都更新到最新版。
- 恢复手段是指意外事件发生后使环境恢复到正常的操作状态的安全措施，如发生入侵事件后，出现现有数据被破坏的情况，使用备份数据恢复系统，使之恢复到入侵前的状态。
- 检测手段是指安全事件发生时识别其行为的安全措施，如部署基于网络的入侵检测系统（Network based Intrusion Detection System，NIDS）或基于主机的入侵检测系统（Host based Intrusion Detection System，HIDS），在黑客入侵的过程中，通过网络及系统行为及时发现异常。
- 补偿手段是指像原来的控制措施那样的弥补措施，如某些系统由于特定原因无法更新，可将边界防御、ACL（Access Control List，访问控制列表）等策略作为弥补措施。

预防性手段的各类型控制措施的应用如表 1-1 所示。

表 1-1　　　　　　　　预防性手段的各类型控制措施的应用

控制措施	具体应用
行政控制	安全制度及安全流程、入职前背景调查、安全意识培训等
技术控制	密码、生物识别技术、安全协议、防火墙、入侵检测系统等
物理控制	门禁卡、保安、闸机等

安全人员通常会将企业内的各种控制措施（如行政的、物理的、技术的）及实现手段（威慑手段、预防手段、纠正手段、恢复手段、检测手段、补偿手段等）分门别类地展示出来，以便设计合适的安全策略，并正确运用相应的控制措施。

1.2　攻击与防御

"未知攻，焉知防。"攻击与防御始终是信息安全领域的核心内容，如同太极中的阴阳二仪一般，对立而统一。

李小龙先生武学思想中截拳道的宗旨是"以无法为有法，以无限为有限。"截拳道的中心思想是截断对手攻击，强调不拘于形式。截拳道是融合世界各国拳术，以咏春拳、拳击作为基础，以中国道家思想为核心而创立的实战格斗体系。

企业构建安全防护体系也应如同截拳道一般，为了更好地保护资产，不仅要了解攻防之术，还应融合监管要求、行业标准以及业界最佳实践，结合企业自身业务特点，持续完善企业的信息安全体系框架及相应模块，设计和实施适当的安全防护措施，提升企业安全防护能力，从而威慑并阻击黑客攻击，确保业务持续运行。

1.2.1 黑客攻击

黑客攻击（Hacker Attack）是指攻击者有目的地针对企业信息系统、数据、基础设施、网络、主机或者使用这些设备及服务的人发生的任何类型的攻击方式，如扫描、嗅探、网络钓鱼、社会工程学等。

企业所面临的威胁来自很多方面，主要分为自然威胁和人为威胁。

- 自然威胁，指威胁主体来自各种自然灾害、物理环境、电磁干扰、设备的自然老化等，这些威胁是无目的性的，但会对网络及系统造成损害。
- 人为威胁，指威胁主体来自外部黑客或怀有恶意的内部用户，对网络及信息系统发起攻击，寻找系统的弱点，以非授权方式达到破坏、篡改和窃取数据及信息等目的。

黑客攻击按类型又可分为主动攻击和被动攻击。

- 主动攻击，指攻击者在攻击过程中会导致某些数据及信息的篡改和虚假数据流的产生。
- 被动攻击，指攻击者在攻击过程中不会对数据及信息做任何修改。例如，截获/窃听是指在未经用户同意和认可的情况下攻击者获得了信息或相关数据。

值得关注的是，由于被动攻击不会对被攻击的数据及信息做任何修改，留下的痕迹和信息有限，很难被检测，不容易被发现，因此被动攻击往往成为主动攻击的前奏。

黑客攻击简略过程，如图 1-3 所示。

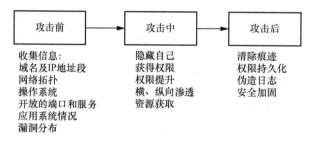

图 1-3　黑客攻击简略过程

黑客攻击过程按时间顺序可以分为攻击前、攻击中与攻击后 3 个阶段。

在攻击前，攻击者将收集信息，如获得企业服务的域名及 IP 地址段、获得网络拓扑及操作系统信息、获得开放的端口和服务、获得应用系统情况，以及漏洞分布等信息。

在攻击中，攻击者会隐藏自身来源，通过漏洞，获得系统权限，通过工具进行权限提升，再进行横向及纵向渗透，得到想到的资源等。如通过"洋葱网络"隐藏来源，利用漏洞获取远程权限，提升权限，并对同网及相关联服务器进一步渗透，获取更多的资源或数据。

在攻击后，攻击者通常会清除入侵痕迹并进行权限持久化，通过伪造系统日志干扰调查取证，对系统进行安全加固造成系统安全的假象等，典型的操作例如删除系统日志、填充垃圾日志、修补明显的漏洞、替换系统文件、植入木马后门等。

而在国与国之间的网络信息攻防对抗中，无论是在对抗前准备时还是在对抗开始后都会使用相应的黑客攻击行为，包括使用 DDoS 攻击、网络钓鱼、漏洞利用、供应链攻击等攻击方式，针对敌国政府网站，可以利用如 CMS 漏洞、Log4j 代码执行漏洞等流行漏洞进行入侵；使用虚拟蜜罐（简称蜜罐），针对敌国黑客构建虚假网站，在获取账号、密码后再向重要机构投放网络钓鱼攻击邮件、恶意软件，实施大范围渗透入侵，攻击方式多种多样，层出不穷。

目前比较常见的黑客攻击方式如下。

- 字典攻击（Dictionary Attack）是指黑客在破解密码或密钥时，逐一尝试用户自定义字典中的可能密码（单词或短语）的攻击方式。
- 暴力破解（Brute Force）是指黑客通过利用大量猜测和穷举的方式来尝试获取用户口令的攻击方式。通常与字典攻击配合使用。
- 特洛伊木马（Trojan Horse，简称木马）是指黑客开发的一种非授权的远程控制程序，能够在计算机管理员未发觉的情况下开放系统权限、泄露用户信息，甚至窃取整个计算机管理使用权限的攻击方式。
- 网络嗅探（Network Sniffer）是指黑客通过嗅探程序获取并分析网络上流经的数据包，从而获取其中的敏感信息的攻击方式。
- 中间人攻击（Man-in-the-middle Attack）是指黑客通过各种技术手段做一个转发器并将其放置在网络或者业务服务中两台通信设备之间，拦截正常的网络通信数据，并进行数据篡改和信息窃取的攻击方式。
- 网络扫描（Network Scanning）是指黑客在互联网上对企业资产进行扫描，从而收集企业相应信息，如域名及 IP 地址分布、网络拓扑、系统版本、开放的端口和服务，获得应用系统情况以及用漏洞利用程序对可能存在的资产进行利用的方式。
- 零日攻击（Zero-day Attack）是指黑客利用已经被发现（有可能未被公开）而官方还没有更新相关补丁的漏洞进行攻击的方式。
- Web 攻击（Web Attack）是指黑客利用 Web 服务的漏洞获取用户及系统权限或敏感信息的攻击方式，如 SQL（Structure Query Language，结构查询语言）注入、XSS（Cross Site Script Attack，跨站脚本攻击）、CSRF（Cross Site Request Forgery，跨站请求伪造）、文件上传、目录遍历等。
- 社会工程学（Social Engineering）是指黑客通过人性的弱点以人际沟通、交流的方式获得信息的非技术渗透攻击方式，这种攻击方式非常有效，成本低，收益大。
- 网络钓鱼（Phishing）攻击是指黑客引诱用户点击黑客构建好的图片、文件、链接或应用，用户点击后，可能会造成系统被控、敏感信息泄露等。通常配合社会工程学攻击方式使用。
- 鱼叉式网络钓鱼（Spear Phishing）攻击是指黑客只针对特定目标进行攻击的网络钓鱼攻击。鱼叉式网络钓鱼攻击锁定之对象并非一般个人，而是特定企业、组织之成员，所窃取的数据更不是一般的资料，而是高度敏感的资料，如知识产权及商业机密等。
- 水坑（Watering Hole）攻击是指黑客在受害者"必经之路"设置了一个水坑（陷阱），较常见的做法是，黑客分析攻击目标的网络活动规律，寻找攻击目标经常访问的网站的弱点，先将此网站"攻破"并植入攻击代码，一旦攻击目标访问该网站就会中招。

- 软件供应链攻击（Software Supply Chain Attack）是指黑客将已篡改或被植入木马的源代码、组件或应用程序提供给用户使用，从而实现侵入用户系统获取信息的手段。像开源代码库、未授权的第三方软件或补丁下载站点、云服务、共享资源、破解的盗版软件等，都可能存在软件供应链攻击。
- 勒索病毒（Ransomware）是指黑客利用系统漏洞或通过网络钓鱼等方式，将病毒程序植入加密硬盘上的关键文件乃至整个硬盘，然后向企业索要数额不等的赎金后才予以解密的攻击方式。
- 高级持续性威胁（Advanced Persistent Threat，APT）是指黑客以窃取企业商业机密为目的，利用多种攻击手段向客户发动网络攻击的行为，APT往往经过长期的策划，并具备高度的隐蔽性。
- 分布式拒绝服务（Distributed Denial of Service，DDoS）攻击是指黑客利用僵尸网络使处于不同位置的多个攻击源同时向一个或数个目标发动攻击，致使业务无法继续提供服务的攻击方式。

黑客利用多种多样的攻击方式绕过企业的安全防护手段，非法获取系统权限、盗取企业机密数据以及个人敏感信息，给企业带来直接或间接的经济损失。只有分析和研究黑客的攻击方式和采用的技术，设计并开发相应的安全防御策略，才可能阻止或缓解黑客攻击行为。

1.2.2 防御策略

为了更好地防御黑客攻击，保障企业业务及产品的安全，安全组织应该全面识别安全威胁和攻击方法，将各类安全控制措施及相应技术手段相结合，设计并实施有效的安全防御策略。

防御策略的设计绝大多数遵循层级纵深防御原则，也就是通过设置多层重叠的安全防护策略而构成多道防线，保证企业数据资产均置于重重保护措施之下，即使有一种措施失效，也将由其他适当的措施补偿或纠正。

企业通常会执行以下防御策略。

- 划分网络安全域，并做好域间访问控制策略。
- 做好网络及系统的安全监控。
- 定期对企业内外网络进行安全扫描。
- 将安全开发生命周期（Security Development Lifecycle，SDL）作为全企业的计划和强制安全策略。
- 使用高强度的密码，并定期更换。
- 内部信息系统用户认证应使用双因素或多因素认证。
- 及时了解系统漏洞状态，及时更新补丁。
- 部署企业杀毒软件，防止病毒、木马蔓延。
- 做好数据备份，保证数据可用性。
- 接入安全高防服务，防止DDoS攻击。
- 积极开展员工安全意识培训，增强员工安全意识。

安全组织在制定安全策略前，应明确安全保护目标以及与之关联的产品和组件，设计相应的安全保护措施，对各类安全威胁进行全面的识别和分析，从而制定多层次、多方面、有针对性的安全策略及措施，利用多种安全控制措施及手段实现层级纵深防御机制，为企业提供全面的防御，为业务发展保驾护航。

1.3　本章小结

希望读者通过本章能够掌握安全相关的基础知识，如信息安全三要素、信息安全的基本概念以及它们之间的关系、安全控制措施、实现措施的手段以及攻击与防御等信息安全基础知识。

第 2 章

可信计算

如今 IT（Information Technology，信息技术）已经成为人们生活中不可分割的一部分，它带来巨大包容性和开放性的同时，还引发了很多欺诈和犯罪行为，再加上信息系统自身存在各种各样的漏洞，一系列信息安全问题就产生了。随着互联网日益深入社会的方方面面，企业必须建立一套安全可靠的防御体系来确保提供服务的信息系统能够按照预期稳定运行。

可信计算（Trusted Computing）正是为了解决计算机和网络结构上的不安全问题，从根本上提高安全性的技术方法。可信计算是指通过逻辑正确验证、计算体系结构和计算模式等方面的技术创新，以解决逻辑缺陷不被攻击者所利用的问题，形成攻防矛盾的统一体，确保完成计算任务的逻辑组合不被篡改和破坏，实现正确计算。

可信计算是一项由可信计算组织（Trusted Computing Group，TCG）开发和推行的技术。可信计算的核心目标之一是保证系统和应用的完整性，确保系统或软件运行于符合设计期望的可信状态。

可信通过度量和验证的技术手段实现。度量是指采集所检测的软件或系统的状态。验证是指将度量结果和参考值比对，如果一致则表示验证通过，如果不一致则表示验证失败。度量又分为静态度量和动态度量。静态度量就是指对系统运行环境的度量。度量是逐级的，通常先启动的组件对后一级启动的组件进行度量,度量值验证通过则标志着可信链从前一级向后一级的成功传递。以系统启动为例，可信操作系统是基于硬件的可信启动链，检查计算机硬件并进行静态度量，静态度量的结果通过 BIOS（Basic Input/Output System，基本输入输出系统）芯片 POST（Power On Self Test，加电自检）程序进行验证，以判断系统是否被改动，当前环境是否满足系统运行需求。动态度量和验证指在系统运行时动态获取其运行特征，根据规则或模型分析、判断系统是否正常运行。

2.1 可信计算机系统

可信和可信计算基（Trusted Computing Base，TCB）的概念是美国国防部在 1983 年制定的《可信计算机系统评价标准》（Trusted Computer System Evaluation Criteria，TCSEC）中提出来的，该标准将 TCB 作为计算机系统安全的基础。

计算机系统安全架构如图 2-1 所示。

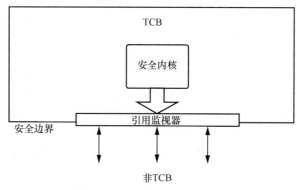

图 2-1　计算机系统安全架构

计算机系统安全架构主要由 TCB、安全边界、引用监视器和安全内核组成，具体含义如下。

- TCB 是实现计算机系统安全架构的所有实施策略和机制的集合，包括硬件、软件以及固件等组件，它们共同执行计算机安全策略，从而提高系统的安全性，保护系统的数据保密性和完整性。
- 安全边界（Security Perimeter）是可信与不可信的边界，进程和资源位于 TCB 内，则设定在可信安全边界内，而在 TCB 范围外的不可信资源便设定在不可信安全边界内。为了让系统处于持续安全可信的状态，需确保在 TCB 内部的组件要和 TCB 外部的组件进行通信时，使用安全的通信技术。这种通信并不会给系统带来安全危害，通过接口来进行处理和控制。
- 引用监视器（Reference Monitor）是一种访问控制组件，用于协调主体（程序、用户或进程）对客体（文件、程序或资源）的访问，运行在系统的受信任域和不受信任域之间，检查和实施安全策略，确保系统正确运行并遵守安全策略的所有方面的要求，确保主体拥有必要的访问权限，保护客体不被未授权访问和破坏性更改。为了让系统能够获得更高的信任级别，引用监视器要求主体在访问客体之前取得相应的授权。
- 安全内核（Security Kernel）是引用监视器的实现。安全内核是通过安全策略在可信安全边界内对访问的资源进行控制的组件，是整个计算机系统安全架构的中心。

计算机系统的安全可信就是从 TCB 开始的，而后进行完善和扩充，形成对计算机系统的层层保护。

2.2　可信计算技术

可信计算在计算机和通信系统中通常使用基于安全模块硬件的可信计算平台来实现，目的是提高系统整体的安全性。

可信计算技术通过信任链（Chain of Trust）技术使信任根（Root of Trust）、硬件、软件形成一个完整的信任链条，比如通过安全模块去信任硬件平台，又通过信任硬件平台去信任操作系统，最终通过信任操作系统去信任应用软件及数据。一级认证一级，一级信任一级，最终将把这种信任扩展到整个信息系统。其中信任根的可信性是由物理安全和安全策略进行保证的，是整个可信计算平台的基础。

可信计算平台包括以下内容。

- 信任根是系统中始终可以信任的来源，通常为硬件安全模块，用来生成和保护密钥，并执行加密功能。TCG 定义的信任根则由负责完整性的可信度量根（Root of Trust for Measurement，RTM）、负责报告的可信报告根（Root of Trust for Reporting，RTR）以及负责存储的可信存储根（Root of Trust for Storage，RTS）组成。其中，RTM 是一个软件模块、RTR 是由可信平台模块（Trusted Platform Module，TPM）的平台配置寄存器（Platform Configuration Register，PCR）和验证密钥（Endorsement Key，EK）组成；RTS 是由可信平台模块（TPM）的平台配置寄存器（PCR）和存储根密钥（Storage Root Key，SRK）组成。
- 信任链是建立在信任根的基础上的信任度量实施技术，可把信任关系从信任根扩展到整个系统。建立信任链时应遵循以下 3 条规则。
    - 除了 CRTM（Core Root of Trust for Measurement，可信度量根的核心，是信任链构建起点，也是第一段运行的用于可信度量的代码），所有模块或组件在没有经过度量以前，均认为是不可信的。同时，只有通过可信度量且与预期数据相符的模块或组件，才可归入可信安全边界内。
    - 可信安全边界内部的模块或组件，可以作为验证代理，对尚未完成验证的模块或组件进行完整性验证。
    - 只有可信安全边界内的模块或组件，才可以获得相关的 TPM 控制权，可信安全边界以外的模块或组件无法控制或使用 TPM。

  信任链通过可信度量机制来获取各种各样影响平台可信性的数据，并通过将这些数据与预期数据进行验证，来判断平台的可信性。
- TPM 是可信计算平台的信任根（RTS、RTR），它本身是一个系统级芯片，由 CPU、存储器、输入输出、密码协处理器、随机数产生器和嵌入式操作系统等部件组成，主要用于可信度量的存储、可信度量的报告、密钥产生、加密和签名、数据安全存储等。TPM 主要有 3 种，分别是 TCG 的 TPM、中国的 TCM 和 TPCM。TCG 先后发布过多个版本的 TPM 标准，其中，TPM 1.2 使用较为广泛，最新的版本为 TPM 2.0。
- 可信支撑软件是操作系统层面的安全应用，且可以调用可信计算平台提供的可信服务接口，从而为用户提供可信服务。

TCG 软件协议栈（TCG Software Stack，TSS）是可信计算平台上 TPM 的支撑软件。TSS 主要为操作系统和应用软件提供使用 TPM 的接口。目前，TSS 主要有 TSS 1.2 和 TSS 2.0 两个版本。其中基于 TPM 2.0 的 TSS 2.0 是最新的版本。

可信不等同于安全，但可信却是安全的基础，因为安全策略只有运行在未被篡改的可信环境下才能确保策略目的的实现。

可信计算环境如图 2-2 所示。

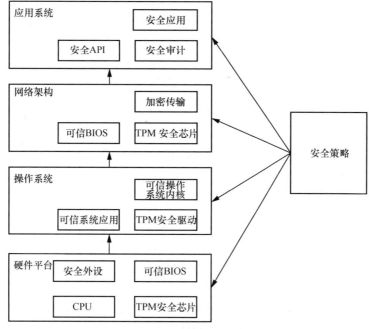

图 2-2 可信计算环境

其中，TPM 安全芯片是一种嵌入在计算机设备主板上为计算机设备提供可信根的芯片，芯片的规格由可信计算组（Trusted Computing Group）来制定，可以有效地保护计算机，防止计算机被非法访问。BIOS（Basic Input Output System，基本输入/输出系统）固件是一组固化到计算设备主板上一个存储芯片中的系统程序，它对于计算机系统正常初始化、启动和操作系统引导起着不可或缺的作用，是实现计算机系统的安全性、可靠性等关键功能的关键环节。可信 BIOS 是通过 TPM 芯片的可信度量验证算法的 BIOS 固件。

简单来说，可信计算环境就是以 TPM 安全芯片为可信根，根据安全策略建立从硬件平台、操作系统、网络架构再到应用系统的信任链。在这条信任链上从可信根（TPM 安全芯片）开始自下而上地一级信任一级，以此实现信任的逐级扩展，同时所有环节进行静动态的度量并进行验证，从而构建一个安全可信的计算环境。

只有确保了系统环境的安全，经验证过的可信软件或应用运行在这个环境，所得到的结果才是可信的。如果无法确保系统环境的安全，运行在此环境的软件和应用的结果就无法保证是可信的。

可信计算安全体系就是指以可信计算环境为基础，以安全可信为目标，保障数据资产使用可信的硬件设施、可信的物理环境、可信的计算环境、可信的区域边界，最终实现以信任等级为维度的安全层级防御环境，从而提高系统的安全保护能力，保护企业数据资产，如图 2-3 所示。

我国提出的自主可控，就是指在理想状态下国家整个信息业务系统从硬件到软件都进行自主研发、生产及维护，确保整个过程可控可信，使我国相关重要系统可以在极端情况下持续稳定运行，确保国家网络空间的安全。

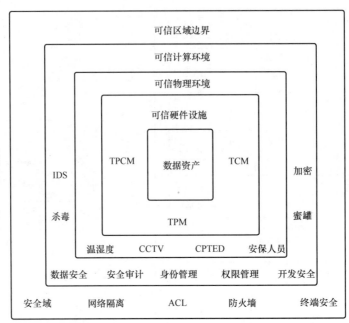

图 2-3　可信计算安全体系

自主可控同样遵循可信计算安全体系的理念，通过自主设计可信硬件模块、可信固件 BIOS 模块和国产操作系统，并以 TPM 为信任根，构建贯穿硬件层、固件层、操作系统层、网络层和应用层全过程的信任链可信验证，为我国信息系统提供有效完整的全信任链保护，实现信息系统的安全、可信及可控。

中国工程院院士倪光南曾在访谈中讲到自主可控，他说："自主可控是实现网络安全的前提，是一个必要条件，但并不是充分条件。换言之，采用自主可控的技术不等于实现了网络安全，但没有采用自主可控的技术一定不安全。"倪光南以可控性为例进行解释，假设消费者购买了一辆传统汽车，自然拥有了对汽车的控制权，一般不需考虑可控性，只需考虑安全性。但是，如果购买的是自动驾驶汽车，这辆汽车是一件网络信息产品，那么其安全问题就变得复杂。即使汽车本身的安全性没有问题，但它可能被黑客劫持，这时汽车的控制权就被黑客掌握，黑客可以遥控汽车，使其不受驾驶员的控制，甚至导致车毁人亡，这便是可控性出了问题。由此可见，对网络安全而言，自主可控不可或缺。

2.3　零信任理念

随着近几年 IT 的高速发展，云计算、大数据、物联网、移动互联网等技术的兴起，使网络环境变得更加复杂，给企业安全管理带来巨大挑战。

零信任（Zero Trust）理念是指在不可信的网络环境中建立可信通道，构建以身份为中心的业务动态可信访问控制机制，通过使用更灵活的技术手段对动态变化的用户、终端、系统建立新的安全边界。因此，建立基于身份为边界的安全策略是零信任理念中的核心内容。

2.3 零信任理念

近年来受全球疫情影响,远程办公的需求集中爆发,使零信任架构备受关注。在这种全新的无特权内网访问模式下,零信任架构可以做到与用户所处的网络位置无关,只依赖于设备和用户身份凭证进行访问,帮助员工在不借助 VPN（Virtual Private Network,虚拟专用网络）的情况下通过不受信任的网络顺利开展工作。

零信任是一种安全理念,指企业不应自动信任内部或外部的任何主体,应在授权前对任何试图接入企业系统的主体进行验证,并对访问过程进行持续监控。就如同在疫情防控期间,进入公众场所需要出示健康码和行程码一般,公众场所就是要访问资源的入口,而健康码和行程码就是动态认证策略。

在零信任模式中,连通并不意味着授权,对资源的访问应该遵守以下原则。

- 所有访问主体都应该经过身份验证和授权。
- 所有访问主体对资源的访问权限应是动态的,分配访问权限时应遵循最小权限原则。
- 身份认证不仅针对用户,还应对终端设备、应用软件、链路等多种身份进行多维度、关联性的识别和认证。
- 在访问过程中应根据需要多次发起身份认证。
- 授权决策不仅基于网络位置、用户角色或属性等的传统静态访问控制模型,还通过持续的安全监测和信任评估,进行动态、细粒度的授权。

简单来讲,零信任就是在一个不可信的复杂网络环境下,以身份为中心,围绕核心保护对象,遵循最小权限原则,通过动态访问控制技术,构建端到端的身份边界的理念。

2.3.1 零信任架构

在零信任架构中,默认主体都是不可信的,只有通过授权决策后才是可信的,这样可以访问相应信任区域的资源。

零信任架构如图 2-4 所示。

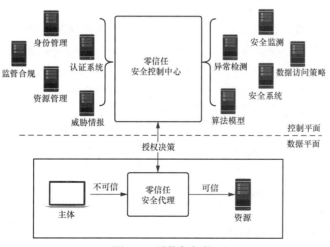

图 2-4　零信任架构

在这个架构中，零信任安全控制中心的核心是实现对访问请求的授权决策，以及提供为决策而开展的身份管理、安全监测等功能。而零信任安全代理的核心是实现对访问控制决策的执行，以及对访问主体的安全信息采集，对访问请求的转发、阻断等功能。

2.3.2 零信任技术

美国国家标准与技术研究院（National Institute of Standards and Technology，NIST）在2019年对外正式发布了《零信任架构》（Zero Trust Architecture，ZTA）白皮书，强调了零信任的安全理念，并介绍了实现零信任架构的三大技术。

1. 软件定义边界

软件定义边界（Software Defined Perimeter，SDP）使应用程序所有者能够在需要时部署安全边界，以便隔离服务与不安全的网络。

SDP将物理设备替换为在应用程序所有者控制下运行的逻辑组件。SDP仅在设备验证和身份验证后才允许访问企业应用基础架构。SDP的体系结构由两部分组成：SDP主机和SDP控制器。SDP主机可以发起连接或接受连接。这些操作通过安全控制通道与SDP控制器交互来管理。基于SDP的系统通常会将控制层与数据层分离，即在控制流阶段，用户及其设备进行预认证来获取丰富的属性凭据作为身份主体，以此结合基于属性的预授权策略，映射得到仅供目标访问的特定设备和服务，从而直接建立相应安全连接。

SDP将所有应用程序隐藏，访问者不知应用的具体位置，同时所有访问流量均通过加密方式传输，并在访问端与被访问端之间点对点传输。SDP所构建的访问隧道与传统VPN隧道不同，它提供临时并单一的访问控制，建立在访问者和资源之间，是动态和细粒度的业务访问隧道，使业务资源对未授权的用户完全屏蔽，即便是获得授权的用户，也只能使用资源，却不知道资源具体位置。

2. 身份与访问管理

身份与访问管理（Identity and Access Management，IAM）强调基于身份的信任，就是指只有被信任的身份的终端，在拥有正确的权限时才可对资源进行请求。

IAM围绕身份、权限、环境等进行有效管控与治理，从而保证被信任的身份在正确的访问环境下，基于正当理由访问正确的资源。全面身份化是零信任架构的基础。

零信任系统通过IAM系统的身份信息来分配相应权限，IAM系统对身份的唯一标识，有利于零信任系统确认用户可信。通过唯一标识对用户身份建立起终端、资源的信任关系，并在发现风险时实施针对关键用户相关的访问连接进行阻断等控制措施。

零信任身份管理的核心是持续动态认证和动态授权，使用多因素身份验证、单点登录等IAM技术来确保用户使用安全的设备，建立安全的会话，访问适当的资源。

3. 微隔离

微隔离（Micro Segmentation，MSG）是一种网络安全技术，通过细粒度的策略控制，可以灵活地实现业务系统内外部主机的隔离策略，让主机之间的流量可视可控，从而更加有效地防御黑客或病毒持续性、大面积地渗透和破坏。

MSG将数据中心在逻辑上划分为不同工作负载级别的各个安全段，然后定义安全控制并为每个唯一段提供服务。MSG 使安全组织可以使用网络虚拟化技术在数据中心内部部署灵活的安全策略，而不必安装多个物理防火墙。此外，MSG 可用于保护在具有策略驱动的应用程序级安全控制的企业网络中的每个虚拟机（Virtual Machine，VM）。

MSG 的核心就是把资源分割为更小的粒度，将网络边界分割得尽可能小。这样不但便于增加更周密的访问控制权限，还能够很好地缓解传统边界安全理念下的边界过度信任带来的安全风险，从而提升企业的安全防御能力。

零信任理念的核心是以身份为中心进行动态访问控制，身份的主体包括人、程序、设备、系统、应用等，通过定义谁（身份）对哪些资源具有哪种访问权限（角色）来控制访问权限。零信任既不是技术也不是产品，而是一种通过永不信任、始终验证的方式实现建立可信计算安全体系的安全理念。

2.4 本章小结

希望各位读者能够熟悉可信安全相关基础知识，如可信计算方面的知识，包括可信计算机系统、可信计算技术，以及零信任理念的相关知识，为建立可信的信息安全体系提供思路。

第 3 章

信息安全体系

移动互联应用的广泛使用，新模式的不断创新和落地，它们给人们生活带来便利的同时，不断暴露更多的信息安全薄弱点，相应的安全风险如病毒、蠕虫、垃圾邮件、勒索病毒、外部黑客攻击、内部数据泄露等也随之而来，给企业带来新的威胁和挑战。

为应对众多挑战，安全组织通常会制定一系列应对措施，涉及人员、技术和流程等诸多方面的因素。而单纯的技术手段往往无法帮助企业彻底消除存在的诸多安全问题，只有建立起完整的安全策略以及一系列措施，合理地配置资源并且充分利用各种技术和管理手段，才有可能更加有效地识别和管控各类安全风险。

信息安全体系就是安全组织在特定范围内建立的安全风险管控方案，通过使用不同的安全策略、安全产品与系统，从技术和管理两个层面管控整个企业产品系统的安全需求、开发、测试、维护、终止等各个环节，从而实现企业整体的安全和风险可控。

"一千个人眼里有一千个哈姆雷特。"同样，在一千个安全从业人员眼里，也有一千个甚至更多个信息安全体系的架构。

笔者心中的信息安全体系的简单架构如图 3-1 所示。

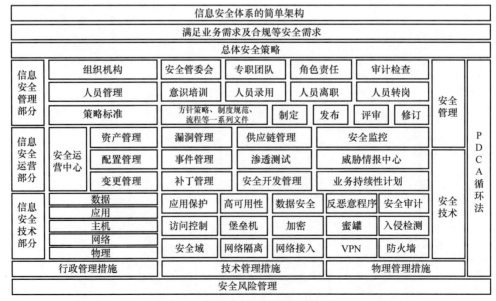

图 3-1　信息安全体系的简单架构

各种安全防护措施的正确实施需要同时有安全管理手段和安全技术手段。安全管理手段用来指导及监管，安全技术手段用来实施和验证。两种手段像人类走路的两条腿一样，应当相互配合，相辅相成，缺一不可。

3.1 指导思想

企业建立信息安全体系的目的是更好地保护信息资产，提高系统及服务的安全性及稳定性。在建立体系时不同的人员会采取不同的行动和方法，在本章中笔者将"道、法、术、器、势"作为企业信息安全体系化建设工作的指导思想。

"道、法、术、器、势"被总结为："道以明向，法以立本，术以立策，器以成事，势以立人"。安全组织通过确认企业的安全需求，建立合适的信息安全体系，通过安全管理与技术手段，运用科学的方法、技术、工具，实施企业信息安全体系化建设，使其呈现应有的安全能力。

- 道，指的是整体价值观。这是信息安全体系建设的思想和理念，决定着企业终极的信息安全体系的高度，如体系认证、业务持续运行、监管合规等。
- 法，指的是规则和原则。这是体系建设的框架、模型以及方法论，是实现体系建设思想、理念以及价值观的整体解决方案，如等级保护 2.0 理论、ISO/IEC 27001 标准、COSO 框架、ITIL 框架、CMMI 等（详见附录）。
- 术，指的是形式及方式。这是实现体系方法论的手段，如管理手段（组织与人员、制度规范、培训等）以及技术手段（认证、加密、边界防御、入侵检测、业务持续技术等）。
- 器，指的是工具。这是实现手段所使用的程序、产品、设备或系统，如监管平台、AAA 认证系统、入侵检测系统、DDoS 防火墙等。
- 势，指是安全成熟度。这代表整个安全体系所呈现出来的安全能力，如防御能力、检测能力、处理能力、恢复能力及反制能力等，具体内容如表 3-1 所示。

表 3-1　　　　　　　　安全成熟度内容

类型	实现目的	实现手段
防御能力	避免事件的发生	杀毒软件、防火墙、入侵防御系统、安全培训与教育等
检测能力	发生事件的识别	入侵检测系统、态势感知、安全监控系统等
处理能力	事件发生后的处理	应急处理团队、应急预案及流程、安全事件自动化处理等
恢复能力	事件发生后的恢复	备份恢复、高可用性、灾备、业务持续性计划（BCP）等
反制能力	事件发生后的溯源反制	日志审计、调查取证、上报流程等

可以使用如 CMMI 中渐进的路径促进企业改进其安全能力成熟度的渐进过程，并采用成熟度等级来描述这一渐进的过程，如图 3-2 所示。

第 3 章
信息安全体系

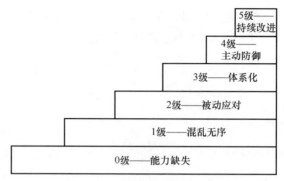

图 3-2 安全能力成熟度模型

安全能力成熟度模型共有 6 个成熟度等级，企业可以根据自身现状与改进目标，确定自身的成熟度等级并选择合适的阶段性改进目标。

- 0 级，能力缺失阶段。无法识别企业的安全风险。
- 1 级，混乱无序阶段。虽然可以识别安全风险，但专职安全人员不足，没有建立相应的制度、标准、流程，也没有用安全事件来驱动技术保护策略措施的完善，依靠个人经验处理相应安全事务，安全能力尚处于混乱无序的状态。
- 2 级，被动应对阶段。虽然被安全事件或合规驱动，也采用了部分安全技术管理措施，建立了基本的管理制度，出现安全事件时有相应的措施，而安全控制措施的有效性还存在较大不足，安全能力建设刚刚起步。
- 3 级，体系化阶段。虽然针对风险采取大多数安全技术措施，建立相应安全体系，并定期对安全技术措施进行优化，安全控制措施的执行已经达到标准化和文档化，但无有效的评估措施，无法评估安全技术措施的有效性。安全能力有规划地发展。
- 4 级，主动防御阶段。建立了有效的企业信息安全体系，明确保护目标，全面识别风险，并制定了相应的安全控制措施和安全管理要求，拥有成熟技术支撑平台，有初级评估措施，有专人使用 PDCA（Plan 即计划、Do 即执行、Check 即检查、Act 即处理）循环法对安全体系进行优化，定期评估安全控制措施的效果。安全能力得到全面提升，为业务更好地赋能。
- 5 级，持续改进阶段。与业务高度融合，并保持安全技术措施、安全管理措施等方面的能力持续提升，将安全控制指标量化，提出 SLA（Service Level Agreement，服务等级协定）承诺，并基于 SLA 采取安全技术措施和管理要求，产品、技术全部映射到服务交付，建立安全服务管理要求和标准，实现 SOC（Security Operation Center，安全运营中心）平台化安全运营等。

每个企业在不同的安全能力成熟度阶段都会有不同的安全建设规划和目标，安全能力成熟度模型可以让读者了解每个阶段对应的安全能力，为读者今后的安全建设工作提供相应的参考。

3.2 建设步骤

当我们有了相应的信息安全体系建设思想，就应根据信息资产的 CIA（保密性、完整性和可用性）属性，通过技术、流程、人员三者结合，建立一套通用的、有效的信息安全管理机制。当安全体系发挥作用，可防止因信息系统本身的安全缺陷导致的安全风险，避免因为恶意攻击导致的安全事件，减少因为人员疏忽导致的敏感信息的泄露，从而有效降低安全风险，保障企业业务的整体安全，同时帮助员工培养正确的安全意识和安全责任感。

建立企业信息安全体系的主要的活动如下。

（1）明确需求与范围，并获得高层领导的支持。

首先应该分析企业现状，确认现阶段安全工作需求，制定信息安全方针，明确工作方向。其次，确认范围，也就是安全体系可控的范围，如整个集团、某个子企业，或某个业务产品。如果监管合规或体系认证是企业迫切需要解决的问题，那么这将成为顺利开展工作的契机。

获得高层领导的支持，最好采取 Top-Down（从上至下）方式，即从上至下地进行推动，全员进行参与，安全建设工作将会非常顺利。但事实上往往是由下至上地进行，安全组织通过外部力量进行推动，如重大安全事件、监管合规等，让高层领导了解到信息安全的重要性，让他们对安全体系化建设有所期待，才可能获得更多的支持。

（2）建立相应的组织，整合现有的相应资源，梳理并完善相应安全措施。

建立信息安全指导委员会或领导小组，如果短时间内无法实现，可以先建立筹备小组，对现有资源进行整合，如人力、物力、财力。结合内外部的专家，对将涉及的安全管理以及技术内容，进行全面的风险评估及分析，设计及开发相应的安全措施应对风险。同时整理现有的安全文档、流程、规范、策略，将一些未落在纸面上的行为归纳、整理，并完善缺失文档，做好记录，逐步形成虚拟安全组织以及一系列安全策略文件。

（3）多部门协作建立奖惩机制以及监管机制，确保文件落地执行。

建立相应制度文件审核发布机制，与多部门如人力资源部、法务部、内审合规部进行协作，对文件进行审核及发布，并建立适当的奖惩机制，请内审合规部对安全部门的程序进行监督，确保落地执行。

（4）定期开展安全意识培训和安全策略宣传，增强全员的安全意识。

建立安全意识培训体系，使用多种方式宣传安全策略，强化安全意识。如横幅、员工手册，甚至海报等都可以用来提醒员工他们的职责和强调安全措施的必要性，以改变员工的安全行为和态度。

（5）定期对安全策略进行验证，保持策略最新。

通过内外部专家对策略进行审核，利用 PDCA 循环法，将这一过程抽象为计划、执行、检查、处理 4 个阶段，4 个阶段为一个循环。通过持续的循环，使信息安全管理持续改进，逐步建立有效的安全体系运行机制。

保证信息资产的保密性、完整性和可用性是安全保护的最终目标，企业应该根据自身的状况来量身定制适合自身业务发展和满足自身信息安全需求的信息安全体系。

3.3 建设方法

PDCA 循环法是由美国质量管理专家提出的,由戴明采纳和宣传,所以又称戴明环。全面的质量管理的思想基础和方法就采用了 PDCA 循环法。

PDCA 循环法将质量管理分为 4 个阶段,即计划(Plan)、执行(Do)、检查(Check)和处理(Act)。在质量管理活动中,要求各项工作的开展流程是,制定计划、计划实施、检查实施效果,然后将成功的计划纳入标准,不成功的计划留待下一循环去处理。这是质量管理的基本流程,也是企业安全管理体系建设的流程。

PDCA 来源于单词 Plan、Do、Check 和 Act 的第一个字母。PDCA 循环就是按照这样的顺序进行质量管理,并且无限循环地进行下去的科学程序,如图 3-3 所示。

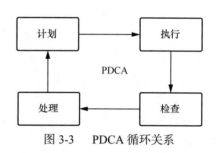

图 3-3　PDCA 循环关系

- 计划,包括方针和目标的确定,以及活动计划的制定。
- 执行,根据已知的信息,设计具体的方法、方案和计划布局,再根据设计和布局,进行具体运作,实现计划中的内容。
- 检查,总结并检查执行计划的结果,分清哪些对了、哪些错了,明确效果,找出问题。
- 处理,对检查的结果进行处理,对成功的经验加以肯定,并予以标准化;对于失败的教训也要总结,引起重视。对于没有解决的问题,应提交给下一个 PDCA 循环去解决。

以上 4 个阶段不是运行一次就结束,而是周而复始地运行,一次循环完毕,解决一些问题,未解决的问题进入下一次循环,这样阶梯式上升的。

全面体系化建设活动的全过程就是安全组织针对安全建设目标的制定和策略实现的过程,而这个过程应该遵从 PDCA 循环法,不停顿地、周而复始地运转,持续完善及更新。

3.4 本章小结

各位读者应该能够简单了解安全体系建设相应基础知识,如体系建设的主要活动、PDCA 循环法等相关知识。清楚地知道信息安全体系化建设是一个需要进行持续改进的过程,只有一个可以持续改进、持续发展的系统,才可以满足企业的快速发展需求。

第二部分
安全管理篇

第 4 章

组织与策略

开展企业安全建设工作的第一步应该是建立合理的安全管理组织机构。

在《孙子兵法·谋攻》中写道,"上下同欲者胜",说的是上下同心协力就能取得胜利。组织(Organization)就是为实现一个特定的共同目标,分工合作,而建立起来的具有不同层次的责任和职权制度的一个特定群体。

如果要完成特定目标活动,则应该有相应的组织作为保障。如果组织可以有效制定共同目标,合理、科学地确定组织的成员、任务和各项活动之间的关系,并协调、配置资源,那么距离胜利就不远了。

4.1 安全组织

合理的安全组织机构能够有效地对企业安全工作进行规划、指导、检查及监督。而企业安全管理组织机构是否健全,组织中各级人员的职责与权限界定是否明确与落实,直接关系到企业安全建设工作的开展及信息安全体系的运行。

安全人员在工作过程中体会最深的部分应该就是沟通协调,尤其是大中型企业中的跨部门沟通。如果能够跟管理层、业务方、人力资源团队、法务团队、政府关系团队、研发运维团队及普通员工等都建立良好的工作关系,赢得他们的支持,那么后续进行安全策略贯彻实施时安全人员会得到更多的助力,得到他们的帮助和建议也会使自身设计的安全系统及功能更加贴近业务,使安全措施更加有效。这样安全工作将成为业务发展的助力,而不是障碍,这就是企业要建立信息安全指导委员会的重要原因。

大多数企业的安全管理组织机构包括两个,一个是信息安全指导委员会,另一个是专职的安全团队。

4.1.1 信息安全指导委员会

信息安全指导委员会(简称安委会)大多是企业根据相应法律法规、行业标准、最佳实践等的要求建立的安全组织,有些企业也称其为信息安全领导小组。在理想状态下它应该作为一个指导委员会,为信息安全体系建设、规划和实施提供监督和指导,是企业信息安全的最高权力机构。

但大多数企业的安委会都像是一个虚拟机构,负责企业整体信息安全体系化建设工作。安委会主席应由高级管理层或全权代表担任，作为企业整体信息安全工作的总负责人；安委会委员应由内审合规部、人力资源部、法务部、研发中心、政府关系部以及信息安全部等的人员组成，总体协调工作可由信息安全部门负责人承担，如图4-1所示。

图 4-1　安委会

安委会应定期召开代表会议，由各委员提交各种安全决议草案，如安全规划审批、安全目标的确定、重大安全事件处理、专家组成员任命名单等事宜，由委员共同讨论决策，如果针对某项决议委员无法达成统一决议，则由安委会主席最后来决策。

专家组成员应由委员推举或者高层领导任命，成员由内审合规部、人力资源部、法务部、研发中心、政府关系部、信息安全部等的人员组成，尽量不要由安委会委员兼任。执行小组则由各委员与相应领域专家组成员组成，如图4-2所示。

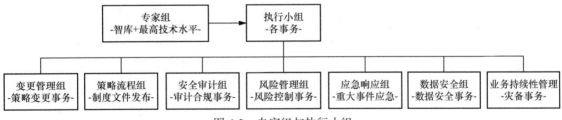

图 4-2　专家组与执行小组

专家组是企业信息安全事务处理方面的智库，代表着信息安全体系中各方面的最高技术水平，负责为执行小组的相应事务提供专业支持。

执行小组应由各委员与相应领域专家组成员组成，负责管理企业具体领域的安全事务。例如风险管理组，它是负责企业信息安全风险管理体系建设，并对企业风险管理工作进行监督和指导的小组。

风险管理组的主要工作内容如下。

- 推动企业的风险管理体系建设工作。
- 审批小组中人员配备及其职责划分的方案。
- 确认企业安全风险总体目标，审定信息安全风险年度工作计划。
- 审批风险管理策略以及重大安全风险解决方案。

建立安委会和执行小组的目的是更好地完成相应信息安全事务的处理，分配信息安全相关角色的责任，从而降低沟通成本，提高工作效率。

4.1.2 专职的安全团队

除虚拟的安委会外,每个企业都应该有专职的安全团队,按照安委会的指示,全面负责企业信息安全的具体工作。

很多企业,尤其是小型企业,安全团队的人数不是很充足,且大多关注于技术,但企业的全面的安全建设工作同样离不开安全管理方面。所以作为安全负责人,在规划团队的时候就应把工作至少分为安全技术和安全管理两个方面,如图4-3所示。

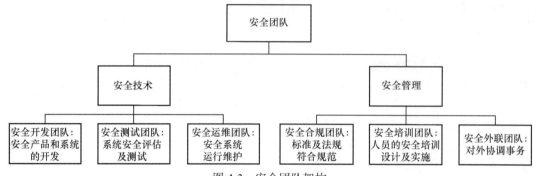

图4-3 安全团队架构

安全技术方面,主要使用技术力量实现企业技术防御架构与安全策略,其中应包含安全开发团队、安全测试团队,以及安全运维团队。而安全管理方面,主要使用行政控制手段实现企业的安全防御,建立企业安全策略,并持续更新策略,其中应包含安全合规团队、安全培训团队以及安全外联团队。

安全负责人必须要注意自身素养和能力的提升,做好团队管理和建设,树立正确的安全价值观,明确安全建设目标,营造积极进取、团结向上的工作氛围,同时培养安全团队成员的能力,如学习能力、理解能力和沟通能力等。而安全团队成员也应时刻保持学习的状态,并结合工作进行总结和反思,不断提高专业水平。另外,团队中的每个岗位都应该有一个或多个备份人员,从而避免由于人员流动带来的损失。

组建安全团队时应该找志同道合的、有成长潜力及培养价值的、可以并肩战斗的伙伴,这样可以快速提升团队能力,更好地进行企业安全建设。

完备的安委会以及专职的安全团队能够有效开展企业信息安全体系建设的指导、检查与监督工作,有利于安全体系化建设。安全管理组织机构是否健全,组织中人员的角色及其责任是否明确,将直接关系到企业安全工作的开展和安全管理体系的运行。

4.2 策略要求

企业中每个人都有不同的角色,同样也承担着不同的责任。只有每个人遵守相应的安全策略要求，尽到自己角色的义务，承担相应的安全职责，安全建设工作才能够有序开展。

4.2.1 策略文件

企业的策略应该由上至下贯彻执行，从最高层开始，依次到企业内的每个级别。高层领导定义安全范围，确定和决定必须保护什么以及保护到什么程度。安委会委员、专家组成员必须了解国家和行业有关安全的法规和责任问题，并确保组织整体履行其义务，确定对员工行为的要求，明确不遵守要求的后果将是什么。安全人员需要利用自身的专业知识编写相应的文件，以实现高层领导制定和确定的目标。

文件内容所用的语言、详细程度、呈现形式和支持机制应由安委会专门的审核小组人员进行审查。安全策略、标准、流程、基线和指导手册应该以现实的情况来编写，这样才能达到效果。规则编写得越详细，员工就越清楚什么情况会违反规则，以及违反了规则的后果是什么。

现在普遍存在的情况是，各企业的安全策略、标准、流程、基线和指导手册都写得很好，也会定期更新，但大部分会被放置在文件服务器上，或者存储在安全人员的计算机里。只有在监管部门进行检查的时候才拿出来应付一下，从不发布或执行。这就出现了一个问题，如果人们不知道规则的存在，就不会遵守规则。

编写安全文件也需要考虑法律责任问题，为企业规避相应的风险，比如某企业有来自欧盟成员的用户，那么应该有一个针对这类用户的隐私策略，概述应该如何保护欧盟用户的敏感信息。某企业如果没有相应的文件，可能会被欧盟《通用数据保护条例》追责和处罚。

安全文件应由安全策略、标准、基线、流程和指导手册组成，策略建立战略规划，而其他文件提供战术支持。请务必让人力资源部和法务部的员工参与这些文件的制定，保证所制定的规则和要求可以顺利实施。

策略与其他文件的关系如图4-4所示。

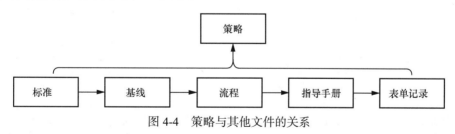

图 4-4　策略与其他文件的关系

安全文件的几种类型如下所示。

- 策略（Policy）是由安委会制定及发布的安全方面的最高方针，这是纲领性的概括性声明，描述安全规划的战略目标，规定安全在组织中扮演的角色，确定安全计划，分配相应角色责任，展示安全的战略和战术价值，并说明应该如何实施。策略类文件如《信息安全总体方针》《数据安全总体策略》等。
- 标准（Standard）用于明确强制性的活动、行动或规则，是为策略提供针对性支持的文件。从安全策略规定的安全的各个方面所应遵守的原则方法和指导性策略引出的具体管理规定、管理办法和实施办法，必须具有可操作性，而且必须有效推行和实施。标准类文件如《个人信息安全管理规范》《信息系统安全运行管理标准》等。
- 基线（Baseline）定义系统安全配置所需的最低保护级别，实现系统的最小安全保证，是基本的安全要求，通过对基线的管理，如建立、评估、更新，要降低脆弱性，降低安全风险。基线类文件如《数据库安全防护基线要求》《Linux 系统安全配置要求》等。
- 流程（Procedure）定义为实现特定目标而应执行的详细、循序渐进的任务，详细说明执行事务处理详细的步骤。流程类文件如《制度审核发布流程》《备份及恢复流程》等。
- 指导手册（Guideline）是向用户、开发人员、IT 人员和其他人员推荐的行动和操作指南，详细规定事务处理的流程、步骤和相关注意事项。作为具体工作时的参考文件，此文件必须具有可操作性，而且必须得到有效推行和实施。指导手册如《堡垒机使用文档》《电子邮件使用指南》等。
- 表单记录是落实安全流程和安全指导的具体表现，根据不同信息系统的要求可以通过不同方式的表单记录落实，并在日常工作中具体执行。主要包括日常操作的记录、工作记录、流转记录以及审批记录等。可分为记录类文件和证据类文件。表单记录文件有《机房出入登记记录（包括第三方人员）》《安全培训记录》等记录类文件以及《IDC 机房资产清单》《关键岗位安全协议》等证据类文件。

另外，文件应统一文件编号，规范信息安全体系各文件的命名规则，从而保证文件的唯一性、可识别性及可控性，如图 4-5 所示。

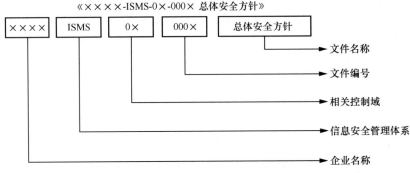

图 4-5　命名规则示例

示例中命名为《××××-ISMS-0×-000× 总体安全方针》的文件，××××为企业名称，ISMS 代表信息安全管理体系，0×代表相关控制域，000×代表文件编号，而总体安全方针是文件名称。

4.2.2　策略执行

策略文件不仅应该编写出来，还应该执行其中的内容，让员工理解规则是什么、该如何遵守、不遵守有什么后果，从而让安全策略有效执行，这样才能增强员工的安全意识，降低企业相应的安全风险。

应根据企业情况进行多部门协作，在制度起草时明晰相应部门的责任并严格执行制度，使制度策略落地执行。

策略文件管理流程为：文件由信息安全部起草，交由安委会策略流程组进行审批，审批通过后由人力资源部进行发布及执行，信息安全部每半年对文件进行修订，保证文件的有效性，安委会内审合规部对整个流程进行审核，保持流程合法合规，如图4-6所示。

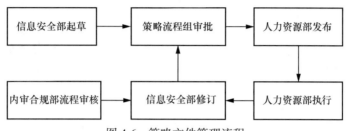

图4-6 策略文件管理流程

如《××××-ISMS-0×-××××安全事件管理规范》文件的发布流程为，文件先由信息安全部门进行起草和修订，再由安委会策略流程组对内容进行评审，对文件内容所用的语言、具体内容细节、合法性以及安全事件评级方法及奖惩标准进行确认，最后交由人力资源部进行发布，安委会内审合规部对整个流程进行审核。

在文件制度执行方面，当安全事件处理完成后，信息安全部门向人力资源部提交责任部门、责任人等信息及奖惩建议并抄送安委会进行留档，由人力资源部发出奖惩通知单。如责任人有异议，则向安委会进行申诉，内审合规部将会介入，对整个流程和奖惩建议进行审核，最后给出处理意见，并将结论提交到安委会安全审计组进行备案留档。

企业安全管理体系建立和运营过程中会产生一系列策略文件，用于明确被保护的资产、组织风险管理的方法、风险控制措施以及实现手段等内容，通过落地执行，使企业人员充分理解，从而增强人员安全意识。

4.3 本章小结

希望读者通过本章了解安全组织与安全策略的相关内容。企业可建立安全组织，制定安全策略文件，明确安全责任，这有利于全面开展安全建设工作。

第 5 章

需求与规划

企业信息安全建设工作通常是指安全组织为了满足业务需求,实现全面管理企业的安全风险,建立适当的安全建设目标,制定合适的安全保护措施,为企业信息系统及数据提供全面的安全保护;通过构建适用及高效的信息安全体系,尽可能降低安全风险,提高企业的整体安全防护水平,从而为业务持续发展提供稳健的信息安全防护能力。

为了保证业务正常运营,不因各种安全因素而中断,就必须对信息安全建设工作进行全局思考,针对重要业务进行安全规划,避免安全防护措施有效性的不足造成对业务发展的不良影响。

5.1 安全需求

安全组织在开展安全建设工作时,应先明确企业目前的安全状况,确定具体的安全需求,这是完成各阶段的安全建设工作目标的前提。

安全需求(Security Requirement)是指企业在安全建设过程的某一特定时刻,在各种可能的因素下,有强烈意愿做某项安全建设工作的需要。

不同的企业、不同的安全组织在不同的阶段的安全需求也一定是不同的。

1. 从无到有阶段

处于这种阶段的一般为小微企业,通常其不会招聘专职的安全人员,只有在有问题时临时在运维或测试团队里指派员工解决,这将无法持续开展安全建设工作。企业的安全能力也基本停留在应急阶段,需要"从 0 到 1"地进行安全建设。

小微企业基本上没有安全防护能力,存在很严重的安全风险。建议聘用专职的安全人员持续开展安全建设工作,识别重要业务及系统,做好基本安全防护,如边界防御、安全基线等;做到及时响应安全事件,并通过安全事件进行推动,逐步开展整体安全建设工作。

2. 体系建立阶段

处于这种阶段的基本是中小型企业,其虽然有专职的安全团队,但人数不多,一般不会超过 5 人。且团队成员都是安全技术人员,仅有少量信息安全制度规范和安全文档,也不太能顺利通过合规或审计机构的检查。随着外部合规或审计机构业务水平的提高,中小型企业将会暴露出很多安全管理方面的问题,安全体系建设需要更好地落实和完善。

中小型企业虽具备了基本的安全防护能力,但相应的处理流程还没有总结和沉淀,同样存在一定的安全风险。建议中小型企业补充相应的安全管理人员，加强安全管理方面的建设，梳理企业现有业务及运行流程，制定相应安全制度流程，在不增加业务负担的情况下进行流程改进，配合安全组织使制度流程真正落地执行，形成技术与管理"两条腿"走路，逐步建立有效的信息安全体系。

3. 体系优化阶段

处于这种阶段的基本是大型企业，其有比较完备的信息安全管理体系，有着完善的安全团队和人员，由于多方面原因导致信息安全管理体系建设工作停滞不前。随着信息产业的高速发展，以及新产品、新技术带来的新的安全需求和挑战，大型企业为了保持行业竞争力，就必须要提升现有安全能力，安全体系建设需要持续优化及改进。

大型企业已经基本实现了安全体系化建设，拥有比较全面的安全防护能力，人员配备也比较充足，但安全体系建设工作仍然需要持续改进和创新。建议安全组织针对新产品、新技术开展专项评估，补齐其他信息安全体系短板，使安全策略措施持续改进，并使业务受到持续的保护。

另外，随着《中华人民共和国网络安全法》《中华人民共和国数据安全法》《中华人民共和国个人信息保护法》等一系列法律法规的出台，所有的企业经营都必须符合监管合规要求，不到位的安全工作也已经从之前的违规提升到现在违法的高度。随着法律法规的完善，监管部门对企业的安全要求将越来越严格，各类专项检查也将越来越频繁，合规检查人员的专业水平也将越来越高，企业所面临的合规压力也会越来越大。如出现合规问题，监管部门将会对企业主管负责人进行约谈、通报、罚款，甚至出现 App 下架、业务关停等情况，这将会给企业造成巨大经济及名誉损失。这也成为各类企业关注安全建设工作的重要原因。安全组织应积极响应及配合监管部门的要求，持续完善企业整体信息安全体系，避免相应的法律及合规风险，使企业合法经营。

安全组织明确了安全需求后，应该选择合适的体系框架，它是整体安全建设工作的指导方案及实施蓝图。企业应参考相应的行业标准（参考附录）以及业务自身的特点设计一个合适的信息安全体系框架，并根据不同的安全需求和规划插入不同类型的成分，如技术、手段、措施、方法和程序等，从而对业务系统提供必要的保护。

5.2　安全规划

信息安全体系框架由很多成分组成，包括行政控制的、技术控制的和物理控制的保护措施、过程、业务流程和人员。安全组织将这些模块有效地组织在一起，为业务系统环境提供合适的保护和支持。每一个模块都是体系框架的重要组成部分，在不同的安全规划阶段都应该有一个合适的位置。如果整个框架缺失或不完整，可能会导致某些防护缺失，严重的话可能会影响整个信息安全体系建设。

安全规划（Security Programming）是指安全组织为了保护企业资产而制定的管理和技术方面的计划和建设目标，可有序地安排互相依存的安全活动与有关措施，降低业务发展过程中潜在的风险，提高企业整体安全水平。

安全组织制定安全规划有利于安全组织厘清思路，找到主线，分清主次，从而能够有条不紊地开展信息安全建设。另外，制定安全规划时应以业务因素为驱动，以企业战略发展前景为方向，从而满足业务未来发展的安全运行需要，指引信息安全建设方向。

设计安全规划的基本原则如下。

- 合理，规划的目标应是可实现的。
- 清晰，要达成的目标要清晰、明确。
- 可度量，存在衡量目标是否达成的标准。
- 合法合规，遵从国家与行业的法律规定。
- 前瞻性，与企业未来业务关联，满足新业务的运行需求。

安全规划按时间一般分为短期、中期以及长期 3 类，也称为运行层面目标、战术层面目标以及战略层面目标。其中长期目标的达成时限大多为 3～5 年，中期目标的达成时限大多为 1 年，短期目标的达成时限大多为 3～6 个月，但目标可能会因为企业的战略目标的变化进行相应的调整。

有效的安全规划是进行全面安全建设工作的"施工图"，应该包括以下阶段。

第一阶段，计划和组织阶段。建立安全组织与机构，制定以业务因素驱动的信息安全建设计划，包括目标、范围、时限以及度量标准等，并获得高层领导的批示和支持。

第二阶段，风险评估阶段。梳理企业资产，了解业务、数据、应用和基础设施等层面的架构及情况，全面识别企业安全威胁，验证每个层面现有保护措施的有效性，确认每个层面的风险情况并报告给管理层。

第三阶段，实施阶段。分配相应的角色和职责，制定并实施相应的安全策略、标准、流程、基线和指导手册。应建立相应的蓝图，其中包括资产识别和管理、风险管理、脆弱性管理、合规、身份管理和访问控制、更改控制、软件开发生命周期、业务连续性规划、意识和培训、物理安全、事件响应等方面的内容。并根据蓝图实施相应的解决方案（行政控制的、技术控制的、物理控制的），同时建立审计和监控解决方案，为目标、SLA 和每个蓝图制定度量标准。

第四阶段，操作和维护阶段。遵循整体安全规划并确保每个实施蓝图中的所有基线都得到满足，执行内外部的审计，确保蓝图的解决方案有效，并根据蓝图的 SLA 对完成情况进行度量。

第五阶段，监控和评估阶段。通过审查日志、审计结果、收集的度量值以及每个蓝图的 SLA，评估蓝图目标完成情况，评估企业信息安全体系化建设的成熟度。并定期向安委会汇报，结合 PDCA 循环法，制定改进步骤并整合到下一次规划的计划和组织阶段中。

安全规划是企业进行全面安全建设工作的方向、指引，安全组织根据安全规划在不同的阶段设定不同的蓝图和目标，根据不同的蓝图实施不同的解决方案，确保蓝图中的每个基线都被充分满足，从而对业务系统提供必要的保护。

安全负责人也应定期进行汇报，让高层领导了解目前的工作进展，即完成了什么样的阶段目标，解决了什么问题，能为企业带来什么好处。这样才有可能得到领导认可并对安全工作进行持续的支持及投入。

5.3 本章小结

希望读者了解安全需求与安全规划相关内容,知晓处于不同阶段的企业的安全需求是不同的。安全建设需要明确需求,根据相应的体系框架制定各阶段的安全规划和目标。至关重要的是,高层领导的认可是必不可少的,只有这样才能保证在资源上能够得到足够的支持。

第 6 章

风险管理

随着信息产业不断发展，企业将面临无处不在的风险。安全人员在进行安全规划时应明确在众多业务系统中哪些资产是最重要、最需要保护的，如何通过资产识别与评估来找到对业务生存最为关键的东西，从而建立以信息安全风险为导向的企业信息安全体系，这就是进行风险管理的目的。

"没有百分百安全的环境，每个环境都有弱点和威胁。"在第 1 章中，读者应该理解了脆弱性、威胁和风险的概念以及它们之间的区别及关系。当漏洞扫描器识别正在开放的端口和服务，以及系统的补丁情况，发现有部分主机系统未更新补丁、存在漏洞时，安全人员对漏洞进行验证、确认，并将其交给相应的负责人员进行修复。当他们修复完成后，安全人员再进行复验，漏洞被修复后，安全风险就被缓解了。

风险管理（Risk Management）是指企业在特定的范围内，通过识别和评估风险并制定相关计划和安全措施，从而最大程度降低或控制这些风险及其对企业造成的潜在影响，使其降到一个可接受的等级并持续保持的过程。

风险管理工作应由安委会风险管理组进行指导、监督及实施，包括以下内容。

- 在规划阶段，成立风险管理组、确认实施的范围、确认工具，以及确认可接受的风险等级。
- 在风险计算阶段，识别资产、威胁和脆弱性，并进行资产赋值，通过风险分析计算成本与收益，得出风险结果。
- 在风险处置阶段，风险管理组根据风险结果出具处理建议，如风险缓解、风险转移、风险接受或风险规避。

风险管理是安全管理的核心内容，必须得到高级管理层及业务部的坚定支持，这同样也是建立安委会和风险管理组的原因之一。

6.1 规划阶段

为了更好地对企业安全风险进行管理，应制定企业总体风险管理策略，并由安委会风险管理组审批。制定风险管理策略的关键环节是根据不同业务特点确定风险接受等级，并据此确定相应的风险对策，根据风险与收益相平衡的原则，进一步确定风险管理的优先顺序。对于已经制定和实施的风险管理策略，企业应定期总结和分析其有效性和合理性，结合实际情况对其进行不断修订和完善。

企业风险管理工作应该由安委会风险管理组进行指导、监督及实施。安委会风险管理组是为了实现风险管理目标而成立的组织,小组成员应该包括业务部、法务部、财务部、政府关系部、技术部、人力资源部、内审合规部、信息安全部等的人员,以及内外部专家。风险管理组的工作内容如下。

- 协调完成企业风险管理日常工作。
- 制定风险管理的目标、范围和计划。
- 明确风险管理角色和责任,确认风险评估的人员、规程和标准。
- 负责对企业风险管理进行有效性评估。

业务部是风险管理的第一道防线,应把风险管理的各项要求融入业务管理和业务流程中。业务部的风险管理代表应该执行风险管理组的要求,做好本部门风险管理信息收集、汇总、分析、传递、报告等工作。

企业应进行有效的信息安全风险管理,建立相应的组织和流程以开展工作,在控制成本与风险平衡的前提下选择合适的控制目标和控制方式,将信息安全风险控制在可接受的等级。

6.2 风险计算阶段

根据风险管理组的要求,风险评估团队通过科学的方法对资产、威胁和脆弱性进行识别,并进行资产赋值,再通过风险分析方法计算,最终得出风险结果。

6.2.1 资产识别

资产识别,是指风险评估人员在划定的评估范围内,识别出信息系统所有资产,并根据资产的表现形式,将资产分为数据、软件、硬件、服务、环境和基础设施、人员等,如表6-1所示。

表6-1　　　　资产分类示例

分类	资产项目
数据	保存在信息媒介上的各种数据资料,包括源代码、数据库数据、系统文档、运行管理规程、计划、报告、用户手册等
软件	系统软件:操作系统、数据库管理系统、开发系统等。 应用软件:办公软件、数据库软件等。 源程序:各种共享源代码、自行或合作开发的各种代码等
硬件	网络设备:路由器、网关、交换机等。 计算机设备:服务器、台式计算机、便携式计算机等。 存储设备:磁带机、磁带、光盘、软盘、移动硬盘等。 传输设备:光纤、双绞线等。 保障设备:UPS(Uninterruptible Power Supply,不间断电源)、变电设备、空调、文件柜、门禁、消防设施等。

续表

分类	资产项目
硬件	安全保障设备：防火墙、入侵检测系统、身份鉴别系统等。 其他设备：打印机、复印机、扫描仪、传真机等
服务	信息服务：对外依赖此信息系统开展的各类服务。 网络服务：各种网络设备、设施提供的网络连接服务。 办公服务：为提高效率而开发的管理信息系统，包括各种内部配置管理、文件流转管理等服务
环境和基础设施	包括电源、空调、接地设施、防雷设施、防水设施、门禁、监视器（包括视频监视器、红外监视器）、消防设施、办公设备、门窗及防盗设施等
人员	掌握重要信息和核心业务的人员，如系统运维主管、网络运维主管及项目经理等
其他	如组织形象、声誉、信用，客户关系，第三方服务等

对相应的资产进行赋值，根据资产重要性将资产划分为 5 个等级，等级越高表示资产重要性越高，如表 6-2 所示。

表 6-2　　　　　　　　　　　　资产等级

资产等级	标识	定义
5	很高	非常重要，这类资产的安全属性破坏后可能对企业造成非常严重的损失
4	高	重要，这类资产的安全属性破坏后可能对企业造成比较严重的损失
3	中	比较重要，这类资产的安全属性破坏后可能对企业造成中等程度的损失
2	低	不太重要，这类资产的安全属性破坏后可能对企业造成较小的损失
1	很低	不重要，这类资产的安全属性破坏后对企业造成很小的损失，甚至可以忽略不计

6.2.2 威胁识别

威胁是指可能对资产或企业造成损害的潜在因素。威胁作为风险评估的重要因素，必须被识别、分类及评估。威胁可以通过威胁主体、资源、动机、途径等多种属性来描述，造成威胁的因素可分为人为因素和环境因素。根据威胁的动机，人为因素又可分为有意或无意两种。环境因素包括自然界不可抗的因素和其他物理因素。

威胁的作用形式可能是对信息系统进行直接或间接的攻击，也可能是有意或无意的攻击。对安全威胁进行分类的方式有多种，根据威胁的表现形式，可以将威胁分为如表 6-3 所示的类型。

表 6-3　　　　　　　　　　　　按表现形式划分

威胁种类	威胁描述	威胁子类
软硬件故障	对业务实施或系统运行产生影响的设备出现故障、通信链路中断、系统本身或软件的缺陷等问题	硬件设备故障、传输设备故障、存储媒体故障、系统软件故障、应用软件故障、开发环境故障

续表

威胁种类	威胁描述	威胁子类
物理环境影响	对信息系统正常运行造成影响的物理环境问题和自然灾害	断电、静电、灰尘、潮湿、高温、鼠蚁虫害、电磁干扰、洪灾、火灾、地震等
无作为或操作失误	应该执行而没有执行相应的操作,或无意执行了错误的操作	维护错误、操作失误等
管理不到位	安全管理无法落实或不到位,从而影响信息系统正常有序运行	管理制度和策略不完善、管理规程缺失、职责不明确、监管机制不健全等
恶意代码	故意在计算机系统上执行恶意任务的程序代码	病毒、木马、蠕虫、陷门、间谍软件、窃听软件等
越权或滥用	通过采用一些措施,访问了本来无权访问的资源,或者滥用自己的职权,做出破坏信息系统的行为	非授权访问网络资源、非授权访问系统资源、滥用权限非正常修改系统配置或数据、滥用权限泄露秘密信息等
网络攻击	利用工具和技术通过网络对信息系统进行攻击和入侵	网络探测和信息采集、漏洞探测、嗅探(账户、口令、权限等)、用户身份伪造和欺骗、用户或业务数据的窃取和破坏、系统运行的控制和破坏等
物理攻击	通过物理的接触造成对软件、硬件、数据的破坏	物理接触、物理破坏、盗窃等
泄密	信息泄露给不应了解的人	内部信息泄露、外部信息泄露等
篡改	非法修改信息,破坏信息的完整性,使系统的安全性降低或信息不可用	篡改网络配置信息、篡改系统配置信息、篡改安全配置信息、篡改用户身份信息或业务数据信息等
抵赖	不承认收到的信息和所做的操作和交易	源发抵赖、接收抵赖、第三方抵赖等

对威胁进行赋值,按照威胁发生的频率将威胁划分为5个等级,等级越高表示威胁发生的可能性越大,如表6-4所示。

表6-4　　　　　　　　　　按发生频率划分

威胁等级	标识	定义
5	很高	这类威胁的发生频率很高,一月约几次
4	高	这类威胁的发生频率高,约几月一次
3	中	这类威胁的发生频率中等,约几年一次
2	低	这类威胁的发生频率低,约十几年一次
1	很低	这类威胁的发生频率很低,约几十年一次

6.2.3 脆弱性识别

脆弱性是信息系统设计、实施、操作和控制过程中存在的可被威胁利用而造成系统安全危害的缺陷或弱点。脆弱性识别是风险评估中最重要的环节之一。脆弱性识别是以资产为核心的。针对每一项需要保护的资产,识别可能被威胁利用的弱点,并按照脆弱性被威胁利用时对资产造成的损害程度进行评估。

脆弱性识别主要从技术和管理两个方面进行分类,技术脆弱性涉及物理层、网络层、系统层、应用层等各个层面的安全问题,管理脆弱性又分为技术管理和组织管理两方面。技术脆弱性与具体技术活动相关,管理脆弱性与管理环境相关,如表6-5所示。

表6-5　　　　　　　　　　脆弱性分类

类型	识别对象	识别方法
技术脆弱性	物理环境	从机房场地、机房防火、机房供/配电、机房防静电、机房接地与防雷、电磁防护、通信线路的保护、机房区域防护、机房设备管理等方面进行识别
	网络结构	从网络结构设计、边界保护、外部访问控制策略、内部访问控制策略、网络设备安全配置等方面进行识别
	系统软件	从补丁安装、物理保护、用户账号、口令策略、资源共享、事件审计、访问控制、新系统配置、注册表加固、网络安全、系统管理等方面进行识别
	应用中间件	从协议安全、交易完整性、数据完整性等方面进行识别
	应用系统	从审计机制、审计存储、通信、鉴别机制、密码保护等方面进行识别
管理脆弱性	技术管理	从物理和环境安全、通信与操作管理、访问控制、系统开发与维护、业务连续性等方面进行识别
	组织管理	从安全策略、组织安全、资产分类与控制、人员安全、符合性等方面进行识别

然后将脆弱性进行赋值,按脆弱性被威胁利用时对资产造成损害的程度将脆弱性等级划分为5个等级,等级越高表示影响越大,如表6-6所示。

表6-6　　　　　　　　　　脆弱性等级

脆弱性等级	标识	定义
5	很高	如果被威胁利用,将对资产造成完全损害
4	高	如果被威胁利用,将对资产造成重大损害
3	中	如果被威胁利用,将对资产造成一般损害
2	低	如果被威胁利用,将对资产造成较小损害
1	很低	如果被威胁利用,将对资产造成的损害可以忽略不计

6.2.4 风险分析方法

风险分析工作是风险管理工作的重要组成部分,主要包括两种,一种是定量风险分析,另一种是定性风险分析。

定量风险分析,是指将货币和数值分配给风险评估的所有元素。风险评估团队通过全面识别资产、威胁、脆弱性、损失百分比以及年发生频率等因素,并对这些因素赋予具体数值,最后计算出风险的确切经济损失。

风险计算公式:

单次风险经济损失 = 资产 × 损失百分比

年风险经济损失 = 单次风险经济损失 × 年发生频率

控制措施价值 = 未采取控制措施的风险结果 − 采取控制措施的风险结果 − 成本

举个简单的例子,假设您的企业在南海某个小岛建了一个数据中心,价值3000万元。如果台风、海啸来临,可能损失40%,那么它的损失百分比就是40%,那么经过计算单次风险经济损失是1200万元。如果5年发生一次,那么它的年发生频率就是0.2,年风险经济损失就是240万元。当您采取了相应的安全措施,如有了防台风、海啸的手段,那么您的损失百分比可能就变成了10%,那么年风险经济损失的计算结果是60万元;防台风、海啸的设备和人力成本是100万元,那么控制措施价值就是80万元。

定性风险分析,是指基于意见分析风险、使用场景及评级。

风险评估团队通过问卷调查、现场访谈等方式结合信息系统所承载的主要业务功能和要求、网络结构与网络环境、系统边界,主要的硬件、软件、数据和信息,系统和数据的敏感性,以及相关的人员情况等方面进行充分的调查,最后得出风险等级划分以及价值赋值,赋值范围为1~5,计算出的风险值同样也映射到5个等级的风险:极高风险(5)、高风险(4)、中风险(3)、低风险(2)、极低风险(1)。原则上风险等级不小于3的风险,视为不可接受风险,如表6-7所示。

表 6-7　　　　定性风险分析

风险类型	风险等级	风险值	标识	描述
不可接受风险	5	101~125	极高风险	一旦发生将使系统遭受非常严重的破坏,企业利益受到非常严重的损失
	4	76~100	高风险	如果发生将使系统遭受严重的破坏,企业利益受到严重的损失
	3	51~75	中风险	发生后将使系统受到较重的破坏,企业利益受到较严重的损失
可接受风险	2	26~50	低风险	发生后将使系统受到的破坏程度和企业利益损失较小
	1	25及以下	极低风险	即使发生只会使系统受到极小的破坏,企业利益损失极小

风险计算公式:

总风险值 = 资产等级 × 威胁等级 × 脆弱性等级

$$控制措施价值 = 未采取控制措施的风险结果 - 采取控制措施的风险结果 - 成本$$

仍然以南海的数据中心为例：风险评估团队通过对相应人员进行现场访谈，结合数据中心环境及结构、承载的系统、数据敏感性，以及业务重要程度等情况进行充分的调查，最后得出风险等级划分以及价值赋值。将资产等级赋值为 5，将脆弱性等级赋值为 5，将威胁等级赋值为 4，计算出总风险值为 100，风险标识为高风险，需要进行风险处理。当执行控制措施后，威胁等级赋值变为了 3，脆弱性等级赋值变为 3，总风险值为 45，剩余风险标识为低风险，降低了风险等级。

通过风险计算，验证控制措施的价值，可以很直观地体现出安全投入的投资收益率。

6.2.5 总风险及剩余风险

总风险（Total Risk）是企业选择不实施任何类型的保护措施时所面临的风险，而剩余风险（Residual Risk）就是实施安全策略措施后剩余的安全风险。

剩余风险如果超过组织的可接受的风险等级，就必须得到进一步的安全控制，降低到可接受的风险等级。

风险计算公式：

$$总风险值 = 资产等级 \times 威胁等级 \times 脆弱性等级$$

$$剩余风险值 = 总风险值 - 控制措施价值$$

在风险评估过程中，识别资产等级、威胁等级和脆弱性等级，计算出总风险值。如果执行了控制措施，依然不能提供全面的保护，那么遗留的风险就是剩余风险。如果企业通过成本/收益分析结果表明修复风险的成本远远大于风险本身引起的损失价值，企业则会毫不犹豫选择接受风险。

6.3 风险处置阶段

风险处置是指通过制定并实施控制风险的手段，确保风险降低到可接受的等级的方法，主要包括风险缓解、风险转移、风险接受以及风险规避。

- 风险缓解，指通过相应的策略措施将风险降低到可接受的等级，如开展安全意识培训、部署防火墙或入侵检测系统等对相应的风险进行降级。
- 风险转移，指通过合同或协议将风险转移给其他主体，如选择多种保险来保护资产，将把风险转移到保险公司。
- 风险接受，指风险管理组了解面临的风险以及潜在的损失，通过成本/收益分析结果表明修复风险的成本要大于潜在损失的价值时，决定不实施相应的安全对策。如果企业的潜在损失价值为 1000 元，而采取安全对策的成本为 1500 元，修复风险的成本比潜在损失的价值还要大，那么按照成本/收益分析，通常企业都会选择接受风险。
- 风险规避，指通过终止带来风险的活动进行风险处理，如使用的 Windows 系统提供对外服务，发现存在相应的 Windows 系统漏洞，可能被黑客利用，对策是将 Windows 系统更换为 Linux 系统，从而规避相应的风险。

原则上风险等级不小于 3 的风险视为不可接受风险；而风险等级小于 3 的风险视为可接受风险。

6.4 风险评估流程

风险评估流程通常是指安全组织通过识别特定范围的资产、威胁以及脆弱性，分析现有信息资产的风险管理措施，并制定有效的风险处置措施及控制策略以降低相应的风险，从而保持企业信息安全防护水平。

风险评估流程如图 6-1 所示。

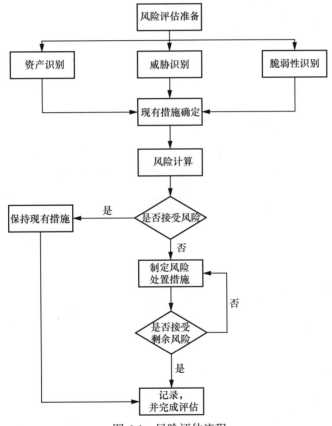

图 6-1 风险评估流程

为了让读者更直观地理解风险评估的整体流程，笔者参考我国等级保护相关标准《信息安全技术 信息安全风险评估方法》和《信息安全技术 信息安全风险评估实施指南》演示一个简单的风险评估示例。

本次风险评估以某企业备用机房的数据备份服务器节点为例，资产包括备用机房、交换机以及数据备份服务器，采用定量分析与定性分析相结合的方法。

第一步，资产识别。通过对备用机房进行资产识别，并根据资产等级进行赋值，结果如表6-8所示。

表6-8　　　　　　　　备用机房数据备份服务器资产等级赋值结果

资产名称	资产等级	资产等级赋值结果（A）
备用机房	3	3
交换机	4	4
数据备份服务器	5	5

第二步，威胁识别。通过对备用机房资产进行威胁识别，并按照威胁种类和威胁等级进行赋值，结果如表6-9所示。

表6-9　　　　　　　　备用机房数据备份服务器威胁等级赋值结果

资产名称	威胁种类	威胁等级	威胁等级赋值结果（T）
备用机房	物理环境影响	3	3
交换机	网络攻击	4	4
数据备份服务器	恶意代码	4	4

第三步，脆弱性识别。通过对备用机房资产进行脆弱性识别，并按照脆弱性描述及脆弱性等级进行赋值，结果如表6-10所示。

表6-10　　　　　　　备用机房数据备份服务器脆弱性等级赋值结果

资产名称	脆弱性描述	脆弱性等级赋值（V）
备用机房	备用机房未采取措施防止静电的产生	3
交换机	采用Telnet登录管理交换机，容易被网络嗅探	4
数据备份服务器	无恶意代码防护措施	5

第四步，风险计算。本次风险计算采用定量与定性两种分析方法，先用定性分析的方法得出相应的赋值和判定标准，再利用定量分析的方法算出风险数值以供安委会风险评估团队和专家组参考。

将备用机房的资产通过风险计算公式得出风险值，根据结果得到相应的风险等级，结果如表6-11所示。

表6-11　　　　　　　备用机房数据备份服务器风险等级结果

资产名称	资产等级赋值（A）	威胁等级赋值（T）	脆弱性等级赋值（V）	风险描述	风险值（R）	风险等级
备用机房	3	3	3	备用机房未采取措施防止静电的产生	27	2
交换机	4	4	4	采用Telnet登录管理交换机，容易被网络嗅探	64	3
数据备份服务器	5	4	5	无恶意代码防护措施	100	4

第五步，风险处置。在对备用机房资产的风险等级进行划分后，应结合企业的发展、法律法规的要求，以及风险评估团队的决议最终确定安全水平，对剩余风险选择适当的处置方式及控制措施，如表 6-12 所示。

表 6-12　　　　　　　备用机房数据备份服务器最终风险处置结果

资产名称	风险描述	风险等级	风险评估团队针对剩余风险的处置方式	风险控制措施描述
备用机房	备用机房未采取措施防止静电的产生	2	风险接受	无须做任何操作
交换机	采用 Telnet 登录管理交换机，容易被网络嗅探	3	风险规避	更换 SSH 登录管理方式
数据备份服务器	无恶意代码防护措施	4	风险缓解	部署相应的恶意代码防护软件及相应措施，并定期检查和验证恶意代码防护措施的有效性

最终，通过对结果中备用机房的数据备份服务器节点所列出的威胁（包括涉及的风险）进行了评估，在采取了风险处置措施之后，根据风险处理原则以及风险评估团队处置意见，风险等级已降低到可以接受的程度，此备用机房的数据备份服务器的风险为可接受风险，总体可控。

6.5　本章小结

希望读者了解到风险管理的重要性，以及风险评估的方法和流程等相关知识。当企业的安全预算有限，但还有一系列需要解决的问题时，那么是否有适当的技能来帮助企业知道哪些问题应该首先处理，该如何正确排序，哪个是最关键的问题？怎么样才能确保您和您的团队解决的是关键的问题，并能提供最大的总投资收益率？只有通过全面的风险评估和计算才能得到答案，这就是企业要实施风险管理的真正原因。

第 7 章

合规与认证

在 2021 年 6 月 30 日，某出行公司在美国纽约证券交易所（简称纽交所）上市，股票代码为"D×D×"，发行价为 14 美元，首日开盘盘中最高价为 18 美元，上涨约 28%。同年 7 月 2 日，网络安全审查办公室为维护国家安全对某出行公司启动网络安全审查，要求审查期间停止新用户注册；7 月 4 日，中华人民共和国国家互联网信息办公室（简称网信办）就某出行 App 存在严重违法违规收集使用个人信息问题，通知应用商店下架某出行 App，并要求某出行公司严格按照法律要求，参照国家有关标准，认真整改存在的问题，切实保障广大用户个人信息安全；7 月 9 日，网信办下架某出行公司 25 款 App；7 月 10 日，网信办发布关于《网络安全审查办法（修订草案征求意见稿）》公开征求意见的通知，要求掌握超过 100 万用户个人信息的运营者赴国外上市，必须向网络安全审查办公室申报网络安全审查。2021 年 7 月 16 日，网信办会同中华人民共和国公安部（简称公安部）、中华人民共和国国家安全部（简称国家安全部）、中华人民共和国自然资源部、中华人民共和国交通运输部、国家税务总局、国家市场监管总局等部门联合进驻某出行公司，开展网络安全审查。经过长达几个月的安全审查，最终某出行公司在 2021 年 12 月 3 日通过官方微博声明，将近期在纽交所退市并筹备香港交易所上市。2022 年 6 月 2 日某出行公司向美国证券交易委员会正式提交退市申请；在 6 月 10 日的最后交易日，某出行公司股价报收 2.29 美元，市值停留在 111.16 亿美元；并于 2022 年 6 月 13 日正式退市。从上市到退市，不到一年的挂牌时间，某出行公司的总市值也从最高近 800 亿美元跌至约 111 亿美元。2022 年 7 月 21 日，网信办依据《中华人民共和国网络安全法》《中华人民共和国数据安全法》《中华人民共和国个人信息保护法》《中华人民共和国行政处罚法》等法律法规，对某出行公司处 80.26 亿元罚款，对某出行公司董事长兼 CEO（Chief Executive Officer，首席执行官）、总裁各处 100 万元罚款。对某出行公司的上市进行安全审查是我国监管单位对赴美上市企业进行网络安全审查的里程碑，体现了国家对数据安全和个人信息的高度重视和严格要求。

在《管子·法法》中述："求必欲得，禁必欲止，令必欲行。"因此，国家有要求的一定要做到，国家要禁止的一定要杜绝，国家颁布的法令一定要实行。

监管合规，也称为法律遵从（Compliance），它是指企业的经营管理活动应符合法律法规、监管规定、行业准则和国际法规的要求。如果企业及员工出现不合规行为，可能会引发法律责任、受到相关处罚、造成经济或声誉损失，以及带来其他负面影响，如 App 下架、业务关停、罚款、判刑等，给企业及法人带来不可估量的重大损失。

7.1 监管合规管理

企业需要进行有效的监管合规管理，应建立相应的组织和流程来开展工作，以有效防控法律合规风险为目的，积极配合监管部门要求。

监管合规组织应由安委会专家组成员、法务部、人力资源部、政府关系部以及信息安全部组成。

监管合规工作流程如下。
- 准备阶段，政府关系部传达监管部门要求，监管合规组织成员按要求进行前期工作、材料准备。
- 自评估阶段，专家组及相应人员根据要求进行风险评估及自查，给出相应的整改建议，并协调相关人员进行问题整改及相应安全措施的更新。
- 监督检查阶段，配合监管部门现场检查工作。
- 问题整改阶段，根据监督检查结果协调相关人员对问题进行整改。
- 结果上报阶段，政府关系部向监管部门上报结果。
- 教育培训阶段，根据监管部门的反馈意见，进行相应安全措施及制度文件的更新，同时开展相应培训以增强员工的安全意识。

监管合规组织应确保企业及员工的行为与国家的法律、企业的规则和准则相一致，并及时纠正不合规行为。对企业而言，监管合规不能应付、敷衍了事，也不是一朝一夕能够完成的，而是一项长期、艰巨的任务。只有合规经营，才能保证企业持续经营。

7.2 合规事务

企业务必遵纪守法，当以国家法律及所在地法律法规、相关监管部门的要求，作为企业经营和安全建设的准则，行使相应的权利并履行相应的义务。

近几年，网络安全相关的高强度监管审查成为常态，企业面临的风险显著增长，监管合规工作对企业的重要性超过以往任何时期。如公安部的等级保护工作、中华人民共和国工业和信息化部（简称工信部）的增值电信业务经营许可证年检工作、SOX 法案的 404 条款年审，以及其他部委的各项专项检查等。

7.2.1 网络安全等级保护

网络安全等级保护是国家对信息系统及网络按照重要性等级进行不同等级要求的保护工作，2007 年出台的《信息安全等级保护管理办法》属于等级保护 1.0 时代；2017 年 6 月 1 日，《中华人民共和国网络安全法》正式实施，标志着"等级保护 2.0"时代正式来临。

第7章 合规与认证

《中华人民共和国网络安全法》明确了"国家实行网络安全等级保护制度"（第二十一条）、"国家对公共通信和信息服务、能源、交通、水利、金融、公共服务、电子政务等重要行业和领域，以及其他一旦遭到破坏、丧失功能或者数据泄露，可能严重危害国家安全、国计民生、公共利益的关键信息基础设施，在网络安全等级保护制度的基础上，实行重点保护"（第三十一条）。上述条款要求为网络安全等级保护赋予了新的含义，重新调整和修订等级保护 2.0 标准体系，配合《中华人民共和国网络安全法》的实施和落地，指导用户按照网络安全等级保护制度的新要求，履行网络安全保护义务。

等级保护 2.0 包括安全通用要求和安全扩展要求，各方面更加突出可信计算技术的应用，形成"一个中心，三重防护"的防御体系。等级保护 2.0 是基于《中华人民共和国网络安全法》制定的，针对共性安全保护需求提出安全通用要求，针对云计算、物联网、移动互联、工业控制和大数据等新技术、新应用领域的个性安全保护需求提出安全扩展要求，形成新的网络安全等级保护基本要求标准。

等级保护 2.0 共有 8 个控制措施分类，主要分为技术部分（物理和环境安全、网络和通信安全、设备和计算安全、应用和数据安全）和管理部分（安全策略和管理制度、安全管理机构和人员、安全建设管理、安全运维管理）。

网络安全等级保护分级如下。

- 第一级（自主保护级），等级保护对象遭到破坏后，会对公民、法人和其他组织的合法权益造成损害，但不损害国家安全、社会秩序和公共利益。
- 第二级（指导保护级），等级保护对象遭到破坏后，会对公民、法人和其他组织的合法权益造成严重损害，或者对社会秩序和公共利益造成损害，但不损害国家安全。
- 第三级（监督保护级），等级保护对象遭到破坏后，会对公民、法人和其他组织的合法权益造成特别严重损害，或者对社会秩序和公共利益造成严重损害，或者对国家安全造成损害。
- 第四级（强制保护级），等级保护对象遭到破坏后，会对社会秩序和公共利益造成特别严重损害，或者对国家安全造成严重损害。
- 第五级（专控保护级），等级保护对象遭到破坏后，会对国家安全造成特别严重损害。

其中较为常见的是第二级和第三级，第二级及以上的定级对象需要落实等级保护工作，其中第二级有 147 个要求项，第三级有 230 个要求项，如表 7-1 所示。

表 7-1　　　　　　　　　等级保护第二级与第三级的要求项

要求	基本要求子类	第二级	第三级
管理要求	安全策略和管理制度	6	7
	安全管理机构和人员	16	26
	安全建设管理	25	34
	安全运维管理	30	48

续表

要求	基本要求子类	第二级	第三级
技术要求	物理和环境安全	15	22
	网络和通信安全	16	33
	设备和计算安全	17	26
	应用和数据安全	22	34
总要求项	—	147	230

企业开展网络安全等级保护工作时通常有下列 5 个阶段。

第一，定级阶段，建立等级保护专项工作小组，完成相应的定级准备工作，并确认定级业务系统的业务及技术等相应负责人。确认定级对象，根据《网络安全技术 网络安全等级保护定级指南》初步确认对象等级，准备相应材料，组织专家评审，并由主管单位审核。

第二，备案阶段，准备《定级报告》《备案表》《系统拓扑图》《系统安全实施方案》《安全组织架构》等相关材料，到当地公安机关网络安全部门进行备案，由网络安全部门审核，并下发备案证明。

第三，安全建设及整改阶段，以《网络安全技术 网络安全等级保护基本要求》中对应等级的要求为标准，开展自评估，对定级对象当前不满足要求的部分进行建设整改。

第四，等级测评阶段，委托具备测评资质的测评机构（参见全国网络安全等级测评与检测评估机构目录）对定级对象进行等级测评、整改以及复测工作，最终形成正式的测评报告，其中第二级系统两年进行一次测评，第三级系统一年进行一次测评。

第五，监督检查阶段，向当地公安机关网络安全部门提交测评报告，并配合完成对网络安全等级保护实施情况的检查工作。

7.2.2 增值电信业务经营许可证

因特网服务提供者（Internet Service Provider，ISP）是指中华人民共和国增值电信业务经营许可证，即向广大用户综合提供互联网接入业务、信息业务和增值业务的电信运营商依据相关法律规定必须具备的资格证书。主要有全网 ISP 和地网 ISP 两种证书。因企业的经营范围不同，全网 ISP 表示企业可在全国开展业务，地网 ISP 表示企业仅能在省内开展业务，该证书的有效期为 5 年，到期后需要重新进行审核申请。

因特网内容提供者（Internet Content Provider，ICP）即向广大用户综合提供互联网信息业务和增值业务的电信运营商。ICP 资质年检时间为每年的 1～3 月，ICP 牌照持有者向通信管理局提交企业的 ICP 牌照的业务环境，通信管理局对该企业持有的 ICP 牌照的通例性和真实性进行备案。如没有定时进行 ICP 牌照年检或有违规和虚假行为，将吊销该企业的 ICP 牌照。

根据《互联网信息服务管理办法》，若违反本办法的规定，未取得经营许可证，擅自从事经营性互联网信息服务,或者超出许可的项目提供服务的,则由省(自治区、直辖市)电信管理机构责令限期改正,有违法所得的,没收违法所得,处违法所得3倍以上5倍以下的罚款;没有违法所得或者违法所得不足5万元的,处10万元以上100万元以下的罚款;情节严重的,责令关闭网站。也就是说,所有经营性的网站都需要办理ICP经营许可证(牌照)。

根据中华人民共和国国务院令第291号《中华人民共和国电信条例》、第292号《互联网信息服务管理办法》,国家对电信业务经营按照电信业务分类,实行许可制度;未取得电信业务经营许可证,任何组织和个人不得从事电信业务经营活动。

企业增值电信业务经营许可证大多由法务部进行申请,安全部门填报网络安全相关内容,不过《中华人民共和国网络安全法》颁布以来,年检材料中网络安全包括的内容也在不断更新,其中包括安全管理组织机构和人员、安全管理制度建设、安全技术保障措施、数据安全、安全事件处置以及系统等级防护测评报告等方面的内容。

根据《中华人民共和国网络安全法》第二十一条、第三十一条规定,工信部同样执行网络安全等级防护要求。企业开展工信部网络安全等级防护工作通常通过下列4个阶段。

第一,定级备案阶段,建立等级保护专项工作小组,完成相应的定级准备工作,并确认定级业务系统的业务及技术等相应负责人。确认定级对象,根据《电信网和互联网网络安全防护定级备案实施指南》初步确认对象等级,准备《定级报告》《备案表》等相关材料,由通信管理局组织专家进行评审,并提交到通信管理局进行审核。

第二,安全建设及整改阶段,以《通信网络安全防护管理办法》《电信网和互联网安全等级保护实施指南》中对应等级的要求为标准,开展自评估,对定级对象当前不满足要求的部分进行建设整改。

第三,等级测评阶段,委托具备测评资质的测评机构对定级对象进行等级测评、整改以及复测工作,最终形成正式的测评报告,其中第二级系统两年进行一次测评,第三级系统一年进行一次测评。

第四,监督检查阶段,向当地通信管理局提交测评报告,并配合完成对网络安全等级保护实施情况的检查工作。

7.2.3 SOX法案的404条款年审

2001年11月下旬,美国最大的能源企业安然,因财务造假被美国证券交易委员会罚款5亿美元,股价崩盘,走上破产之路。CEO杰弗里·K.斯基林(Jeffrey K. Skilling)被判刑24年,罚款4500万美元;首席财务官(Chief Financial Officer,CFO)安德鲁·S.法斯托(Andrew S. Fastow)被判6年监禁,罚款2380万美元。

2002年6月美国第二大长途电话和互联网数据传输企业世通,在内部审计时发现了38.52亿美金数额的财务造假,美国证券交易委员会介入调查,该企业股价暴跌。2002年7月,世通宣布破产。CEO伯纳德·埃伯斯(Bernard Ebbers)被判25年监禁,CFO斯科特·沙利文(Scott Sullivan)被判5年监禁。

针对安然、世通等企业的财务造假事件,美国国会出台了《2002年公众企业会计改革和投资者保护法案》（Public Company Accounting and Investor Protection Act of 2002）。该法案涉及会计职业监管、企业治理、证券市场监督等多方面的改革，要求在美国上市的企业都必须遵守。该法案由美国众议院金融服务委员会主席奥克斯利和参议院银行委员会主席萨班斯联合提出，又被称作《2002年萨班斯—奥克斯利法案》（Sarbanes-Oxley Act of 2022，SOX，简称 SOX 法案）。该法案是对美国上市企业影响最广泛的法律之一，旨在保护在美国证券交易所开展股票交易的企业股东，并加大对这些企业决策人的可查力度。

SOX404 即 SOX 法案的 404 条款，其内容关于内部控制的管理评估。该法案明确了管理层对与财务报表及自己相关的内部控制制度的有效性的责任，并要求管理层对此发表书面声明，旨在通过加大控制力度来加重上市企业决策人的责任。美国政府已强制性地要求所有公开交易企业必须于 2005 年底满足该法案的要求，一起提供财务报告与内部控制的年度管理报告（CEO 和 CFO 必须签署书面声明），其中包括：

- 记录控制设计效力测试的结果，对企业建立和维持足够的财务报告内部控制负有责任；
- 披露任何主要缺陷；
- 获取外部审查单位审核以证明相关报告。

根据 SOX 法案规定，企业管理层必对财务报告的真实性负责，提供不实财务报告的将获 10 年或 20 年的刑事责任，对故意进行证券欺诈的最高可判处 25 年监禁；对犯有欺诈罪的个人和企业的罚金最高分别可达 500 万美元和 2500 万美元等。

SOX404 条款年审是针对内控有效性的年审，通常由内审部门与外部审查单位共同完成，安全部门提供相应的资料及证据支持，如安全管理组织机构和人员、安全管理制度建设、安全技术控制措施、数据安全防护等内容。

7.2.4 重要法律法规

《中华人民共和国网络安全法》是为了保障网络安全，维护网络空间主权和国家安全、社会公共利益，保护公民、法人和其他组织的合法权益，促进经济社会信息化健康发展而制定的法律。该法于 2016 年 11 月 7 日第十二届全国人民代表大会常务委员会第二十四次会议通过，并于 2017 年 6 月 1 日起正式施行。

《中华人民共和国数据安全法》是为了规范数据处理活动，保障数据安全，促进数据开发利用，保护个人、组织的合法权益，维护国家主权、安全和发展利益而制定的法律。全文共七章、五十五条，构建数据全生命周期的数据安全理念，从数据安全与发展、数据安全制度、政务数据安全与开放等多个角度对数据安全保护的义务和相应法律责任进行规定。2021 年 6 月 10 日，第十三届全国人民代表大会常务委员会第二十九次会议通过的《中华人民共和国数据安全法》，自 2021 年 9 月 1 日起施行。

《中华人民共和国个人信息保护法》是为了保护个人信息权限，规范个人信息处理活动，促进个人信息合理利用而制定的法律。全文共八章、七十四条，实现对个人信息的保护，从个人信息处理规划、个人信息跨境提供的规则、个人在个人信息处理活动中的权利、个人信息处理者的义务等多方面对个人信息全生命周期保护以及相应的法律责任进行了规定。2021 年 8 月 20 日，由第十三届全国人民代表大会常务委员会第三十次会议通过的《中华人民共和国个人信息保护法》，自 2021 年 11 月 1 日起施行。

随着《中华人民共和国网络安全法》《中华人民共和国数据安全法》《中华人民共和国个人信息保护法》的出台，其他部委相继出台各类隐私合规相应法规，同时也加大了对侵害个人信息行为的打击力度。如工信部多次开展 App 滥用个人信息专项整治行动，相信未来几年个人信息及隐私保护将成为企业负责人密切关注的方面。

在现行标准《信息安全技术 个人信息安全规范》中规定："个人信息包括姓名、出生日期、身份证件号码、个人生物识别信息、住址、通信通讯联系方式、通信记录和内容、账号密码、财产信息、征信信息、行踪轨迹、住宿信息、健康生理信息、交易信息等。"

《网络安全审查办法》是为了确保关键信息基础设施供应链安全，保障网络安全和数据安全，维护国家安全，根据《中华人民共和国国家安全法》《中华人民共和国网络安全法》《关键信息基础设施安全保护条例》制定的，由网信办、中华人民共和国国家发展和改革委员会、工信部、公安部、国家安全部、中华人民共和国财政部、中华人民共和国商务部、中国人民银行、国家市场监督管理总局、国家广播电视总局、国家保密局、国家密码管理局于 2020 年 4 月 13 日印发，自 2022 年 2 月 15 日正式施行，明确要求"掌握超过 100 万用户个人信息的网络平台运营者赴国外上市，必须向网络安全审查办公室申报网络安全审查"（第七条）。

与此同时，其他国家或组织也在积极开展个人信息保护相应的法规的制定工作，如欧盟的《通用数据保护条例》（General Data Protection Regulation，GDPR），它是欧盟议会和欧盟理事会在 2016 年 4 月通过、在 2018 年 5 月开始强制实施的规定。英国尽管退出了欧盟，但是其制定的《英国 2018 年数据保护法案》（UK's Data Protection Act 2018）就是英国版本的 GDPR，其他国家或组织也在积极出台各自的 GDPR。

欧盟的 GDPR 将影响适用于 GDPR 的企业收集和管理其客户及雇员个人数据的方式。任何在欧盟设立机构的企业或者向欧盟境内提供产品和服务的企业在处理欧盟数据主体的个人数据时都应当遵从欧盟的 GDPR。

欧盟的 GDPR 规定，企业在收集用户的个人信息之前，必须以简洁、透明且易懂的形式，清晰和平白的语言向用户说明：将收集用户的哪些信息、收集到的信息将如何存储、存储的信息会如何使用以及企业的联系方式。

欧盟的 GDPR 的处罚力度非常大，大到足够引起所有企业的重视，每次违反条例最高罚金可达 2000 万欧元或者其全球营业额的 4%，以高者为准。

7.3 安全体系认证

企业应该遵守国家法律法规及所在地法律法规、相关监管部门的要求。同时，为了有效提高消费者的购买信心，第三方权威认证机构对企业的产品、服务、管理体系等进行评定，证明其符合相关技术规范、相关技术规范的强制性要求，这个过程也称为认证（Certification）。

体系认证（System Certification）是安全组织将企业的安全管理体系进行专业权威的认证并组

织标准化的评估,经过不同类型的评判标准,证明其系统及服务的安全性和稳定性达到了特定评判等级的过程。

相信读者朋友们在很多大型企业的网站上都会看到一个专门显示认证的位置,介绍了企业通过的各类认证,以及认证的相关介绍。这是企业在证明自身的优势以及它的整体安全防护能力已达到相应的水平,期待获得用户的认可,提高自身竞争力。

若您是一家开展云服务的企业的负责人,其他云厂商都通过了ISO/IEC 27001信息安全管理体系认证,为了提高竞争力,提升用户的信心,您也应该开始着手进行ISO/IEC 27001的体系认证工作了。

大多数体系认证的流程如下。

第一,准备阶段,确定认证范围,通过评估现状,进行风险评估,更新现有体系,并形成一系列体系策略文件。

第二,自评估阶段,审核策略文件并正式发布实施,执行过程中发现问题并及时纠正。

第三,认证审核阶段,选定认证机构,进行备案受理,建立相应项目组,开展现场审核、整改并复测。

第四,认证维持阶段,获取相关认证,接受年审。

需要特别说明的是,认证证书需要按时进行年审,且在临近证书有效期时需要进行重新认证。而当企业进行体系认证时,不但可以衡量企业自身安全体系是否到位,还有其他的好处,主要体现在以下几个方面。

- 符合法律法规要求,向客户及监管机构表明,企业遵守相关的法律法规。
- 履行信息安全管理责任,体现企业在保护信息系统、知识产权、商业秘密和客户敏感信息等方面所做的工作,以及在各个层面的安全保护所做的努力,证明管理层履行了相关安全责任。
- 提升企业的品牌声誉和客户信任度,规范企业安全行为,增强员工的信息安全意识,同时提升品牌的声誉和客户的信心和信任度。
- 增强员工的安全意识和责任感,强化员工的信息安全意识,规范员工的行为,减少人为原因造成的不必要的损失。
- 加强企业的信息安全风险管理,信息安全管理体系认证实施时,通过内外部专家的评测,可以大大减小潜在安全风险带来的损失;在出现安全事件后,也有相应的安全措施将损失减到最小。
- 保持业务的竞争优势,信息安全管理体系的建立和认证,意味着企业核心业务及相应关联信息资产得到了适当的保护,从而提升业务的核心竞争力。

另外,通过体系认证的年审和管理评审可以主动地发现管理和技术中存在的问题,确保企业建立的安全体系符合客户的需求,能给产品带来更多的竞争力,同时提升企业整体安全能力水平,这就是体系认证的最大收益。

企业应根据自身业务的需求选择相应的体系认证,增强业务产品的安全防护水平,提升业务品牌竞争力。

7.4 本章小结

希望读者了解监管合规与安全体系认证的相关内容，企业在经营中可能面对的各种监管要求，如《中华人民共和国网络安全法》、等级保护 2.0、《中华人民共和国数据安全法》、《中华人民共和国个人信息保护法》、GDPR 等中的要求，从而清楚设计及实施企业信息安全体系化建设工作时，应该积极配合监管要求，并根据当地的法律法规、业界标准、行业最佳实践以及企业业务特点，更好地设计和实施安全策略，使业务合规、合法、合理，同时通过对企业信息安全体系进行认证来提升用户认可度，验证体系化建设成果，从而整体提升企业的安全防护能力。

第 8 章

人员管理与安全意识培训

人员不仅是企业重要的信息资产,往往还是非常薄弱的部分。无论是安全意识的缺乏,还是有意或无意进行的破坏,内部人员造成的安全问题可能远比黑客攻击、商业间谍活动或设备故障更为严重和难以检测。

8.1 人员管理措施

企业虽然无法预测个人的行动,但可以通过实施预防措施尽量减少风险,包括雇用合格的人、进行背景调查、使用详细的工作描述、提供必要的安全意识培训、执行严格的访问控制和适当的监控及审计,当然还有解雇有严重过错的个人。

我们常在电影中看到,当某国总统在与外星人大战要发射核弹拯救我们所在的文明时,并不是打开核密码箱,点个启动按键就发射了。在大多数电影中的步骤是这样的:在决定启动核打击之前,有一个特别专家小组协助总统译出存放的密码,当确认是总统的信号后,值班军官使用计算机把他个人的密码片段混合成一串密码,将这些信号通过特殊的通信频率传给导弹基地、飞机和潜艇。发射单位接到密码后,先同本单位保存的密码核对,确认无误后,才发射核武器。发射装置必须由两人同时使用各自的专用钥匙才能发挥作用。这两个钥匙孔的距离有 4~5m,是为了防止一个人发射导弹,以增强核武器的安全性。这是职责分离的一个例子,确保了总统也不能独自完成如此关键并且可怕的任务。想象一下,如果没有这样的控制措施,当一个有性格缺陷或者刚愎自用的独裁者拥有核密码箱时,那么世界可就危险了。

职责分离(Separation of Duties)确保了一个人不能独自完成关键任务。职责分离是一种预防性的行政控制手段,以减少潜在的欺诈。如银行员工不能独自完成关键的事务,在完成交易之前,她需要得到主管的二次验证授权。

虽然职责分离可以防止一个人独自完成关键任务,但在一个实行职责分离的企业中,多人共谋也可以实施欺诈。共谋(Collusion)指的是至少两个人一起工作造成某种类型的破坏或欺诈。比如上面银行员工的例子中,银行员工和主管就可以通过共谋实现欺诈。

职务轮换(Job Rotation)是一种行政检测类控制手段,可以用来发现欺诈活动。任何人都不应该长期待在一个岗位上,尤其是管理岗位,因为他们最终可能会对某个业务部拥有过多的控制权。这种全面控制可能导致欺诈或资源的滥用,员工应该被调动到不同的岗位,他们可能能够发现该岗位的前员工执行的可疑活动,这种控制手段通常发生在金融机构中。

第8章
人员管理与安全意识培训

在某些机构尤其是金融机构中,有些在敏感部门工作的员工还可能被强制休假(Compulsory Vacation)。这样当他们在休假时,其他人填补了他们的职位,通常可以发现欺诈或其他异常活动。从事欺诈活动的员工通常不愿意休假,因为他们不想让任何人知道他们在做什么。这也是国外有些机构的敏感部门员工通常会被强制休假两周的原因。

人员是企业重要的信息资产,因此安全组织需要对人员进行有效的管理,与人力资源部进行协作,实现员工从入职前到离职的全周期安全管理,从而降低相应的风险。

人员管理生命周期如图 8-1 所示。

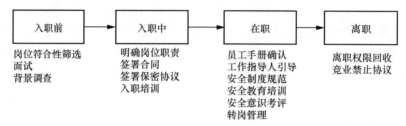

图 8-1　人员管理生命周期

人员管理生命周期各阶段说明如下。

1. 入职前候选人管理

人力资源会对候选人的岗位符合性进行筛选,组织符合条件的候选人面试,并对将发录取通知的候选者进行背景调查,这可以降低企业财产、核心技术、劳动仲裁方面的潜在风险。建议,背景调查须经本人同意,职位越高越敏感,背景调查应该更详细、更深入。

2. 新员工入职管理

新员工入职管理是入职员工管理的起点,也是员工管理的重要环节。做好新员工的初期管理,有助于新员工更快地融入企业及所在团队,也有助于让新员工与团队成员之间有良性互动,也有可能降低新员工的流失率,提高团队的整体绩效。这对企业与个人而言,都具有重要意义。

信息安全部应该配合人力资源部,让新员工在入职时了解以下内容。

- 明确岗位职责,知晓新员工个人在企业中的角色。
- 签署劳动合同,并根据新员工部门和岗位的需要签署保密协议。
- 领取员工卡(工牌、门禁卡、动态口令卡)等公司物品。
- 新员工入职培训的内容应该包含安全责任、防钓鱼和社工的内容、安全日常操作等。

新员工入职管理不只是人力资源部关心的问题,同样是信息安全部门关心的问题。如果对新员工的安全培训不够,新员工的安全意识可能不足,就相当于引入了新的安全风险,可能会被网络钓鱼或者被社工,导致企业内部数据泄露,会给企业安全管理带来很大的问题。

3. 在职员工管理

员工入职后,大多数企业会安排一个工作指导人对员工进行工作方面的指引和帮助。工作指导人应该引导员工进行熟读员工手册,其中包含相应的安全制度及违规处罚内容。员工应该学习并遵守企业各类信息安全管理规定,参加相应安全培训和考核,提升安全意识,提高安全技能。在工作中,员工要有强烈的信息安全和保密意识,发现安全问题及时上报给主管或信息安全部门。

由于工作需要，员工可能会转岗，转岗管理也是信息安全部门应该关注的。员工应该做好工作交接，主要有以下几方面，如保密信息的移交和清理，应用系统账号与权限的移交和清理，归还办公室、机房等的钥匙等。另外，在工作交接完毕后，还应及时清理员工原来的权限，防止授权蠕虫，并彻底地删除或销毁员工持有的所有与新岗位工作无关的文档，删除或销毁的方式须符合企业安全规定。如使用碎纸机销毁含保密信息的纸件，而不能直接扔垃圾箱或用手撕毁等。

4. 离职管理

员工离职分为主动离职及被动离职。主动离职是指员工因个人原因与企业依法解除劳动合同。被动离职是指企业由于员工违反相应企业规定被辞退、解雇。

无论是员工主动离职或被动离职，往往会有很多"秋后算账"的事情。之前双方劳动关系履行期间的种种问题此时开始浮出水面，一旦处理不好，企业会陷入诉讼风险，给企业名誉带来很大的负面影响，所以应该加强离职管理。

安全部门应该与人力资源部一起针对离职管理发布相应的安全策略，完善离职流程。安全部门关注员工离职，主要区分为友好离职及不友好离职两类。

- 对于友好离职员工，需做好工作交接，回收相应权限，并根据岗位敏感程度决定是否签署保密协议及启动竞业禁止协议。
- 对于不友好的离职员工，则需要在办理手续前回收相应的权限，并在安保人员的陪同下，交出企业相应资产，如门禁卡、企业计算机、动态口令卡等，并由安保人员带离办公区。

通常企业会让所有员工在离职时签署员工保密协议，以此表明他们已经听到并理解了保密协议中的所有规则，并且理解了不遵从协议时可能产生的后果。

8.2 角色责任

责任（Responsibility）是个人对角色的自我意识和自觉程度，主要包括两个方面，一方面是个人的行为必须对他人和社会负责的意识，另一方面是个人对自己的行为必须承担起相应的责任的态度。

在企业中，责任是指人员在一定职业活动中所承担的特定的职责，它包括人员应该做的工作和应该承担的义务。责任是由角色分工决定的，往往与物质利益存在直接关系，也是构成特定岗位的基础，往往通过行政方式甚至法律方式加以确定和维护。

任何角色都存在其特定的角色责任，角色责任可以帮助我们认知自己所扮演的角色。除通过个人自我意识和自觉程度之外，还需要根据这个角色的制度规则与规则要求行为来表明我们应有的责任。

简单来说，角色责任（Role Responsibility）就是制度规则要求角色必须做的事，常见的制度规则有国家法律法规、行业要求、企业制度等，而常见的规则要求行为包括员工规范行为、岗位职责规定的行为、合同契约要求的行为等。角色责任体现了人与制度规则之间的关系。比如安全组织制定相应的安全角色责任，就可以对不同的岗位角色制定相应的安全制度规则，进而要求员工完成相应的规则要求行为。

人在社会中会随着所处环境和场所的变化，不断变换自己的角色，而每一种角色往往都意味着一种责任。例如作为公民，你的行为就要遵守国家的法律法规，而作为企业员工，你的行为要遵守企业的规章制度。公民与企业员工都是以角色的形式存在的，任何角色都存在一种特定的责任形态，判断这种责任形态涉及制度规则与规则要求行为两个方面。比如，司机开车需要遵守交通规则，这种驾驶行为是制度规则所要求的行为，交通规则就是针对司机开车的制度规则，因此司机驾驶汽车的行为必须遵守交通规则，这属于角色责任的范畴，遵守了交通规则的行为就是角色责任必须做的。如果违反了交通规则，司机就会受到相应的处罚。

"信息安全，人人有责"，这就是企业每个员工该有的责任和意识。安全组织应该明确和认定各级员工的责任，完善各项岗位规章制度，树立责任意识，开展安全意识培训，使各级员工了解自己在企业安全建设中所扮演的角色及应有的责任。

8.3 安全意识培训

员工是非常脆弱的，如果员工安全责任或意识不足，很可能被黑客、社工所利用。社会工程学通常不需要高超的技术，就是利用了受害人的心理弱点、本能反应、好奇心、信任、贪婪等方面的心理陷阱进行欺骗、伤害或诱导等。比如黑客通过在社交软件伪装某大厂的人力资源招聘专员，骗取员工的电子邮箱或电话，再通过交谈的方式从员工口中套取公司相应内部系统的秘密，或者发送一个看起来像岗位介绍的 Word 文档，实际上却是一个木马程序，诱骗用户去执行，实现植入木马的目的。这种手法简单并且收益巨大，所以在近年的"HW 活动"中广泛被攻击方所使用。

而应对社会工程学最好的防御手段之一是通过设计全面的安全意识培训体系，让员工能够通过多种形式的培训学习各项安全制度、流程规范以及安全责任等，从而增强员工安全意识，如图 8-2 所示。

安全意识培训体系设计原则应该是根据员工岗位安全职责，并结合个人兴趣，在自觉自愿的基础上尽量做到公平合理，要求凡在职企业员工，均需接受相关培训，且针对不同的岗位制定不同的培训计划，对信息安全基础知识、安全技能、岗位责任等进行培训。

安全意识培训对象可以分别为管理人员、技术人员、新入职人员以及全员，每种类型的安全意识培训都必须针对单类受众，以确保每个群体理解其特定的责任和期望。如果对管理人员进行技术安全培训，提供各类安全漏洞原理、防火墙和服务器配置，他们可能想睡觉或者借口开会离开了。如果在普通员工的培训课程上讲法律后果、企业责任，或与保护数据有关的诉讼案例，他们可能发朋友圈或者刷微博了。技术人员培训必须是与他们的日常工作相关的主题培训，讨论技术的实现、编码的习惯、系统安全事件处理的流程以及如何进行改进的措施和方法，从而增强安全意识。另外，新入职人员除参加入职培训外，应该在上岗前参加岗位培训。

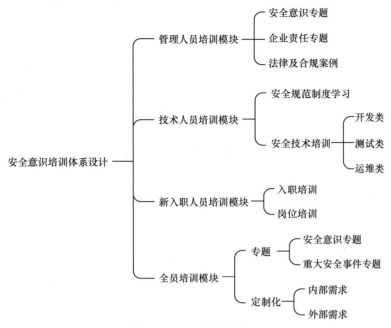

图 8-2 安全意识培训体系

安全意识培训应该是全面的,针对特定人员进行量身定制。它应该以不同的形式重复重要的内容,内容应该积极向上,简单易懂,最好可以诙谐幽默。

安全意识培训体系设计要覆盖到全员,至少每季度举行一次全员专题培训,采取多种宣传方法强化安全意识,像员工手册、横幅、会议室投屏,甚至海报都可以用来提醒员工他们的职责和良好安全措施的必要性。

开展人员安全意识培训是为了实现安全规划的预期结果,改变员工的下意识安全行为和态度,向员工传达安全策略的内容,告诉员工这是什么、为什么要这么做、需要怎么做,让每个员工了解安全对于整个企业和每个人的重要性,必须说明预期的责任和可接受的行为,并解释不遵守的后果。

8.4 本章小结

希望让读者了解人员管理以及安全教育培训的相关内容。企业通过对人员进行全周期的安全管理和安全意识培训,让人员明确自己在整体安全建设工作中的角色责任,增强安全意识并降低企业整体安全风险。

第三部分
安全技术篇

第 9 章

访问控制与身份管理

当我们登录系统时,系统提示用户输入用户名和密码,这就是一种访问控制形式。而用户登录后尝试访问一个文件,该文件有一个权限列表,里面是有权访问该文件的用户和组。如果用户在列表中,则可以查看文件;如果用户不在列表中,则会拒绝该用户,这也是一种访问控制的形式。

访问控制是所有安全工作的基础,提供了实现信息安全的基本功能模块,是对抗系统和网络资源非法访问的第一道防线。

9.1 访问控制

访问控制(Access Control)是指通过合理地设定访问策略,确保合法主体访问受保护的客体,防止非法主体访问客体,防止合法主体对客体的泄露、修改以及非授权访问。

访问控制的主要目的是限制主体对客体的访问,从而控制用户或系统如何与其他系统或资源进行通信和交互。

9.1.1 访问控制的要素

访问控制包括主体、客体和访问策略 3 个要素,如图 9-1 所示。

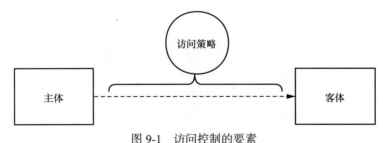

图 9-1 访问控制的要素

访问控制的 3 个要素的内涵如下。
- 主体,指提出访问资源请求的发起方,可以是某一用户,也可以是用户启动的进程、服务和设备等。
- 客体,指被访问资源的实体,所有可以被操作的信息、资源、对象都可以是客体。

- 访问策略，指主体对客体的相关访问规则的集合，表明客体允许主体执行某些操作行为。

几乎所有的安全访问策略设计都体现在主体、客体和访问策略三者之间的关系上，如安全设备上的防护策略、网络设备的 ACL 等。

9.1.2 访问控制的类型

访问控制的类型主要有 3 种：自主访问控制、强制访问控制和基于角色的访问控制。

1. 自主访问控制

自主访问控制（Discretionary Access Control，DAC）是指由客体的属主（Owner）对自己的客体进行管理，由属主决定是否将自己的客体访问权或部分访问权授予其他主体，这种控制方式是自主的。也就是说，在自主访问控制下，属主可以按自己的意愿，有选择地与其他用户共享自己的文件。它根据主体（如用户、进程等）的身份和其所属的组限制对客体的访问。在 DAC 中某个客体具有拥有权（或控制权）的主体能够将对该客体的一种访问权或多种访问权自主地授予其他主体，并在随后的任何时刻将这些权限收回。这种控制方式是自主的，就是具有授予某种访问权限的主体（用户）能够自己决定是否将访问控制权限的某个子集授予其他的主体或从其他主体那里收回他所授予的访问权限。

2. 强制访问控制

强制访问控制（Mandatory Access Control，MAC）是指强制主体遵从访问控制策略进行客体访问。在强制访问控制下，主体与客体都被标记了固定的安全属性（如安全等级、访问权限等）。当每次访问发生时，系统检测安全属性以便确定一个用户是否有权访问该文件。

强制访问控制（MAC）是由管理员对用户所创建的对象，按照规定的规则控制用户权限及操作对象的访问。MAC 的主要特征是对所有主体及其所控制的客体实施强制访问控制。在强制访问控制中，每个用户及文件都被赋予一定的安全等级，只有系统管理员才可确定用户和组的访问权限，用户不能改变自身或任何客体的安全等级。系统根据用户的访问权限及访问文件的安全等级，决定用户是否可以访问该文件。

3. 基于角色的访问控制

基于角色的访问控制（Role-Based Access Control，RBAC）是指通过对角色的访问进行控制，使权限与角色相关联，用户通过成为适当角色的成员而得到其角色的权限。通常系统为了完成某项工作而创建角色，可依据用户责任和资格分派相应的角色，角色可依据新需求和系统合并赋予新权限，而权限也可依据需要从某角色中收回。

在基于角色的访问控制（Role-Based Access Control，RBAC）中，角色（Role）是指完成一项任务必须访问的资源及相应操作权限的集合，所有的授权应该给予角色而不是直接给予用户或组。

DAC 是一种较为灵活便利的访问控制模型，资源的所有者可以根据需要分配和撤销访问权限，但这也可能导致安全风险。MAC 则是一种安全性较高的访问控制模型，通过为对象和主体分配安全级别，并根据它们之间的关系来强制执行访问策略。而 RBAC 是一种授权模型，根据用户所属的角色来分配访问权限。RBAC 通过将用户分配给特定的角色，并为每个角色指定相应的权限，可以简化权限管理和分配。不同的访问控制类型可根据具体需求和场景进行选择和组合，从而实现最佳安全性和便利性的平衡。

9.1.3 访问控制的实现机制

通过建立访问控制的实现机制实现主体到客体的合理访问控制，保证授权主体使用的权限与其所拥有的权限对应，避免权限滥用。

访问控制的实现机制主要有 4 种：访问控制矩阵、访问控制列表、访问控制能力表和安全标签，具体如下所示。

- 访问控制矩阵（Access Control Matrix，ACM）是通过矩阵形式表示访问控制规则和授予用户权限的方法。也就是说，每个主体都拥有对某些客体的某些访问权限；而对客体而言，又有某些主体可以对它实施访问。将这种关联关系加以阐述，就形成了访问控制矩阵，如表 9-1 所示。

表 9-1   访问控制矩阵

主体	文件 1	网络共享	打印机
A	读	不能访问	不能访问
B	读、写	读	不能访问
C	读、写、执行	读、写	打印
D	不能访问	读、写、执行	打印、管理队列

- 访问控制列表（ACL）是以文件为中心建立的访问权限表。在访问控制矩阵中，每一列都是 ACL，如表 9-1 中的文件 1 的 ACL，指明了表里所有用户对文件 1 的访问权限。
- 访问控制能力表（Access Control Capability List，ACCL）是以主体为中心而建立的访问权限表。在访问控制矩阵中，每一行都是访问控制能力表，如表 9-1 中的主体 A，表中列出了主体 A 拥有的所有客体的访问权限。
- 安全标签用于所有主体（用户、进程）和客体（文件、数据），标识安全等级。访问控制安全标签列表（Access Control Security Label List，ACSLL）是限定一个主体对一个客体进行访问的安全属性集合。安全标签能对敏感信息加以区分，这样就可以对用户和客体强制执行安全策略。

设计访问控制安全策略应遵循最小特权原则、最小泄露原则以及多级安全策略，具体内容如下。

- 最小特权原则，指主体执行操作时只分配其仅能够执行操作的最小权限。
- 最小泄露原则，指主体执行任务时按照其所需要的最小量的信息进行权限分配。
- 多级安全策略，指主体和客体之间的权限控制，按照权限级别划分等级。

开发及实施有效、全面的访问控制策略将为企业建立有效的整体安全计划奠定基础，同样，无效的、不完整的或随意的访问控制策略不但对企业的安全工作毫无帮助，还会给企业带来更大的风险。

9.2 身份管理

身份管理（Identity Management，IDM）应包括用户账号、用户认证、用户授权以及用户审计[也就是 AAAA，账号（Account）、认证（Authentication）、授权（Authorization）、审计（Audit）]等相关技术。

为了更好地理解身份管理，有两个典型的认证协议可简单了解：RADIUS 协议和 TACACS+协议。

1. RADIUS 协议

远程身份认证拨号用户服务（Remote Authentication Dial-In User Service，RADIUS）协议是一种分布式的、客户端/服务器结构的信息交互协议，该协议定义了基于 UDP（User Datagram Protocol，用户数据报协议）的 RADIUS 帧格式及其消息传输机制，并规定 UDP 端口 1812、1813 分别作为认证、计费端口。

RADIUS 服务端运行在特定服务器上，维护相关的用户认证和网络服务访问信息，负责接收客户端转发的用户请求并认证用户，然后将结果反馈给客户端并返回所有需要的信息。RADIUS 客户端一般位于网络接入服务器（Network Access Server，NAS）设备上，负责传输用户信息到指定的 RADIUS 服务器，然后根据从服务器返回的信息进行相应处理（如接收/拒绝认证请求）。

RADIUS 客户端和 RADIUS 服务器之间认证消息的交互是通过共享密钥来完成的，并且共享密钥不能通过网络来传输，增强了信息交互的安全性。另外，为防止用户密码在不安全的网络上传递时被窃取，在传输过程中对密码进行了加密。

2. TACACS+协议

终端访问控制器接入控制系统（Terminal Access Controller Access Control System Plus，TACACS+）协议是在 TACACS 协议的基础上进行了功能增强的安全协议。该协议与 RADIUS 协议的功能类似，采用客户端/服务器结构实现 NAS 与 TACACS+服务器之间的通信。该协议使用基于 TCP（Transmission Control Protocol，传输控制协议）的消息传输机制，TCP 端口 49 为协议默认端口。

TACACS+客户端一般是一个 NAS 设备，而 TACACS+服务器则是一个运行于某些 UNIX 系统或 Windows 系统上的守护进程（daemon）。

TACACS+客户端和 TACACS+服务器之间的业务通过使用共享密钥进行鉴别，该密钥从不在网络上传送，一般被人工配置在这两个实体中。TACACS+协议可以被配置用来对 TACACS+客户端和 TACACS+服务器守护进程之间的所有业务进行加密。

TACACS+协议与 RADIUS 协议的区别，如表 9-2 所示。

表 9-2　　　　　　　　　TACACS+协议与 RADIUS 协议的区别

TACACS+协议	RADIUS 协议
使用 TCP 端口 49，网络传输更可靠	使用 UDP 端口 1812、1813，网络传输效率更高
除 TACACS+报文头，对全部报文主体进行加密	只对验证报文中的密码字段进行加密
协议报文较为复杂，认证和授权分离，使得认证、授权服务可以分离在不同的安全服务器上实现	协议报文比较简单，认证和授权结合，难以分离

身份管理作为企业信息安全技术建设的第一步，主要内容包含用户账号、用户认证、用户授权以及用户审计。

9.2.1　用户账号

用户账号又称用户标识（Identification），通常是指用户声称是某个人。如图 9-2 所示，用户登录时的用户名输入了 admin，用户声明自己的角色是管理员。

图 9-2　用户标识示例

安全组织在设计用户标识时至少包括以下三点。
- 标识名称唯一，不可重复。
- 不可多人共用同一标识名称。
- 不应该用用户的任务描述或职位信息作为标识名称。

除此之外，还应制定标准的命名规则，如用户名最多可以包含 20 个字符，应区分大小写，不能使用特殊字符，如 " 、|？，。《》！@#￥%……&*（）—+=~·" 等。

9.2.2　用户认证

用户认证是指通过验证，确认用户是不是声称的那个人。比如登录时输入的密码、银行 U 盾，或者付款时的指纹。

用户认证过程如图 9-3 中虚线部分所示。

9.2 身份管理

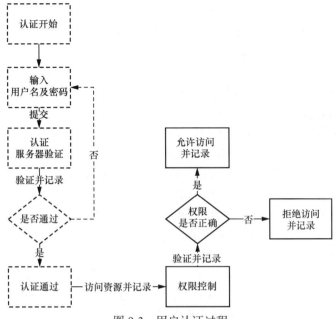

图 9-3　用户认证过程

1．用户认证重要因素

用户认证有 3 个重要因素，分别是你所知道的、你所拥有的以及你是谁。

（1）你所知道的（Something you know）是指只有你知道的内容，如密码或 PIN（Personal Identification Number，个人身份号）。务必要设置得"强壮"一些，不然就被轻易破解了。

但很多人设置的密码还是过于简单，国外网络安全企业 NordPass 每年都会发布常见的 200 个密码的名单。该名单详细列出了密码，破解它需要多长时间，以及它在他们的研究中出现了多少次。

2021 年的前十弱密码榜单如图 9-4 所示。

图 9-4　2021 年的前十弱密码榜单

65

榜首依然是"123456",这个常见密码盘踞榜首已经多年,几乎所有的工具破解它都是瞬时的。事实上,排名前十的所有密码都可以在一秒内被破解。

设置强壮的密码可遵循以下原则。

- 密码应该为 8 位或以上长度,必须符合密码复杂度要求,例如同时包括英文字母(从 A 到 Z)和基本数字(从 0 到 9),建议定期更换密码,如 3 个月更换一次。
- 应使用难以猜测但方便本人记忆的密码,例如"2lw@XluXln9"(自我修行拼音的变异体)。
- 不应使用他人容易获取或者个人敏感信息作为密码,包括身份证号码、电话号码、出生日期、任何形式的本人姓氏或名字、昵称等。
- 不应使用在键盘上相邻键码组成的密码,例如"qwertyui"。
- 不应使用能够在英语或其他外语词典中查到的单词及单词的倒写,例如"password"。
- 不应使用广为人知的缩写,包括部门名称、工程名称等的缩写。
- 密码不能以任何形式展现,包括登录时的计算机屏幕、记录在纸上等。
- 同一用户管理多个账号时,密码禁止重复。

另外,任何应用系统启用后都应禁止使用系统给出的默认密码,在任何情况下都应该禁止以明文的方式保存密码。(如应用系统程序代码中的密码必须经过加密处理。)

(2)你所拥有的(Something you have)是指只有你拥有的设备,如手机、智能卡、身份证件、银行 U 盾、动态口令卡等。务必保管好这些物品,防止遗失或被盗。

现在的智能卡已被广泛应用于身份识别、金融消费、安全认证等多个领域,方便用户生活的同时也带来一些风险,需要密切关注。如现在的手机或手环大多是采用近场通信(Near Field Communication,NFC)技术的设备,可以在彼此靠近的情况下进行数据交换,实现移动支付、电子票务、门禁、移动身份识别等便捷功能。它是由非接触式射频识别(Radio Frequency Identification,RFID)及互联互通技术整合演变而来的,可在单一芯片上集成感应式读卡器、感应式卡片和点对点通信的功能。移动终端务必保管好,一旦管理不善,可能会造成身份窃取、伪造或假冒等风险。

(3)你是谁(Someone you are)是指你身上独一无二的生理特征,可以通过生物识别技术进行采集,如指纹、声纹、虹膜、面部等个人特征。

生物识别技术是指通过计算机与光学、声学、生物传感器和生物统计学原理等高科技密切结合,利用人体固有的生理特性(如指纹、面部、虹膜等)和行为特征(如笔迹、声音、步态等)来对个人身份进行鉴定。

不过有些生理特性具有公开性(如面部、声纹等),很容易被他人获取,并通过技术合成伪造个人身份。早在 2019 年,丰巢智能快递柜就被曝出漏洞,只要用一张打印照片就能代替真人刷脸,绕过人脸识别系统打开智能快递柜。

随着移动设备的摄像头分辨率越来越高,您比着胜利手势拍照都可能会泄露指纹信息。如果生物识别技术作为系统单一验证手段,需要考虑是否增加其他因素来避免相应的风险。

2. 多因素验证

使用两种不同的验证因素进行验证称为双因素验证(Two-Factor Authentication,TFA),如动态口令验证,验证时需要提供 PIN 及动态口令卡上的数字。而使用多种不同的验证因素进行验证则称为多因素验证（Multi-Factor Authentication，MFA）。

动态口令卡可以通过硬件和软件方式实现，如图 9-5 所示。

图 9-5　动态口令卡

图 9-5 中左侧为 RSA Security LLC 企业推出的 RSA SecurID SID700 系列硬件动态口令卡，右侧为新浪微盾软件动态口令卡，它们均采用基于时间同步的技术。

简单双因素验证过程如图 9-6 所示。

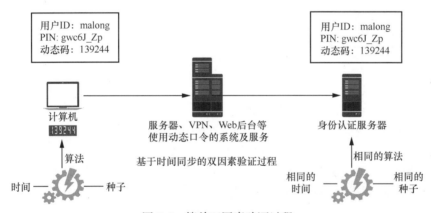

图 9-6　简单双因素验证过程

动态口令卡是采用了基于时间或基于挑战应答的方式而产生的一串随机数字，与 PIN 组成一次性密码来代替传统的静态密码。每个动态口令卡都有一个唯一的密钥（Key），称为种子，同时也存放在服务器，每次认证时动态口令卡与服务器分别根据同样的密钥、同样的随机参数（时间）和同样的算法（TOTP 算法）计算了认证的动态口令，从而确保密码的一致性，实现了用户的认证。因为每次认证时的随机参数不同，所以每次产生的动态口令也不同。由于每次计算时参数的随机性保证了每次口令的不可预测性，从而保证了系统在认证环节的安全性。

9.2.3 用户授权

用户授权是指用户在认证之后的权限控制以及可访问的资源。

用户授权过程如图 9-7 中虚线部分所示。

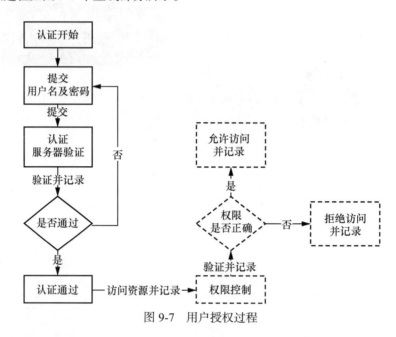

图 9-7 用户授权过程

用户授权应遵循以下原则。
- 访问准则。对角色、组等实施不同的访问准则。
- 默认为拒绝访问。默认为无权限,基于知其所需添加特权。
- 知己所需。知道自己需要访问哪些资源,依据最小特权原则。

做好权限分配,通常是先将不同的用户分配到不同的角色,再给不同的角色授权不同的资源,这样授权用户就可以根据其角色访问不同的资源了。

9.2.4 用户审计

用户审计也可以称为用户问责,是指用户登录之后,根据授权的不同访问不同的资源,并将行为记录下来,便于事后进行检查和追溯。

用户审计过程如图 9-8 中虚线部分所示。

用户审计可以及时发现和解决内部违纪事件,在事件发生后可以根据可信、完善的行为审计记录发现事件的责任人,同时对用户行为进行统计,包括审计登录主机的用户、登录时间、退出时间等。通过进一步分析,还可以发现可疑的信息,并重点跟踪监测,有助于发现系统中的薄弱环节及可疑因素,增强用户的网络安全意识,同时也是对内网及系统的安全破坏分子的一种震慑手段。

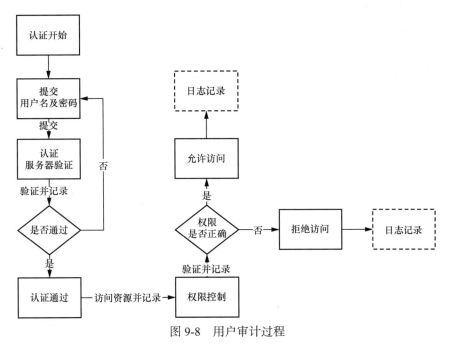

图 9-8　用户审计过程

9.2.5　集中身份认证管理

通过集中身份认证管理(Central Identification Authentication Management)可以将企业内部不同应用系统的用户身份统一管理,实现集中账号管理、集中认证管理、集中授权管理以及集中审计管理,包含的内容如下。

- 集中账号管理,为用户提供统一、集中的账号管理,也可以通过平台进行账号密码策略的设定。
- 集中认证管理,根据企业需要为用户提供不同强度的认证方式,如静态口令验证方式、多因子验证方式。这样不仅实现用户认证的统一管理,还实现企业信息资源访问的单点登录。
- 集中授权管理,可以对用户的资源访问权限进行集中控制,根据角色进行授权。
- 集中审计管理,将用户所有的操作日志集中记录、管理和分析,对用户行为进行监控,与其他审计系统联动,及时发现异常。

设计及开发集中身份认证管理系统,将不同认证类型的设备纳入统一的管理系统,对不同系统中的用户账号进行集中管理,再对用户访问进行集中的授权及审计,从而提高应用系统的安全性。

9.3　本章小结

希望读者了解访问控制与身份管理的相关知识后，设计正确的 IAM 系统，使用集中身份认证管理，将用户的身份认证与具体业务分离，保护业务系统，提供统一的认证接口，做到用户认证、授权、审计的集中化处理。身份管理不仅是企业信息安全体系化建设中重要的模块，还可以为业务发展提供更强有力的身份认证支持。

第 10 章

物理环境安全

物理环境是指人员使用设备对信息进行存储、加工及处理时所在的场所，主要包括办公区域及数据中心。

物理环境安全（Physical Environment Security）是指安全组织为了保护企业人员安全，保护数据中心设备可以在稳定的物理环境运行，减小设备发生故障的概率，从而保证业务系统的持续运行。

物理环境安全的风险主要来源于自然灾害、温度异常、湿度异常、静电等对设备电路的损坏，以及外部人员控制措施不足带来的安全事件，如盗窃、抢劫、人身伤害等。这会影响员工情绪及人身财产安全，并对业务系统的稳定性造成影响，可能导致业务数据损坏或丢失。

常见的物理环境安全措施如下。

- 物理安全域（Physical Security Domain）是指将具有相同的安全防护需求的人员或设备划分到同一个物理区域，并实施适当的安全控制措施进行保护，如公共区域、办公区域、数据中心等。
- 门禁系统（Access System）是指对区域出入口通道实施访问管制的系统，从而实现对通行人员进行身份识别和确认，一般部署在机房、车库、大厦入口等位置。
- 保安（Security Guard）是指保持区域内正常工作秩序、区域巡视，以及防火、防盗等事宜的工作人员。在智能设备迅速发展的今天，之所以保安没有被淘汰，是因为人的优势就是辨别能力强。
- 物理入侵检测系统（Intrusion Detection System，IDS）可通过运动检测设备对区域内非法活动进行检测，并通过警报通知保安处理。运动检测设备通常包括智能安全摄像头、红外检测器、电容运动检测器、光电运动检测器以及被动音频检测器等。
- 照明系统（Lighting System）是指以提供照明为基础的系统，包括自然光照明系统、人工照明系统及二者结合构成的系统，为特定区域提供足够光源。
- 闭路电视（Closed Circuit Television，CCTV）是指一种图像通信系统，是指在特定的区域进行视频传输，并只在固定回路设备里播放的电视系统。例如录像机、大楼内的监视器等。
- 消防联动控制系统（Fire Linkage System）是指在特定区域检测到火灾发生后，可以自动启动处理的系统。比如当温度或烟雾探测器探测到火灾信号后，能自动关闭报警区域内有关的空调，自动关闭管道上的防火阀，自动关闭有关换风机，自动开启有关管道的排烟阀，自动关闭有关部位的电动防火门、防火卷帘门，按顺序切断非消防用电源，自动接通事故照明及疏散标志灯，自动停运除消防电梯外的全部电梯，并通过控制中心的控制器，自动启动灭火系统，拨打报警电话，等等。

第 10 章
物理环境安全

设计全面的物理环境安全防御措施，物理纵深防御如图 10-1 所示。

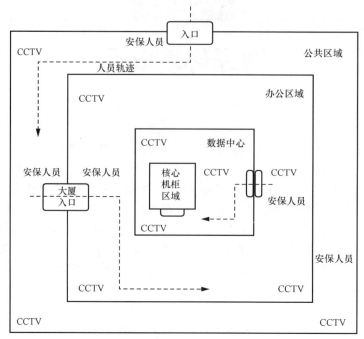

图 10-1　物理纵深防御

如果人员从办公场所的外部进入核心机柜区域，那么他需要经过多次验证和问询，从场所外部进入公共区域，从公共区域进入办公区域，从办公区域到达数据中心，从数据中心到核心机柜区域，都需要沿着设计的人员轨迹路线行走，每个区域和每条路线都会有 CCTV 监控和安保人员巡逻，需要验证不同的门禁系统，接受安保人员的问询和确认，才能最终到达核心机柜区域。

在物理环境采取的安全策略如下。

- 制定物理环境安全策略及流程，确保人员安全及设备设施能持续运行。在策略中应考虑及防范以下威胁，如跟踪尾随、盗窃抢劫、火灾、水灾、电力中断、烟尘、电磁干扰等，同时规范人员的访问、操作及记录等流程。
- 划分物理安全域，并严格执行访问权限。在入口处部署门禁系统及安保人员，特别敏感的区域，如数据中心，应部署双重门（一个小房间有两扇门，每次只开启一扇），并进行监控，防止无权限者尾随合法人员进入数据中心。
- 部署 CCTV 监控系统及照明系统，确保监控无死角。同时安排专门的安保人员，设计规划行人及安保人员路线，使场所内情况始终处于监控系统或安保人员可见。
- 严控场所的物理环境条件，如湿度、温度等，保证人员生存和系统的可靠运行环境。在数据中心的设施需要专人进行管理，对温度、湿度进行监控，做好防火、防水、防盗。同时安排安保人员定期巡视，保护人员及财产安全。
- 制定预案及演练计划，定期进行演练。定期进行物理环境安全演练，增强人员安全意识。

设计合理的物理环境安全防御策略措施，通过识别相应风险，并将其降低到可接受的等级，从而达到保护人员安全、保护数据中心及设备安全的目的。

10.1 保护人员安全

如果黑客或恶意人员进入企业办公区域或数据中心，将更容易进行敏感数据窃取或威胁到员工的人身安全，给企业带来不可估量的影响，这就是设计物理环境安全防御策略措施的原因之一。

通过划分敏感区域、使用电子门禁和访客系统、增加安保人员巡逻、增加照明系统及监控设备（如摄像头、CCTV）等防护手段构建物理环境的纵深防御结构，从而减少犯罪，保护企业及人员的生命财产安全。

在场所设计时通常使用环境设计预防犯罪（Crime Prevention Through Environmental Design，CPTED）技术来预防和减少犯罪。CPTED 的目的是安全组织通过设计一个对人的行为产生积极影响的物理环境，从而实现无法或放弃犯罪的行为。CPTED 适用于分析建筑功能和防止物理攻击的场地设计，被建筑师、城市规划师、景观设计师和安全专业人士所广泛使用。

CPTED 设计的五大核心策略如下。

- 自然监视，是指设计的环境使犯罪嫌疑人或犯罪活动能够轻易被发现，更容易受到监控的理念。其关键在于视野的开阔和照明的充足，从而减少犯罪的发生。当犯罪嫌疑人在视野开阔、低矮的灌木丛或者入口处停留时，安保人员通过巡视或者 CCTV 监控设备就可以轻松监视到他，在这样的环境中犯罪嫌疑人会感到不安。
- 领域属性，也就是划分归属，在环境设计时注重领域属性，将事物或空间的所有权进行明确的归属划分，此事物或空间将受到归属者密切的关注，从而降低犯罪率。如对区域进行划分，将区域归属到部门，如内部数据中心由 IT 部门负责，这样数据中心会受到 IT 部门的密切关注，从而减少犯罪活动。
- 物理访问控制，通过规划及划分相应的界线、入口及路线通道，或通过阻拦或延迟犯罪行为，并增加其实施犯罪行为的风险，从而减少犯罪机会。如通过门、栅栏、照明甚至景观的布置、绿化等来自然引导人员的进出；通过设计缺乏躲藏位置或不利于实施犯罪行为的场所，清晰的视野可用于威慑潜在的罪犯。
- 活动支持，通过环境设计支持和促进区域内活动的开展，合理的设计使空间内各区域作用得到充分的发挥，达到预防犯罪的目的。如设计一个开阔的空间专门开展各项活动，并维护及完善功能区域的设施，让区域作用充分发挥，会让人感到安全舒适，从而预防此区域的犯罪行为。
- 地方维护，是指引导人员对区域进行有效、积极的维护和管理，提高人员的归属感，让合法用户可以随时对环境进行使用，减小犯罪行为发生的概率。如通过强调企业物理影响范围，让合法用户在空间具有归属感，让潜在的罪犯觉得他们不属于这个地方，他们的行为有被发现的危险，而且他们的违法行为不会被容忍或忽视。

设计和实施景观元素不但可以提供视觉屏障，保护员工区域和其他活动不受监视，还不会为

第 10 章
物理环境安全

偷盗者的活动提供遮蔽。应该在靠近建筑的区域保持清晰的地带，使用绿植（如低矮树木）规划人员行进的路线，避免在此区域种植密集的树木或超高的植被，消除隐蔽的风险。

针对物理环境中人员防护的安全措施如下。

- 区域分离设计理念，通过划分区域、在各个区域之间建立障碍，实施物理和人为障碍来拒绝访问，如使用栅栏、绿化景观或安保人员等。
- 入口设计，通过物理和技术手段进行入口控制，保证授权人员正常出入，并防止未授权人员进入，如使用安保人员、屏蔽门、入口闸机等。
- 照明设计，通过安装适当的照明设备或装置，确保场所内的照明充足且光照区域无死角，如使用路灯、廊灯、探照灯等。
- 物理监视设计，通过物理监控设备和人员对场所内进行监控，发现异常并及时处理，如使用 CCTV 监控设备、安排安保人员巡逻等。
- 物理入侵检测系统，通过部署相应的物理入侵检测系统，防止物理入侵行为，如使用红外检测、光学检测、线路监控等。
- 物理访问控制审计，通过对物理访问控制进行记录和定期审计来实现，如来访记录应该包含访客姓名、电话、来访原因、日期时间等信息。
- 应急演练，制定预案并定期进行应急演练，至少每年演练一次。

让怀有恶意的犯罪嫌疑人因为物理环境的设计而放弃犯罪想法，利用景观设计的特点来构建所需的保护措施，而不是把需要保护的场所变成一个堡垒，树木、假山、喷泉和绿植等景观元素不但能构成美丽的景色，它们同样是增强安全性的有力工具。

10.2 保护数据中心及设备安全

数据中心，是存放服务器的场所。服务器等设备在数据中心 7×24 小时不间断运转，为业务系统承载服务，因此数据中心必须给予服务器设备持续稳定的物理运行环境。

数据中心在整个物理纵深防御体系中处于核心位置，如果被攻击者潜入，将给企业带来严重的后果。因此，应该设计并实施相应的安全防护措施进行保护。

关于数据中心的安全要求主要内容如下。

- 物理位置的选择，IDC（Internet Data Center，互联网数据中心）应该选择有相应资质的运营商来提供。如果自建数据中心，应选择在具有防震、防雷、防风和防雨等能力的建筑内；若部署在建筑物的顶层或地下室，则需要加强防水和防潮措施。如在数据中心采取架空地板和天花板腾空布线的方式，并安装对水敏感的检测仪表或元件，进行防水检测和报警。
- 通风防尘要求，尘土会夹带水分和侵蚀物质，若覆盖在电子元器件上，可能会造成电子元器件散热能力下降，长期积聚大量热量则会使设备工作不稳固。所以应预先做好防尘准备，制定防尘措施，如任何人进入数据中心都应该换专用拖鞋或使用鞋套。
- 由于服务器和网络设备在运行的进程中会产生很多热量，通常会采用风冷方式进行散热，建议采用空气正压方式。这也是防尘的一种方式，通过新风系统向数据中心内部输入过滤之后的新鲜空气，可以减少室内空气受到污染的可能性，在火灾发生时也有利于防止烟火进入室内。另外空调通风系统应该与火警消防系统相连，在发现火情时及时关闭以免烟火通过空调通风系统进行传播。
- 温度、湿度控制要求，数据中心环境温度过高可能会造成电子元器件出现热胀现象，严重会造成设备烧毁；而温度过低会使电子元器件参数发生改变，导致设备运行异常；若湿度过高会造成电子元器件的凝水现象，引发设备短路；而湿度过低又会使空气变得干燥，产生静电。
- 所以，数据中心应设置温度、湿度自动调节设施，使数据中心温度、湿度的变化在设备运行所允许的范围（温度为18℃～22℃、湿度为40%～60%）之内。
- 防静电要求，静电会击穿服务器主板上的电子元器件，所以数据中心应安装防静电地板并采用必要的接地防静电措施，因此应采用措施防止设备进行操作时静电的产生，例如佩戴防静电手环等。
- 电力供应要求，数据中心在供电线路上要配置稳压器和过电压防护设备，设置冗余或并行的电力电缆线路为计算机系统供电，如双电路供电等。提供短期的备用电力供应，如UPS，满足设备在断电情况下的正常运行要求。（如使用柴油发电机作为备用供电方式，应定期进行演练并储备足够的燃料。）
- 电磁防护要求，数据中心在部署电源线和通信线缆时应隔离铺设，避免互相干扰，并根据需求对关键设备实施电磁屏蔽。
- 防火要求，对数据中心进行划分区域管理，区域和区域之间设置隔离防火措施并部署火灾自动消防系统，能够自动检测火情、自动报警，并自动灭火。
- 物理监视要求，数据中心设置防盗报警系统，设置有专人值守的视频监控系统，并避免死角。同时安排安保人员定时巡逻，巡逻路线不定期更换，减少机房财物被盗的风险。
- 物理访问控制及审计，在出入口应配置门禁系统和安保人员，以便鉴别和记录进入的人员，重点机架位置则需要进行二次验证，如增加物理锁等，并定期对数据中心来访人员及上下架设备记录进行审计。
- 应急演练，应建立数据中心防火防盗应急演练预案，并定期进行演练。

在数据中心存放着企业的设备和数据，物理方面的漏洞可能会导致数据被盗和设备被损坏，因此数据中心的安全性对于企业也是至关重要的。安全组织应该全面识别并采取各种有效措施来预防物理环境威胁，从而确保数据中心的安全。

10.3 本章小结

希望读者了解物理环境安全的相关知识，人是企业重要的资产，设备是存储企业数据资产的载体。设计和实施物理环境安全策略是为了避免物理环境管理不善给人和设备所带来的安全风险。建议安全人员设计物理安全计划，执行风险分析，识别脆弱性及威胁，从而更好地设计并实施物理环境安全策略。物理环境安全策略是安全整体控制措施中物理控制措施的一部分。

第 11 章

安全域边界

随着技术的发展,企业的网络环境越来越复杂,而复杂的网络则会带来更多的风险,导致信息系统受到很多来自网络的攻击,在区域边界处实施安全保护将会降低大部分安全风险。

11.1 安全域

安全域(Security Domain)是指具有相同的安全防护需求并使用同一个安全策略的子网或网络。安全域的划分是企业网络安全建设的基础工作,是落实整体安全策略和建立网络层级纵深防御的第一步,如图 11-1 所示。

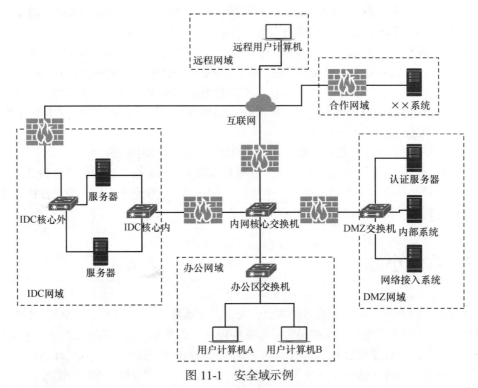

图 11-1 安全域示例

安全组织根据安全等级将网络安全域以网络结构划分为 5 个部分：IDC 网域、DMZ（Demilitarized Zone，非军事区）网域、办公网域、远程网域以及合作网域。在不同的网域之间需要设置相应的访问控制策略，如防火墙、边界路由、ACL 策略等进行安全保护。

安全域主要内容如下。

- IDC 网域，企业对外服务的区域，应该在 IDC 外网的网域部署防火墙、防 DDoS 设备、Web 应用防火墙（Web Application Firewall，WAF）等保证对外服务的稳定，同时在 IDC 的内网连接内网 DMZ 网域的中间也应该部署防火墙或设置相应的访问控制策略。
- DMZ 网域，企业内部服务器系统网域，如内部邮件系统、用户统一登录系统、企业 OA（Office Automation，办公自动化）系统等。
- 办公网域，企业用户办公网域，包括有线网络、无线网络、访客网络、终端以及打印服务等。
- 远程网域，对内网进行安全访问的远程用户区域，如 VPN 等。
- 合作网域，对内网有数据交互需求的网域，如分企业、子企业、合作伙伴等。

上述安全域还可根据内部不同部分的不同安全需求再划分为更多粒度更小的区域。不同企业由于业务不同，划分的方法也不同，导致划分结果也将不同，不过最终的目的是相同的，即对网络及网络内的业务进行保护，提高企业整体的安全防护能力。

安全域划分的流程需包括以下步骤。

第一步，分组。在划分安全域之前，应先把所有的设备进行分组。

第二步，划分区域。在分好组后，把各个组放到相应的区域中，如企业域名系统（Domain Name System，DNS）、对外 Web 服务放到 IDC 网域。每一个分组，包括设备、提供的服务、运行的服务、属于什么区域、有什么功能及需求、使用什么技术等，最好都通过文档的形式反映出来，这样更有助于进行划分。

第三步，划分网段。将设备划分到不同的安全域中后，每个区域再根据分组划分为几个子网。每个子网代表一个网段，每个分组的安全性要求和设置也应是不一样的。

第四步，设计域间访问控制策略。在划分区域后，就可以设计不同区域间访问控制策略，如合作网域不允许访问 IDC 网域，接入需要达到安全要求，通过动态口令卡进行身份验证，验证合法后再采用 IPsec 进行加密通信，并设置好可访问的资源以及端口等。

第五步，记录归档。将所有过程归档，以便在制定或修改网络安全策略时进行参考。

安全域是基于网络和系统进行安全检查和评估的基础。划分安全域是企业网络抗渗透的有效防护方式，那么当安全事件来临的时候，安全域的边界就是事件的终点，同时安全域也是进行企业信息安全体系建设的部署依据之一。

11.2　网络隔离

隔离是为了保护特定网络或业务而产生的安全措施。网络隔离（Network Isolation）是指将两个或两个以上的网络或安全域设置为不可到达，从而实现隔离的目的，而采用了不同协议的隔离又称为协议隔离。

第 11 章
安全域边界

网络隔离技术的核心是通过专用设备或安全协议来确保两个链路层断开的网络能够实现数据信息在可信网络环境中进行交互及共享。

网络隔离技术的主要功能是有效控制网络通信中的数据信息，通过隔离技术或设备完成内外网间的数据交换，并利用访问控制、身份认证、加密签名等安全机制来实现交换数据的机密性、完整性、可用性，如图 11-2 所示。

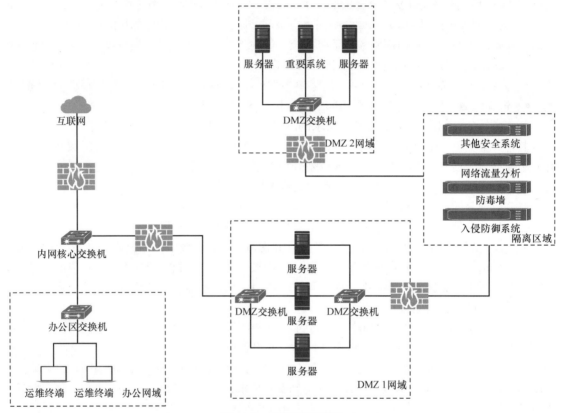

图 11-2　网络隔离示例

通过专用硬件和安全协议在不同网域之间架构起安全隔离区域。如图 11-2 所示，DMZ 1 网域与 DMZ 2 网域在空间上物理隔离，但又可以通过设备或系统清除数据交换过程中的病毒、木马等恶意代码，确保数据可以在可信的网络环境中进行交换、共享，同时还要通过严格的身份认证机制来确保用户获取所需数据信息。

网络隔离技术的分类如下。
- 物理网络隔离，这个技术在两个 DMZ 网域之间配置一个隔离区域，让其中的通信只能经由一个安全策略实现。在这个安全策略里面，防火墙及入侵检测系统/入侵防御系统（IDS/IPS）规则会监控信息包，以确认是否接收或拒绝它进入内网。这种技术是非常安全但也非常昂贵的，因为它需要许多物理设备来将网络分隔成多个区块，如金融城域网。
- 逻辑网络隔离，这个技术借由虚拟/逻辑设备，而不是物理的设备来隔离不同网段的通信。

- 虚拟局域网（Virtual Local Area Network，VLAN），这个技术工作在 OSI（Open System Interconnection，开放系统互连）参考模型的第二层，与一个广播区域中拥有相同 VLAN 标签的接口交互，而一个交换机上的所有接口都默认在同一个广播区域，支持 VLAN 的交换机可以借由使用 VLAN 标签的方式将预定义的端口保留在各自的广播区域中，从而建立多重的逻辑分隔网络。
- 虚拟路由和转发，这个技术工作在 OSI 参考模型的第三层，允许多个路由表同时共存在同一个路由器上，用一台设备实现网络的分区。
- 虚拟交换机，虚拟交换机可以用来将一个网络与另一个网络分隔开。它类似于物理交换机，都用来转发数据包，但是用软件来实现，所以不需要额外的硬件。
- 多协议标记交换（Multi-Protocol Label Switching，MPLS），这个技术工作在 OSI 参考模型的第三层，使用标记而不是保存在路由表里的网络地址来转发数据包。标记用来辨认数据包将被转发到的某个远程节点。

网络隔离控制了安全威胁的影响范围，如果用户确认企业某区域有安全隐患，那么网络隔离就是在不明情况下防止网络威胁扩散较合适的选择。

11.3 网络准入

网络准入控制（Network Admission Control，NAC）确保只有合法的终端设备（例如计算机、服务器、移动设备）接入网络，是防止非法设备接入网络的一种网络安全技术。网络准入控制配合身份认证技术能够在用户访问网络之前确认用户的身份是否可信任。

当终端用户计算机 B 接入网络时，用户输入认证信息，终端设备将认证信息通过网络接入设备[如交换机、无线 AP（Access Point，接入点）、VPN 等]发给网络准入系统，网络准入系统将认证信息发给后端认证服务器，认证服务器对终端用户认证信息进行验证，返回给网络准入设备。当终端及用户符合网络准入设备上定义的策略后，终端可以接入网络，网络准入设备会通过认证服务器的授权认证信息对终端进行授权和访问控制，如图 11-3 所示。

网络准入控制产品及技术的主要作用如下。

- 身份认证，除用户名和密码的身份认证外，应该支持更多元素绑定，如账号、MAC（Medium Access Control，介质访问控制）地址、IP 地址等，未通过身份认证的网络终端禁止接入网络。
- 准入控制，可以按照用户角色权限规范用户的网络使用行为。终端用户的所属组、访问策略等安全措施应由管理员统一配置实施。用户可以根据自己的实际需要，为内部员工、外来访客等不同人群，定义不同的安全策略执行方式。
- 终端管理，可以对终端资产进行全方位的监控和管理，可以对终端软硬件使用情况、变更情况进行监控，帮助客户更有效地管理企业的桌面资产。

网络准入控制系统能够对接入内网的终端进行严格管控，保证合法以及安全的终端入网，实现内网标准化管理，降低内网安全风险。

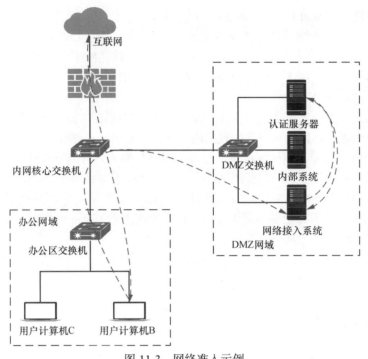

图 11-3　网络准入示例

11.4　虚拟专用网络

远程用户访问内部资源大多通过虚拟专用网络（VPN）实现。VPN 是指用户通过一个公用网络（通常是因特网）建立一个临时的安全连接，这是建立在混乱的公用网络的一条安全稳定的隧道，如图 11-4 所示。

VPN 是对企业内网的扩展，使用户通过专用网络进行加密通信。VPN 属于远程访问技术，可通过服务器、硬件、软件等多种方式实现。

VPN 的主要作用如下。

- 使办公不受地域限制。VPN 能够让移动员工、远程员工、商务合作伙伴和其他人利用本地可用的网络连接到企业网络。
- 确保数据安全性。使用 VPN 在公共网络上传输信息时，其信息是经过安全加密的，可以保证数据的机密性、完整性和可用性。

简单来说，企业部署 VPN 就是为了让员工、商务合作伙伴和其他人不受地域限制可以随时接入企业内网完成工作。

VPN 技术的主要类型如下。

- IPsec VPN 是指通过 IPsec 来实现远程接入的一种 VPN 技术，用以提供公用和专用网络的端对端加密和验证服务。

IPsec VPN 的应用场景分为以下 3 种。

- 网关到网关（Site-to-Site），图 11-4 中企业利用网关设备为总部办公区和上海办公区建立 VPN 隧道，上海办公区的所有终端都可以访问总部办公区资源，它们的通信就是通过这些网关建立的 IPsec 隧道实现数据交互的。
- 端到端（End-to-End），图 11-4 中总部办公区和上海办公区的两台终端安装特定的软件建立隧道，其他终端无法使用，它们之间的通信由两个终端之间的 IPsec 会话维持。
- 端到网关（End-to-Site），图 11-4 中上海办公区的特定终端与总部办公区的网关设备建立隧道，这个终端可以访问总部办公区的资源，但其他终端无法访问。

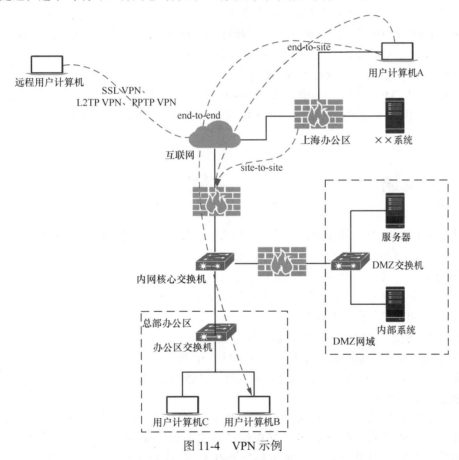

图 11-4 VPN 示例

IPsec VPN 可以在互联网、二层传输网络、MPLS VPN 上进行部署，需要购买专用的设备，配置复杂，管理成本高。但这可以实现企业内部文件加密传输，保障数据安全、不易被泄露。即使黑客在网络上截获了数据包，也无法得知其中真实内容。

- SSL VPN 是指采用 SSL 协议来实现远程接入的一种新型 VPN 技术。通过服务器认证、客户认证、SSL 的数据完整性和 SSL 的数据保密性来保证数据的安全性。

SSL VPN 是解决远程用户访问企业内部资源最简单、最安全的技术之一。IPsec VPN 实现的是 IP 级别的访问，远程网络和本地网络几乎没有区别，局域网能够传播的病毒通过 VPN 一样能够传播，而 SSL VPN 是安全的，数据全程是加密传输的。

SSL VPN 主要帮助经常在外出差或者不在办公室且需要远程访问企业内网资源的员工，并且连接是加密的，可以有效保证企业私有网络和数据安全。

- PPTP VPN、L2TP VPN，其中点到点隧道协议（Point-to-Point Tunneling Protocol，PPTP）是在点到点协议（Point-to-Point Protocol，PPP）的基础上开发的一种新的增强型安全协议，支持多协议 VPN，可以通过口令验证协议（Password Authentication Protocol，PAP）、可扩展认证协议（Extensible Authentication Protocol，EAP）等增强安全性。PPTP 在 VPN 协议中历史悠久，其端口固定，加密数据容易被破解，现在慢慢地被其他的 VPN 协议替换，macOS 在 10.15 及之后版本更是直接删除了对 PPTP 的支持。而第二层隧道协议（Layer Two Tunneling Protocol，L2TP），功能大致和 PPTP 的类似，同样可以对网络数据流进行加密，不过也有不同之处，比如 PPTP 要求网络为 IP 网络，L2TP 要求面向数据包的点对点连接；PPTP 使用单一隧道，L2TP 使用多隧道；L2TP 提供包头压缩、隧道验证。

现在员工使用 VPN 居家办公的情况越来越普遍，这将对 VPN 系统及服务的安全与稳定带来巨大挑战。

11.5 防火墙

防火墙（Firewall）是一种重要的网络安全设备，通常部署在不同网络或不同安全域之间的边界，用于网络或安全域之间的安全访问控制，如图 11-5 所示。

部署防火墙可保证网络内部数据流的合法性，防止外部非法数据流的侵入，同时管理内网用户访问外网的权限。防火墙对流经它的数据进行安全访问控制，只有符合防火墙策略的数据才允许通过，不符合策略的数据将被拒绝。

防火墙通常使用的技术主要是包过滤和应用代理。

- 包过滤技术根据数据分组的源 IP 地址、目的 IP 地址、源端口号、目的端口号和协议类型等标志确定是否允许通过，只有符合过滤条件的数据分组才被转发，其余不符合条件的数据分组则被丢弃。
- 包过滤技术分为简单包过滤和状态检测包过滤两种。第一种为简单包过滤，是一种简单、有效的安全控制技术。它根据已经定义的过滤规则检查每个数据分组，以便确定该数据分组是否与某一条过滤规则匹配。过滤规则是根据数据分组的源 IP 地址、目的 IP 地址、源端口、目的端口和协议类型制定的。如果找到匹配的允许规则，则允许该数据分组通过。如果没有找到匹配的规则或者找到一个匹配的拒绝规则，则丢弃该数据分组。简单包过滤技术的运行速度较快，传输性能高。但由于安全控制只限于源 IP 地址、目的 IP 地址、源端口、目的端口和协议类型，因此，只能进行初级的安全控制，对于恶意的拥塞攻击、内存覆盖攻击或病毒等高级的攻击手段则无能为力。第二种为状态检测包过滤,是比简单包过滤更为有效的安全控制技术。它把进出网络的数据流看成多个会话,利用会话表(会话表是记录允许通过会话的数据分组的相关信息的状态表)跟踪每一个会话的状态。对于新的会话请求,防火墙检查第一个数据分组是否符合预先设置的安全规则,允许符合安全规则的数据分组通过并在内存中记录该数据分组的相关信息,作为一个新的会话插入会话表。对于该会话的后续数据分组,只要符合会话状态就允许通过。状态检测包过滤检查数据分组所处会话的状态,提高了完整的对传输层的控制能力。这种技术的好处在于:由于不需要对每个数据分组进行规则检查,而是直接进行状态检查,从而较大程度地提高了数据的传输性能。而且,由于会话表是动态的,因此,可以有选择地、动态地开通端口,提高安全性。

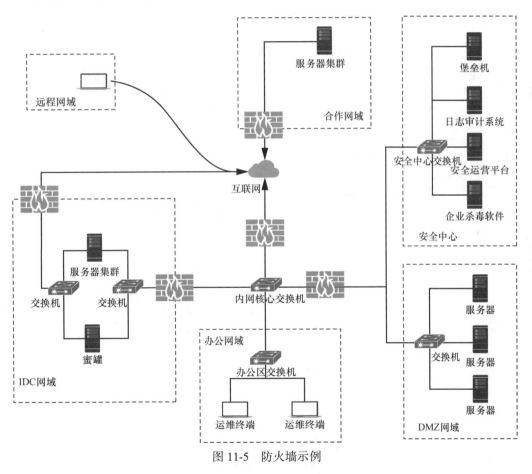

图 11-5 防火墙示例

- 应用代理技术工作在应用层,在应用层检查数据分组的安全性。应用代理通常运行在两个网络之间,彻底隔断了两端的直接通信,所有通信都必须经应用层的代理转发,访问者任何时候都不能与服务器建立直接的连接。

- 应用代理技术是一种透明的代理方式，它可以对网络中任何一层的数据通信进行筛选保护。这种代理方式检测能力强、安全性高，但是处理速度慢，配置起来也比较烦琐。

两者的区别在于，包过滤技术考虑的是 OSI 参考模型的网络层和传输层的数据安全问题，而应用代理技术则是在应用层检查数据分组的安全性。

11.6 访问控制列表

访问控制列表（ACL）是一组访问规则的集合，基于包过滤的访问策略，通过读取 OSI 参考模型的第三层和第四层包头中的信息，如源 IP 地址、目标 IP 地址、源端口、目标端口等，根据预先定义好的规则，对包进行过滤，从而达到访问控制的目的。

比如设计"只有财务部门才可访问财务服务器，拒绝其他部门访问财务服务器"企业内网访问控制策略时，安全部门会建议在网络设备上应用 ACL，默认规则为阻止内网所有部门网段对财务服务器的访问，并设置允许财务部门网段访问财务服务器。那么当其他部门访问财务服务器，数据包经过网络设备时，会匹配默认拒绝规则，数据包被丢弃；而财务部门访问财务服务器时，会匹配允许规则，数据包会被转发。

ACL 被广泛地应用于防火墙、路由器和三层交换机。借助于 ACL，可以有效地控制用户对网络的访问，从而最大程度地保障网络安全，如图 11-6 所示。

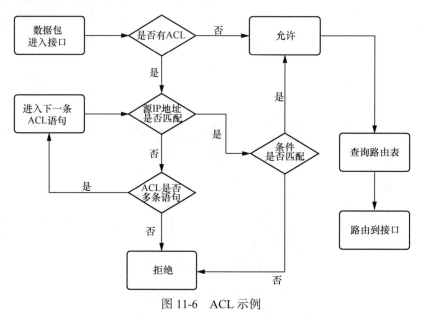

图 11-6　ACL 示例

访问控制列表的配置原则如下。
- ACL 语句默认规则应为拒绝。
- ACL 语句的顺序很重要，语句是按自顶向下的顺序进行处理的。

- ACL 语句没有匹配成功，会匹配默认拒绝规则。
- 每个接口在每个出入方向上都应有一个 ACL。

ACL 应用在设备的某个接口上，对接口而言，ACL 应该有两个方向：一个是出方向，就表示已经过接口的处理，正离开设备的数据包；另一个是入方向，则表示已到达接口的数据包，将被设备进行处理。

ACL 提供了网络访问的基本安全手段，决定网络接口中哪种类型的通信流量被转发、哪种类型的通信流量被拒绝，同时提供对通信流量的控制手段，管理网络流量，决定哪种类型的数据包具有更高的优先级。

ACL 的类型如下。

- 标准 ACL，根据数据包的源 IP 地址来允许或拒绝数据包，标准 ACL 的 ACL 号是 1～99。
- 扩展 ACL，根据数据包的源 IP 地址、目的 IP 地址、指定协议、端口和标志来允许或拒绝数据包。扩展 ACL 的 ACL 号是 100～199。
- 命名 ACL，不使用上面所述的 ACL 号，而使用自定义的 ACL 号。通过命名 ACL 可以很方便地管理 ACL 规则，可以随便添加和删除规则，而无须删除整个 ACL。

安全组织根据其不同的规则和使用场景，使用不同类型的 ACL 来拒绝或允许特定流量的流入和流出，使得网络环境更加安全。

ACL 是网络安全保障的第一道关卡。为了保护企业网络的安全，安全组织通常会在连接互联网的网络设备上应用 ACL 封堵除必要服务端口外的其他端口，降低网络攻击的风险。

11.7 本章小结

希望读者了解安全域边界防护的相关知识，通过划分安全域，建立网络隔离策略、网络准入及远程用户访问，利用防火墙及访问控制列表进行网域划分，制定相应的边界防护措施，再结合后续章节中的用户终端管理 EDR、企业杀毒软件、上网行为管理、网络流量分析等其他安全防护机制，减少安全风险，提高企业整体安全水平。

第 12 章

安全计算环境

为了保障业务安全，使信息系统运行在安全的计算环境中，本章将从系统安全、加密技术、反恶意程序、入侵检测技术、蜜罐技术、安全审计等方面介绍构建企业安全计算环境的安全技术措施，实现业务在安全的计算环境中持续运行的目的。

12.1 系统安全

系统安全（System Security）是指通过管理与技术的方法，识别系统中的隐患，并采取有效的控制措施使其风险降到最小，从而使信息系统保持在比较稳定的安全水平。

系统安全包括主机安全与终端管理两部分。

12.1.1 主机安全

主机（Host）泛指所有提供服务的服务器，包括 VM、云服务器等。

主机安全（Host Security）是指保证主机在数据存储和处理的保密性、完整性、可用性，包括硬件、固件、系统软件的自身安全，以及一系列附加的安全技术和安全管理措施。

主机安全技术包括的主要内容如下。

- 身份鉴别，使用强壮的密码，并启用登录失败处理、传输加密等措施。重要主机应采用两种或两种以上组合的鉴别技术对管理用户进行身份鉴别。
- 访问控制，管理员进行分级权限控制，要设定访问控制策略进行访问控制。
- 补丁管理，制定补丁管理流程，并通过补丁管理系统自动分发补丁。
- 安全审计，通过主机审计系统对系统及用户的行为进行审计，能够生成审计报表。
- 入侵防范，部署入侵检测系统以及终端安全管理系统进行入侵防范。
- 恶意代码防护，部署终端恶意代码防护软件。
- 基线控制，最小化安装，制定系统配置基线并覆盖各类系统/应用，结合资产清点，自动识别服务器需检查的基线。
- 监控报警，部署监控系统，对重要服务器（包括服务器的 CPU、硬盘、内存、网络等资源的使用情况进行监控），对系统服务相关阈值进行检测告警。

主机一旦被黑客入侵，企业会面临很多安全风险，比如业务中断、敏感数据泄露、木马病毒侵入、业务不稳定等。因此，主机安全是企业必不可少的基本安全保障手段，是企业构建完整的信息安全防护体系不可缺少的一部分。

12.1.2 终端管理

服务器是提供服务、存储、计算的设备，而终端是用于访问网络、数据和应用的设备。

终端（Endpoint）是用户使用的设备，包括计算机、笔记本计算机、智能手机、平板电脑和特定设备（如打印机或电视机等）。

终端管理（Endpoint Management）是指以安全策略为核心，通过相应的技术及产品对终端进行集中管理和控制，保证信息系统始终在可控状态下运行，从而从根源上有效抑制对信息系统安全的威胁，最终达到防止内部用户以及外部用户攻击的目的，实现"最后一公里"的安全防护。

终端管理可以提高终端系统安全性，减少终端被黑客利用的安全隐患，可以实现以下功能。

- 高效的终端管理，可以自动发现和收集终端资产，详细统计终端所有软硬件的信息。
- 主动防御，可以根据应用程序控制的策略进行强制访问控制，允许以及阻止系统已安装软件的运行。可信的代码鉴别，仅通过鉴别的程序文件才能运行，最大限度保障系统安全。
- 终端接入控制，对内网的网络资源和外网的网站访问进行管理和限制，保护内网重要的信息资源。BYOD（Bring Your Own Device，自带设备）应该达到办公用设备的安全要求，如安装终端管理软件、企业杀毒软件，以及部署网络接入终端等。
- 终端行为审计，实时审查终端系统中所有影响工作效率及信息安全的行为，并支持用户登录、设备访问、网络访问、数据文件访问等行为的审计。
- 终端设备控制，控制终端各物理接口的使用，防止有意或者无意地通过物理设备接口将敏感数据泄露。

终端检测与响应（Endpoint Detection and Response，EDR）技术就是指通过对终端的管理，根据行为特征或异常行为模式的实时监控，捕获可疑行为或数据进行安全取证及调查，让安全人员更好地了解终端上发生的事情，从而对终端进行有效防护。

EDR 技术的主要作用有以下几个方面。

- 资产发现，收集全网所有的终端的资产和在用的软件的名称、版本。
- 系统加固，配合其他安全系统进行漏洞扫描、补丁修复、安全策略设置和终端软件清单更新，通过策略限制未经授权的软件运行、限制未经授权的服务端口开放等。
- 威胁检测，通过终端本地的 HIDS 和借助云端威胁情报、异常行为分析等方式，针对各类安全威胁，在其发生前、发生中、发生后进行相应的安全检测动作。
- 响应并取证，可对全网终端的安全威胁进行可视化展示，能够针对安全威胁自动地进行报警、隔离及修复，自动完成安全威胁的调查、分析和取证工作，减少事件响应和取证分析的时间，进行快速响应和取证分析。

EDR 系统主要由 EDR 客户端和 EDR 服务端组成：EDR 客户端的实现是通过在终端上安装

相应的代理（Agent），具备信息上报、安全加固、行为监控、活动文件监控、快速响应和安全取证等基本功能，负责向服务端上报终端的运行信息，同时执行下发的安全策略和响应、取证指令等。而 EDR 服务端则由特征规则、检测中心、响应中心、取证中心等部分组成，具体如下。

- 特征规则，利用已有的黑名单和基于病毒特征的终端静态防御技术来阻止已知威胁。通过已知特征库、沙箱异常行为检测、云端威胁情报等方式，主动发现来自外部或内部的各类未知安全威胁。
- 检测中心，通过收集全网终端的各类运行信息，通过特征规则进行判断，发现异常并及时响应。
- 响应中心，进行自动化响应，如报警、隔离、修复等，具体措施可能包括终端网络隔离、启动反恶意程序进行全盘扫描、补丁升级或软件升级等。
- 取证中心，通过结合相应上下文，对发现的安全威胁进行调查、分析和取证工作，辅助用户确定安全威胁的来源、危害等级、危害范围和影响等。

EDR 的工作流程如图 12-1 所示。

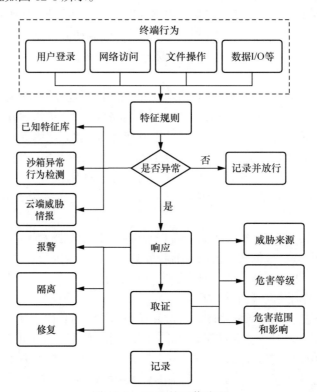

图 12-1　EDR 的工作流程

EDR 的工作流程如下。

第一步，EDR 终端会收集终端的各类运行信息，如用户登录、软件运行、安装卸载、网络访问、网络流量、文件操作、数据 I/O 等方面的信息。

第二步，通过特征规则进行判断，特征规则包括已知特征库、沙箱异常行为检测，用来判断行为是否为异常行为，如果不是，则进行记录并放行。如果判断为异常行为，则进行响应。

第三步，当检测到异常行为时，响应中心将根据不同的等级做出相应动作，如报警、隔离、修复等。这时安全人员需进行介入，根据知识库内容采取相应的动作。

第四步，确认为异常行为就应做好取证工作，结合相应上下文，对发现的安全威胁进行调查、分析，并留存相应证据，有助于安全人员更好地确定威胁来源、危害等级、危害范围和影响等。

EDR 与后续介绍的 HIDS 都是主机层的防护手段，功能也有部分重合。EDR 可以对主机进行策略调整，而 HIDS 则只是对主机进行状态监控。两者往往搭配使用，再配合其他安全技术、系统及设备产品，如主机防病毒、主机防火墙、基于主机的入侵防御系统、补丁加固、桌面管控等，形成对主机系统的层级防护机制。

12.2 加密技术

密码术（Cryptography）是研究加密技术和密码破译技术的技术。自从人类明白信息的重要性，开始利用各种加密手段对信息进行保护的时候，加密技术就产生了，目前加密技术被广泛运用于商业、信息交换等各个领域。

加密（Encryption）的目的是对敏感消息进行保护，主要包括保密性、完整性和不可抵赖性。加密技术是信息安全保障的一种方式。早在古罗马时期，凯撒就曾用一种加密方法与其将军们进行联系，他使用一种替换加密的技术，明文中的所有字母都在字母表上向右移 3 位后被替换成密文，在密码学上称为凯撒密码（Caesar Cipher）。

凯撒密码具体实现方法：将明文中所有的字母向右移 3 位，那么 A 将被替换成 D，B 变成 E，以此类推，如图 12-2 所示。

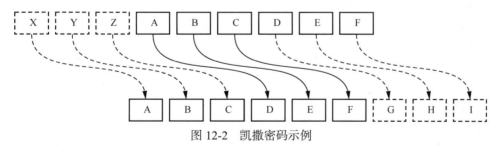

图 12-2 凯撒密码示例

时常可在电影里看到，某方情报人员从街头某个墙角里得到一个小纸片，上面什么也没有，用特殊的药水涂过之后，上面的暗语就呈现出来了，这就是一种隐写术。其中小纸片就是原始载体，特殊药水就是编码器和解码器，暗语就是要传递的数据。

隐写术（Steganography）是一种加密技术，属于信息隐藏技术，是让特定接收者之外的人在得到信息后也不知道其代表什么含义的一种手段。当代的图片木马同样也是一种隐写术，黑客将

第 12 章
安全计算环境

木马写入图片，看着是图片，但其中包含木马程序，只要打开这个图片就中招了。

可考证最早应用类似于隐写术的国家是古埃及，当时人们在墓穴中使用特别的象形文字来传达信息，如图 12-3 所示。

图 12-3　象形文字

数字水印（Digital Watermarking）也是一种隐写术，可以将版权信息、标识信息、图像等以可见或者不可见的方式嵌入视频、音频、图片、文本等载体。当使用不可见方式时，不容易被人的知觉系统（如视觉或听觉系统）觉察或注意到，只有通过专用的检测器或阅读器才能提取相关水印信息，为版权保护和泄露溯源提供支持。

数字水印所实现的功能如下。

- 版权保护。利用数字水印的不可见性，在不影响作品的情况下，加入版权信息的数字水印，可保证资产唯一归属，避免出现版权问题。
- 泄露溯源。对数据进行水印处理，当数据发生变化时，可精准溯源到操作数据用户的身份，为追责、定责提供依据。

数据在加密前被称为明文，加密后的不可识别的内容被称为密文。将明文通过特定的参数与计算变成密文的特定算法，被称为加密算法，特定的参数被称为密钥。

以凯撒密码举例：加密算法是凯撒密码，明文是 security engineer，密文是 vhfxulwbhqjlqhhu，密钥就是右移 3 位。同样的密钥不同的算法，或是同样的算法不同的密钥，得到的密文就不一样了。只有输入正确的密钥后，才能得到明文，这就是解密，通过这样的手段来达到加密数据的目的。

12.2.1　加密算法分类

加密算法通常分为对称加密和非对称加密两类，如图 12-4 所示。

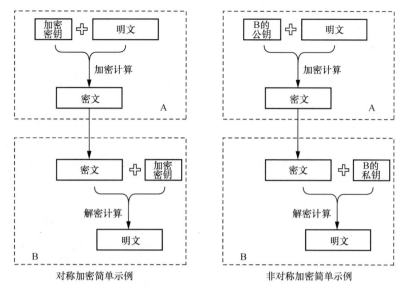

图 12-4 加密算法示例

1. 对称加密

对称加密（Symmetric Encryption）就是指加密和解密使用同一个密钥，如 DES（Data Encryption Standard，数据加密标准）、3DES（Triple Data Encryption Standard，三重数据加密标准）、AES（Advanced Encryption Standard，高级加密标准）、RC2/RC4（Ron's Code）等加密算法，特点是加密速度快，但密钥管理是最大的"痛点"。

对称加密又分为分组密码（Block Cipher）和序列密码（Stream Cipher）。分组密码是每次只能处理特定长度的一块（Block）数据的一类加解密算法，如 DES 的分组为 64 位，AES 的分组为 128 位。序列密码，也叫流密码，它是加密和解密使用相同的伪随机加密数据流作为密钥，明文数据每次与密钥数据流顺次对应加密，得到密文数据流，如 RC4 等。

2. 非对称加密

非对称加密（Asymmetric Encryption）就是指加密和解密需要使用一对密钥，即一个公钥（Public Key）和一个私钥（Private Key）。

公钥可以对外公布，私钥只有持有者自己知道。用公钥加密的文件，只有用配对的私钥才可以解密。如 RSA、ECC（Error Checking and Correction，差错校验）、ECDSA（the Elliptic Curve Digital Signature Algorithm，椭圆曲线数字签名算法）等，特点是密钥管理更方便，但数据加密速度不如对称加密的。

对称加密需要将密钥在网络上传输，所以安全性不高；另外非对称加密使用了公私、密钥进行加密与解密，存在加密速度慢的问题。为了解决这些问题，可混用对称加密和非对称加密来实现加密，也就是混合加密（Hybrid Encryption）。发送方用对称加密方式加密数据，使用非对称加密将公共密钥（Symmetric Session Key）发送给接收方，通过公共密钥将加密的数据发送给接收方。接收方使用发送方的公钥解密公共密钥，并通过对称加密密钥解密接收到的数据。混合加密技术常用于 SSL/TLS（Transport Layer Security，传输层安全协议）证书等应用程序。

第 12 章
安全计算环境

12.2.2 密码技术的应用

密码技术主要用于保证信息的保密性、完整性和不可抵赖性。其中保密性，指保证信息不被泄露给非授权的实体。密码技术主要的几种应用如下。

- 单向哈希（Hash）函数，将任意长度的输入通过哈希算法变换成固定长度的输出，该输出就是哈希值。将任意长度的消息压缩到某一固定长度的消息摘要的数值，可称为消息认证码，主要用于文件完整性校验及数字签名，如 MD5、SHA-1、SHA-256 等。哈希值在应用中又被称为指纹（Fingerprint）、摘要（Digest）。目前业界认为 MD5 和 SHA-1 已经不够安全，推荐至少使用 SHA-256 算法。
- 数字签名（Digital Signature）基于加密技术，用来验证用户是不是真实有效的，可验证数据来源以及数据完整性。类似在合同上签名确认合同内容，数字签名用于证实某数字内容的完整性（Integrity）和不可抵赖（Non-repudiation）性。

如果小李给小王发送一份数据，小王如何确认接收到的数据是小李发出的且没被篡改呢？具体收发过程如图 12-5 所示。

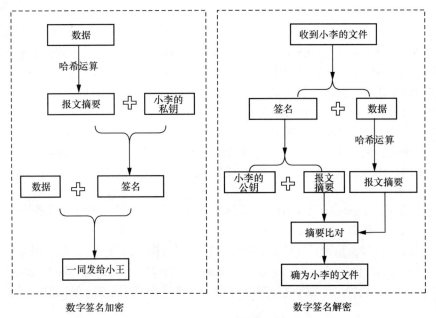

图 12-5　数字签名加解密示例

发送环节：小李对文件进行哈希运算形成报文摘要，用自己的私钥对报文摘要进行加密形成签名，最后将数据和签名一同发给小王。

接收环节：小王接收到数据和签名后，用小李的公钥来解密签名，得到原始的报文摘要，并对数据进行哈希运算，将报文摘要的结果与接收的报文摘要进行比对。如果哈希值一致，说明该文件确实是小李发过来的，并且文件内容没有被修改过。

- 数字证书（Digital Certificate）是基于加密技术的，通常用于传输加密。由权威证书认证机构（Certification Authority，CA）发放的可信电子身份凭证，保证了信息的保密性、完整性以及不可抵赖性。数字证书内容包括版本、序列号、签名算法类型、签发者信息、有效期、被签发人、签发的公开密钥、CA 数字签名、其他信息等，如图 12-6 所示。

示例中 DigiCert Global Root CA 为根 CA，GeoTrust CN RSA CA G1 为中级 CA，也就是二级 CA 证书，sina.com 为域名证书，形成证书链。

证书链说明：根 CA 是信任的源点，一级 CA 的证书由根 CA 签发，二级 CA 证书由一级 CA 签发。从根 CA 到二级 CA 通过签发证书构成一条证书链，下一级受信于上一级。在验证证书有效性时需要对证书链进行验证，其主要验证信任的来源，来证明该实体的身份是否可信。

图 12-6　域名数字证书示例

- 公钥基础设施（Public Key Infrastructure，PKI）是一种遵循既定标准的公钥密码算法的密钥管理平台。它能够为所有网络应用提供加密和数字签名等密码服务及所必需的密钥和证书管理体系。简单来说，PKI 就是利用公钥理论和技术建立的提供安全服务的基础设施，由一组由硬件、软件、策略与流程组成的基础架构，主要在于创建、存储、分配以及撤销数字证书。相应的流程如图 12-7 所示。

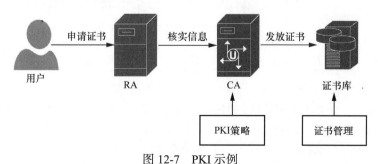

图 12-7　PKI 示例

用户向注册机构（Registration Authority，RA）发起申请证书的请求，RA 对信息进行登记，将核实后的证书请求发送给认证机构 CA，CA 完成证书的制造，发放证书并将其存入证书数据库，证书数据库对证书进行管理并将其发放给用户，用户需要撤销证书则向 CA 发出撤销申请，CA 更新证书数据库。

PKI 可以安全、可靠地管理网络中用户的密钥和证书。一般情况下，PKI 至少包括如下组件。

- 认证机构负责证书的颁发和作废，接收来自 RA 的请求，是核心的部分。
- 注册机构，对用户身份进行验证，校验数据合法性，负责登记，审核过了就发送请求给 CA。
- 证书库，用于存放证书，一般采用 LDAP（Lightweight Directory Access Protocol，轻量目录访问协议），标准格式采用 X.500 系列。证书库是 CA 是核心的组件，主要完成对证书的管理。

密钥是密码安全的根本，所以安全组织应制定科学合理的安全策略，对密钥进行全生命周期的管理和保护。

12.2.3 国密算法

密码算法是保障信息安全的核心技术。为了保障商业密码安全，实现我国信息系统的安全、可信、可控，摆脱对国外技术和产品的过度依赖，建设良好的国家网络安全环境，国家密码管理局制定了一系列标准的密码算法（简称国密算法）。

国密算法是我国自主研发创新的一套数据加密处理系列算法。SM1～SM4 分别实现了对称加密、非对称加密等算法功能，如表 12-1 所示。

表 12-1　　　　　　　　　　　　　国密算法

算法名称	算法类别	应用领域	特点
SM1	对称（分组）加密算法	加密芯片	分组长度、密钥长度均为 128 比特
SM2	非对称加密算法	数据加密	ECC 椭圆曲线密码机制为 256 比特，比 RSA 处理速度快、消耗少
SM3	哈希函数算法	完整性校验	安全性及效率与 SHA-256 相当
SM4	对称（分组）加密算法	数据加密	分组长度、密钥长度均为 128 比特
SM7	对称（分组）加密算法	非接触式 IC 卡	分组长度、密钥长度均为 128 比特
SM9	标识加密算法（Identity Based Encryption，IBE）	端对端离线安全通信	加密强度等同于 3072 比特密钥的 RSA
ZUC	对称（序列）加密算法	4G 网络	我国自主研发的流密码算法

几种国密算法的介绍如下。

- SM1，对称（分组）加密算法，类似于 AES 算法，分组长度、密钥长度均为 128 比特，使用专用硬件实现。该算法不公开，仅以 IP 核的形式存在于芯片中。调用该算法时，需要通过加密芯片的接口进行调用。采用该算法已经研制了系列芯片、智能 IC（Integrated Circuit，集成电路）卡、智能密码钥匙、加密卡、加密机等安全产品，广泛应用于电子政务、电子商务及国民经济等各个领域。
- SM2，非对称加密算法，类似于 RSA 或 ECC 算法，其密钥长度为 256 比特，在我国商用密码体系中被用来替换 RSA，在很多政府网站中会使用此类加密算法。
- SM3，哈希函数算法，密码杂凑算法，类似于 SHA-256，杂凑值长度为 256 比特，主要用于数字签名及验证、消息认证码生成及验证、随机数生成等。
- SM4，对称（分组）加密算法，类似于 3DES 算法，可使用软件实现，加密强度为 128 比特，加密算法与密钥扩展算法都采用 32 轮非线性迭代结构。解密算法与加密算法的结构相同，只是密钥的使用顺序相反，解密轮密钥是加密轮密钥的逆序。
- SM7，对称（分组）加密算法，分组长度为 128 比特，密钥长度为 128 比特，算法不公开，应用包括身份识别类应用（智能 IC 卡、门禁卡、工作证、参赛证等）、票务类应用（大型赛事门票、展会门票等）、支付与通卡类应用（积分消费卡、校园一卡通、企业一卡通等）。
- SM9，标识加密算法，标识密码将用户的标识（如电子邮箱地址、手机号码、QQ 号码等）作为公钥，省略了交换数字证书和公钥的过程，使得安全系统变得易于部署和管理，非常适合端对端离线安全通信、云端数据加密、基于属性加密、基于策略加密等各种场合。
- ZUC，对称（序列）加密算法，又称为祖冲之序列密码算法。我国自主研发的流密码算法，是应用于 4G 网络中的国际标准密码算法。

目前，随着国密算法的推广，国内各个领域引入 SM2、SM3、SM4 等算法逐步替换原有的 RSA、ECC 等国外算法，特别是嵌入式、物联网等相关领域，用以完成身份认证和数据加解密等功能。

12.2.4　密码分析法

密码分析（Cryptanalytic）研究密码破译的问题，指破译者试图在不知道加密密钥的情况下，从截取到的密文恢复出明文消息或密钥。密码分析法其实是指密码攻击方法。

根据密码分析者可能取得的分析资料的不同，密码分析法可分为以下几种类型。
- 唯密文分析，密码分析者截获一个或多个用同一密钥加密的密文。
- 已知明文分析，密码分析者除了掌握密文，还掌握了部分明文和密文的对应关系。
- 选择明文分析，密码分析者知道加密算法，并取得他所选择的任何明文所对应的密文（不包括他要恢复的明文），这些密文和要破译的密文是用同一密钥加密的。
- 选择密文分析（攻击），密码分析者知道加密算法，并取得他所选择的任何密文所对应的明文（要破译的密文除外），这些密文和明文和要破译的密文是用同一解密密钥解密的，它主要应用于公钥密码体制。

从分析途径来看，密码分析法可分为以下几种类型。
- 穷举攻击法尝试所有的可能以找出明文或者密钥，就是对每个可能的解进行检验并找出正确解的密码攻击方法，是基本的密码分析法。

这种方法是在密码算法已知的条件下，计算出已知的密文采用每个可能的密钥解密的结果，并将解密结果与已经掌握的明文信息最吻合的密钥判定为正确密钥。在唯密文分析条件下，用来判定可能的密钥对错的方法是检验解密的结果是否具有已经掌握的明文规律，例如明文的固定格式、统计规律、语言规律等。在已知明文攻击和选择明文攻击条件下，用来判定可能的密钥对错的方法是检验解密的结果是否为正确的明文。

穷尽攻击法能否成功的关键在于可能密钥总数的大小。当密钥总数为 N 时，平均需要测试 N/2 个可能密钥才能找到正确密钥，最多需要测试 N 个可能密钥才能找到正确密钥。

- 统计分析法是通过分析明文和密文的统计规律来破解密文的一种方法。密码分析者对截获的密文进行统计分析，总结出其间的统计规律，并与明文的统计规律进行比较，从中提取明文和密文之间的对应或变换信息。如一些古典密码系统加密的信息，密文中字母及字母组合的统计规律与明文的完全相同，此类密码系统容易被统计分析法破解。统计分析法首先需要获得密文的统计规律，在此基础上，将密文的统计规律与已知的明文统计规律对照比较，提取明文、密文的对应关系，进而完成密文破解。
- 数学分析法是指攻击者针对密码系统的数学基础和密码学特性，利用一些已知量，如一些明文和密文的对应关系，通过数学求解破译密钥等未知量的方法。

数学分析法利用密文、明文密文对等已知信息以数学关系式表示出所求未知量（如密钥等），然后计算出未知量。

密码术的运用就是为了保护信息的保密性和完整性，选择合适的加密技术可以有效保护企业的敏感数据，结合特定的业务需求和考量，配合数据生命周期进行安全控制，实现保护企业信息资产的目的。

12.3 反恶意程序

恶意程序是系统常见的安全隐患，建立全方位的恶意程序防护策略也是信息安全体系建设的重要任务。

12.3.1 恶意程序介绍

恶意程序（Malware）通常是指攻击者编写的带有明确攻击意图的程序代码，利用各种网络、操作系统、软件和物理安全漏洞向其他计算机系统恶意传播。

恶意程序主要包括后门、逻辑炸弹、木马、蠕虫、病毒等。

- 后门（Backdoor）是指进入程序的"秘密入口"，使利用者可以不经过通常的安全检查访问过程而进行访问，通常是程序员为了调试和测试程序而使用的。当后门被攻击者用来获得非授权访问时它就变成了威胁。后门和计算机病毒最大的差别在于，后门不一定有自我复制的动作，也就是后门不一定会感染其他计算机。
- 逻辑炸弹（Logic Bomb）是指满足某一特定条件才会触发的恶意程序，如在 2023 年 2 月 23 日 23 时 23 分执行代码 rm -rf /。逻辑炸弹就像冬眠的熊，春天这个特定的时间来了，它就会醒来并进行破坏。逻辑炸弹具有明显的潜伏性，一旦触发，可能会删除数据或文件，引起机器关机或完成某种特定的破坏工作。

12.3 反恶意程序

- 木马是指一个表面看上去有用的或无危害的程序或命令，实际上包含一段隐藏的、激活时执行某种有害的特殊功能的代码。木马能够在计算机管理员未发觉的情况下开放系统权限、泄露用户信息，甚至窃取整个计算机管理权限，是攻击者们最为常用的工具之一。区别于其他恶意程序，木马不以感染其他程序为目的，一般也不使用网络进行主动复制、传播。
- 蠕虫（Worm）病毒是一种常见的计算机病毒，是不依赖宿主就可运行的独立程序，可以利用系统漏洞控制计算机将病毒传播到网络上的另外一台计算机上。一旦这种程序在系统中被激活，蠕虫可以表现得像计算机病毒，或者可以注入木马程序，或者进行任何次数的破坏或毁灭行动。蠕虫传播主要靠网络载体实现。如使用电子邮件传播，蠕虫将自身的副本通过电子邮件发送到另一台计算机。
- 计算机病毒（Virus）一般都需要宿主程序，病毒将自己的代码写到宿主程序中，当该程序运行时先执行写入的病毒程序，从而造成感染和破坏。病毒通常都具有破坏性。计算机病毒就像生物上的对应物一样，它带着执行代码进入，感染实体，寄宿在一台宿主计算机上。病毒在获得计算机磁盘操作系统的临时控制权后，每当受感染的计算机接触一个没被感染的软件时，病毒就将新的副本传到该程序中，最终感染整个计算机系统。

计算机病毒通过用户间的网络共享，向另一用户发送程序，这时该用户的计算机就有可能感染病毒。如 CIH[1] 病毒，它是迄今为止发现的最阴险的病毒之一。它发作时不仅破坏硬盘的引导区和分区表，而且破坏计算机系统闪存（Flash）BIOS 芯片中的系统程序，导致主板损坏，使计算机系统无法启动。CIH 病毒是发现的首例可直接破坏计算机系统硬件的病毒。

12.3.2 反恶意程序介绍

反恶意程序（Anti-malware）是一种可以对病毒、木马等一切已知的对计算机有危害的程序代码进行清除的程序工具，也称为杀毒软件（Antivirus Software）。

杀毒软件通常集成监控识别、病毒扫描和清除、自动升级、主动防御等功能。杀毒软件通常采取的技术有以下两种。

第一种是基于特征的检测技术，这是目前杀毒软件中应用较普遍的技术，主要源于模式匹配的思想。扫描程序工作之前，先要建立病毒特征文件，根据保存在特征文件中的特征串，在扫描文件中进行匹配查找。如该数据包不符合特征串，则不干预该数据包；如该数据包符合特征串，则截断该数据包。用户需要不断更新特征文件，从而能够实现扫描新出现的恶意程序的目的。但这种技术的缺陷就是只能够查找已知的恶意程序，而对于未知恶意程序无法做到有效的防御。

第二种是基于行为的分析技术，通过对恶意程序进行行为分析，再通过沙箱技术，从中发现代码中是否含有破坏性成分的方法应运而生。具体操作是在沙箱中进行的，通过收集程序在沙箱中的行为判断其是不是恶意程序。

---

1 CIH 病毒是由陈盈豪（ChenIng-Halu）编制的，由于其名字第一个字母分别为 C、I、H，所以这可能是计算机病毒名称的由来。

12.3.3 企业级防恶意措施

安全组织应制定防恶意程序策略，以及相应的安全措施来降低恶意程序的影响，从而保护企业资产，如图 12-8 所示。

企业级防恶意措施的具体策略包括以下内容。

- 部署企业级的杀毒软件，由企业杀毒软件服务端与客户端组成。使用企业杀毒软件服务端的控制台管理中心集中管理病毒防护的部署、配置、更新和报告，同时可以建立和强制实施安全策略，审计日志（包括历史查杀记录和日志数据）便于集中管理。
- 部署防毒墙设备，将防毒墙设备部署在企业局域网出入口，基于病毒特征库，阻止病毒从互联网侵入内网。当带有病毒的网络流量经过防毒墙时，防毒墙会扫描通过网关的数据包，然后对这些数据包进行病毒扫描，如果是病毒，则将其清除。

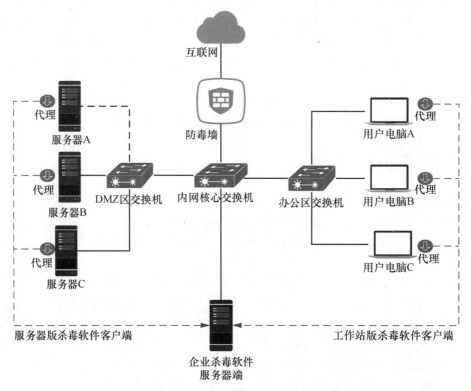

图 12-8　企业杀毒软件防护示意

为了更好地防控恶意程序，建议在网络出口部署防毒墙设备，在主机终端（如关键服务器）的工作站上安装企业杀毒软件，并通过杀毒软件服务器端集中管理，设定杀毒软件防范策略，建立多层次病毒防范，实现企业全面的防病毒保护。

12.4 入侵检测技术

入侵检测（Intrusion Detection）是一种用于检测网络及系统中违反安全策略行为的技术，用于对网络及系统资源访问的恶意使用行为进行识别和相应处理，可检测网络及系统外部的入侵和内部用户的非授权行为，也是一种为保证计算机系统的安全而设计与配置的技术，能够及时发现并报告系统中未授权或异常现象。

12.4.1 入侵检测系统

入侵检测系统用于对那些异常的、可能表示入侵行为的数据进行检测和报警，告知使用者网络中的实时状况，并提供相应的解决、处理方法，是一种技术控制措施中检测功能的安全产品。

入侵检测系统的工作流程可分为4个步骤。

第一步，信息收集。由放置在不同网段的传感器或不同主机的代理来收集信息，内容包括系统、网络、数据及用户活动的状态和行为。

第二步，信息分析。收集到有关系统、网络、数据及用户活动的状态和行为等的信息，对其进行分析，当检测到异常时，会产生告警并发送给控制台。

第三步，响应处理。控制台按照告警产生预先定义的响应并采取相应措施。

第四步，记录存档。将事件进行记录并存档，以备查阅。

入侵检测系统根据不同的角度，有基于技术以及基于对象两种划分方式。基于技术的分类为特征检测以及行为检测两种，如图12-9所示。

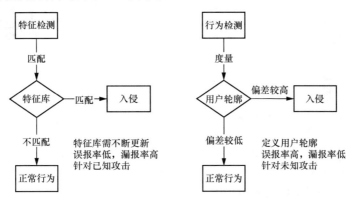

图 12-9 入侵检测系统基于技术的分类

基于技术的分类介绍如下。

- 第一种是误用检测（Misuse Detection），也可以被称为特征检测，检测与已知的不可接受行为之间的匹配程度。如果可以定义所有的不可接受行为，那么每种能够与之匹配的行为都会引起告警。

第 12 章
安全计算环境

- 第二种是异常检测（Anomaly Detection），也可以被称为行为检测，检测与可接受行为之间的偏差。如果可以定义每项可接受的行为，那么每项不可接受的行为就应该是入侵。

在误用检测中收集非正常操作的行为特征，建立相关的特征库，当监测的用户或系统行为与库中的记录相匹配时，系统就认为这种行为是入侵。这种检测误报率低、漏报率高。对于已知的攻击，它可以详细、准确地报告出攻击类型，但是对未知攻击却效果有限，而且特征库必须不断更新。而异常检测首先总结正常操作应该具有的特征（用户轮廓），当用户活动与正常行为有重大偏离时即被认为是入侵。这种检测漏报率低、误报率高，因为不需要对每种入侵行为进行定义，所以能有效检测未知的攻击。

基于对象的分类有基于主机的入侵检测系统以及基于网络的入侵检测系统两种。

- 基于主机的入侵检测系统（HIDS）是通过分析主机系统的事件日志、应用程序的事件日志、系统调用、端口调用和安全审计记录系统分析的数据。HIDS 一般保护所在的主机系统，是由代理来实现的。代理是运行在目标主机上的小的可执行程序，它们与命令控制台（Console）通信。HIDS 示例如图 12-10 所示。

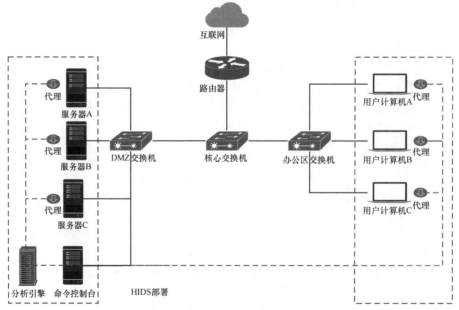

图 12-10　HIDS 示例

HIDS 的功能主要如下。

- 用户和系统活动的监视与分析。
- 系统配置及其脆弱性分析和审计。
- 异常行为模式的统计分析。
- 重要系统和数据文件的完整性监测和评估。
- 操作系统的安全审计和管理。
- 入侵模式的识别与响应、记录事件和报警等。

HIDS 安装代理处于系统保护范围之内，将操作系统内核与服务结合在一起，判断主机系统审计日志与网络连接的实际情况，对主机系统的事件实施全方位、多角度的监督与控制。比如修改重要文件、启动内核与应用程序接口，以此来作为抵抗攻击的重要手段，将系统事件日志化，对重要文件进行严格监督与控制。

- 基于网络的入侵检测系统（NIDS），它分析的数据是网络上的数据包。NIDS 担负着保护整个网段的任务，NIDS 由遍及网络的传感器（Sensor）组成。传感器是将以太网卡置于混杂模式的计算机，用于嗅探网络上的数据包。NIDS 示例如图 12-11 所示。

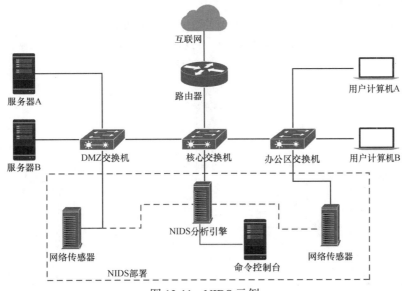

图 12-11　NIDS 示例

NIDS 的功能主要如下。
- 监视、分析网络连接活动。
- 识别反映已知进攻的活动模式并向安全人员报警。
- 异常行为模式的统计分析。
- 网络行为的审计跟踪管理，并识别用户违反安全策略的行为。

NIDS 通过传感器收集网络数据包，对企业全网网络状态进行评估及检测，找出可能的入侵行为，并进行响应，如报警、通知安全人员等，配合防火墙达到有效的网络安全防护。

简单来说，入侵检测系统就是通过收集被检测网络或系统的各种信息，利用相应的规则找出可能的入侵行为的系统。

12.4.2　入侵防御系统

入侵防御系统（Intrusion Prevention System，IPS）对那些被明确判断为攻击行为，以及会对网络、数据造成危害的恶意行为进行检测及阻断，降低或减免使用者对异常状况的处理资源开销，是一种技术控制措施中防御功能的安全产品。

大多数企业都使用防火墙串联部署、入侵检测系统旁路部署，发现问题便提交给防火墙进行封禁，但无法进行实时的阻断，而入侵防御系统可以进行实时阻断，补齐了安全防护的这一短板。

HIPS（Host-based Intrusion Prevention System，基于主机的入侵防御系统）是部署在主机的入侵防御系统，是对杀毒软件和防火墙的补充，可以提供针对蠕虫、病毒、木马、僵尸网络、间谍软件、广告软件、CGI（Common Gateway Interface，公共网关接口）攻击、跨站脚本攻击、注入攻击、目录遍历、信息泄露、远程文件包含攻击、溢出攻击、拒绝服务、扫描工具、后门等的防护措施，全方位防御各种攻击。

NIPS（Network-based Intrusion Drevention System，基于网络的入侵防御系统）是部署在网络层面的入侵防御系统，可串联部署在网络出口，对流经的每个报文进行深度检测，能自动丢弃入侵报文或者阻断攻击源，保护企业网络环境，如图 12-12 所示。

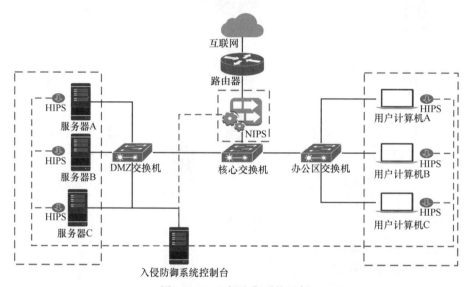

图 12-12　入侵防御系统示例

入侵防御系统可以深度感知并检测流经的数据流量，对恶意报文进行丢弃以阻断攻击，对滥用报文进行限流以保护网络带宽资源。入侵防御系统是一种既能发现又能阻止入侵行为的新型安全防御技术，当发现攻击行为后，自动执行安全保护措施，从而从根本上避免攻击行为。

12.4.3　两者的区别

入侵检测系统与入侵防御系统的主要区别如下。

入侵检测系统，是通过旁路进行部署的，如果检测到攻击，它会进行报警，让管理员去处理，这是一种技术控制措施中检测功能的安全产品。而入侵防御系统，是通过串联进行部署的，如果检测到攻击，它会在这种攻击扩散到网络的其他地方之前阻止这种恶意的通信，这是一种技术控制措施中防御功能的安全产品。

入侵检测系统注重的是网络安全状况的监管，入侵防御系统关注的是对入侵行为的控制。与防火墙类产品、入侵检测产品可以实施的安全策略不同，入侵防御系统可以实施深层防御安全策略，即可以在应用层检测出攻击并予以阻断，这是防火墙做不到的，当然也是入侵检测产品做不到的。

入侵检测系统需要部署在网络内部，监控范围可以覆盖整个子网，包括来自外部的数据以及内部终端之间传输的数据。入侵防御系统则必须部署在网络边界，以抵御来自外部的入侵，对内部攻击行为无能为力。

通过部署入侵检测系统及入侵防御系统，检测及制止网络及系统中违反安全策略的行为，设计及开发相应安全防护策略，结合多种技术防护措施，实现最大程度的安全防护，从而提升企业安全防御能力。

12.5 蜜罐技术

蜜罐技术是一种对攻击者进行欺骗的技术，合格的蜜罐有这些功能：模拟真实服务、攻击识别、报警、日志记录、协助调查。必要时候可根据蜜罐收集的证据来起诉攻击者。

蜜罐（Honey Pot）是一种情报收集系统，布置诱饵使之成为目标，引诱黑客前来攻击。当黑客上钩后，通过对攻击行为的捕获和分析，了解黑客是怎样攻击目标的，包括利用的工具和方法，从而推测攻击动机，在很大程度上起到了保护真实业务、延缓攻击的作用。

蜜罐系统结合日志审计系统、管理系统、告警系统等，形成一个统一的网络防护，这就形成了蜜网（Honey Net），如图 12-13 所示。

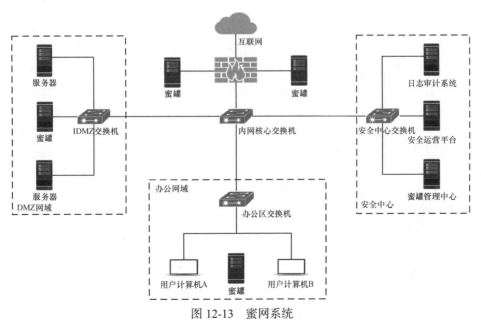

图 12-13　蜜网系统

12.5.1 蜜罐分类

从不同的角度，可以对蜜罐进行不同的分类，按照用途可以分为生产蜜罐、研究蜜罐两类。

- 生产蜜罐，主要用于捕获生产环境中的攻击，保护生产环境，主要由企业使用。生产蜜罐被安全组织放置在生产网络内，与其他生产服务器一起改善其整体安全状态。通常生产蜜罐是低交互、中交互蜜罐，易于部署。
- 研究蜜罐，主要用于研究活动，如吸引攻击、搜集信息、探测新型攻击等，以及了解黑客和黑客团体背景、目的和活动规律等。因此，研究蜜罐对于编写新的入侵检测规则、发现系统漏洞等是很有价值的。

欺骗伪装成功的关键在于蜜罐的真实度，交互程度越高，蜜罐看上去越真实，作用往往越大。按照不同的交互程度，蜜罐可分为低交互蜜罐、中交互蜜罐、高交互蜜罐3种类型。

- 低交互蜜罐，一般通过模拟主要特征功能，限制黑客在指定的范围内动作，仅允许少量交互。比如蜜罐在特定端口上监听并记录所有进出流量数据，可用于检测非法扫描和连接等。大多数企业都会模拟 TCP 和 IP 等协议，这使得攻击者认为他们正在连接到某个真实系统而不是蜜罐环境。低交互蜜罐可能不够有效，容易被攻击者识破，而且它不足以捕获复杂的威胁，如零日攻击。但是，低交互蜜罐易于部署、维护成本低，也相对安全，不允许访问真正的系统服务。
- 中交互蜜罐，提供了更多的交互信息，但还是没有提供真实的操作系统或服务。通过较高程度的交互，更复杂的攻击手段可以被记录和分析。中交互蜜罐是对真正的操作系统或服务的各种行为的模拟。在这个模拟行为的系统中，用户可以进行各种随心所欲的配置，让蜜罐看起来和真正的操作系统没有区别。
- 高交互蜜罐，不是简单的模拟，通常提供的是真实的操作系统或服务。高交互蜜罐使得蜜罐被识破的概率大大降低，吸引攻击者攻击的程度也大大提高。但同时，危险性也随之增大，黑客攻入系统的目的之一就是获取 root 权限，高交互蜜罐刚好提供了这样的环境。

另外，随着近年来"护网行动"的开展，很多蜜罐厂商开发出溯源反制型蜜罐，这也是高交互蜜罐的一种。它会记录攻击者所有的攻击行为、攻击流量，分析出黑客在蜜罐中尝试攻击时所用的攻击路径以及攻击手法。安全组织通过威胁日志有针对性地比对资产，进行针对性的安全加固工作。同时通过蜜罐内集成的溯源插件，全面绘制黑客的身份画像，通过厂商特定的安全服务和安全能力，对攻击流量进行全网溯源。比如在绘制黑客画像时，可获取其真实的 IP 地址、MAC 地址，以及所用设备，如浏览器、计算机上的一些特定指纹信息。通过溯源插件能够尽可能获取到黑客在社交网站上的账号，从而确定其在网络上的虚拟身份，为之后定位自然人提供更多的信息息依据，提升企业溯源反制能力。

12.5.2 部署方式

蜜罐常见的部署方式，主要有以下两种。

- 部署在 DMZ 网域的蜜罐，可以故意设置一些不太明显漏洞的蜜罐，模仿真实的业务服务，让黑客放下戒心，从而诱使他进行攻击，并记录一切证据，必要时候根据蜜罐收集的证据来起诉攻击者。
- 部署在办公网域的蜜罐可以是低交互蜜罐，也可以称之为"地雷"，在特定端口上监听，并记录所有进出流量数据；可用于检测在办公网域内的非法扫描和连接等，并发送报警和短信给安全人员，这样就可以快速定位到办公网域内被攻陷的终端。

设计蜜罐的目的就是让黑客入侵，从而收集证据，同时保护真实的业务及服务。为了能更好地识别风险，建议在各网域部署各类型的蜜罐，配合其他安全系统、设备及产品，发现异常并及时响应，提高业务安全性。

12.6 安全审计

安全审计（Security Audit）就是指按照一定的安全策略，利用相应的技术及设备、网络流量、日志记录、系统活动和用户活动等检查、审查和检验操作事件的活动，从而发现系统漏洞、入侵行为或改善系统性能的过程。这是事前预防、事中预警的有效风险控制手段，也是事后追溯的证据来源。

安全审计的主要作用和目的包括以下几个方面。
- 对可能存在的潜在攻击者起到威慑和警示作用。
- 评估系统的安全性，及时进行调整，保证与安全策略和操作规程协调一致。
- 对已出现的安全事件，做出评估并提供有效的事件响应和追究责任的依据。
- 协助管理员及时发现网络及系统入侵或潜在的系统漏洞及隐患。

另外就是满足合规的需要，如《中华人民共和国网络安全法》《中华人民共和国数据安全法》《中华人民共和国个人信息保护法》等法律文件中的技术审计要求。

12.6.1 审计的级别

从审计的级别来看，审计可分为 4 种类型：系统级审计、网络级审计、应用级审计和用户级审计。
- 系统级审计，主要针对系统的登录情况、用户识别号、登录尝试的日期和具体时间、退出的日期和时间、所使用的设备、登录后运行程序等的相关信息进行审查。
- 网络级审计，主要针对网络流量进行分析与安全监测，如对网络行为、异常流量、网络流量质量评估等进行审查。
- 应用级审计，主要针对的是应用程序的活动信息，如打开和关闭数据文件，读取、编辑、删除记录或字段的等特定操作，以及输出报告等的相关信息。
- 用户级审计，主要是审计用户的操作行为信息，如用户直接启动的所有命令、用户所有的鉴别和认证操作、用户所访问的文件和资源等的相关信息。

第 12 章 安全计算环境

12.6.2 安全审计技术

通过安全审计技术及相应的产品,可以对员工行为进行管理,了解员工的网络行为内容和行为分布情况,并实现分时间段、基于用户、基于应用、基于行为内容的网络行为控制,据此限制员工上班时间的无关网络行为,提高员工工作效率。对带宽流量进行管理,定制精细的带宽管理策略,即对不同岗位的员工、不同网络制定相应带宽管理策略,保障核心用户、核心业务所需带宽,合理利用有限的带宽资源。规避合规风险,实时了解、统计、分析互联网使用状况,并根据分析结果对带宽管理策略进行调整和优化,如过滤违法、违规、不良的网页及其他非工作相关的网页,规避相应法律风险。

各类安全审计产品在网络中的部署,如图 12-14 所示。

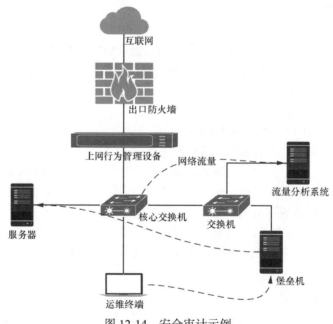

图 12-14 安全审计示例

1. 堡垒机技术

堡垒机(Bastion Machine)作为系统管理员或运维人员管理远程设备时的"跳板",集成了身份认证、账号管理、操作审计等功能,解决了系统账号复用、运维权限混乱、审计困难等问题,从而完善网络运维手段,满足行业内的法规要求,也称为跳板机(Jump Host),如图 12-15 所示。

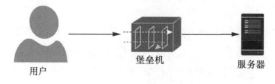

图 12-15 堡垒机示例

堡垒机扮演了终端到网络和服务器之间访问中间人的角色。终端需要访问网络和服务器时就必须经过堡垒机，因此堡垒机可以有效拦截非法访问和恶意攻击，对不合法命令进行阻断，过滤掉所有对目标设备的非法访问行为，并对内部人员误操作和非法操作进行审计监控，以便事后责任的追溯。

堡垒机实现的功能如下。

- 登录功能，简化密码管理，让使用者无须记忆众多系统、数据库、网络设备、安全设备等的密码，实现自动登录目标设备，便捷安全。
- 账号管理功能，支持统一账户管理策略，能够实现对所有服务器、网络设备、安全设备等的账号进行集中管理，完成对账号整个生命周期的监控，并且可以对设备进行特殊角色（如审计巡检员、运维操作员、设备管理员等）自定义设置，以满足审计需求。
- 身份认证功能，设备提供统一的认证接口，对用户进行认证，支持身份认证模式，包括动态口令、静态密码、生物特征等多种认证方式，设备具有灵活的定制接口，可以与其他第三方认证服务器结合。安全的认证模式，有效提高了认证的安全性和可靠性。
- 资源授权功能，基于用户、目标设备、时间、协议类型、行为等要素实现细粒度的操作授权，最大限度保障用户资源的安全。
- 访问控制功能，支持对不同用户进行不同策略的制定，细粒度的访问控制能够最大限度保护用户资源的安全，严防非法、越权访问事件的发生。
- 操作审计功能，能够对系统操作记录、系统命令、文件传输、数据库等的全程操作行为进行审计。通过设备录像方式实时监控运维人员对操作系统、安全设备、网络设备、数据库等进行的各种操作，对违规行为进行事中控制；对终端指令信息能够进行精确搜索，进行录像精确定位，实现事后审计。
- 审计报表功能，能够对运维人员的日常操作、会话，管理员对审计平台进行的操作配置，报警次数等制定各种报表，便于统计、分析。报表包括日常报表、会话报表、自审计操作报表、告警报表、综合统计报表，并可根据个性需求设计和展现自定义报表。

2. 上网行为管理

上网行为管理（Internet Behavior Management System）主要部署在企业的网络出口位置，使用可进行管控的产品或系统，帮助企业管理用户访问互联网的行为，主要包括上网浏览管理、上网应用控制、上网流量管理、上网行为分析、上网隐私保护等功能，实时监控和管理网络资源使用情况，提高整体工作效率，如图 12-16 所示。

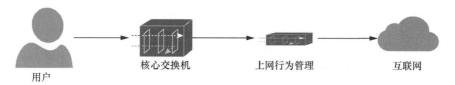

图 12-16　上网行为管理示例

企业中的不当上网行为，如玩网络游戏、看网络电视、P2P（Peer-to-Peer，对等网络）下载等，将会严重消耗企业的网络带宽资源和网络流量。上网行为管理帮助安全组织全面了解员工上网情况和网络使用情况，提高网络使用效率和工作效率，最大限度地避免不当的上网行为带来的潜在风险和损失。

上网行为管理系统实现的功能如下。

- 上网浏览管理功能，实现通过搜索框关键词的识别、记录、阻断技术，确保上网搜索内容的合法性，避免搜索不当关键词带来的负面影响。利用网页分类库技术，对海量网址进行提前分类识别、记录、阻断，确保上网访问的网址的合法性。利用正文关键词识别、记录、阻断技术，确保浏览正文的合法性。利用文件名称/大小/类型/下载频率的识别、记录、阻断技术，确保从网页下载的文件的合法性。
- 上网应用控制功能，实现利用不依赖端口的应用协议库进行应用的识别和阻断。针对每个或多个应用分配累计时长和流量，一天内累计使用时间或流量达到限额将自动终止访问。
- 上网流量管理功能，实现为每个或多个应用设置虚拟通道上下限值，对于超过虚拟通道上下限的流量进行丢弃。针对每个用户平均分配物理带宽，避免单个用户的流量过大抢占其他用户的带宽资源。
- 上网行为分析功能，实现上网行为实时监控，对网络当前速率、带宽分配、应用分布、人员带宽、人员应用等进行统一展示。对网络中的上网人员/终端/地点、上网浏览、上网外发、上网应用、上网流量等方面的行为日志进行精准查询，精确定位问题。对上网日志进行归纳汇总，统计分析出流量趋势、风险趋势、泄密趋势、效率趋势等的直观报表，便于管理者发现潜在问题。
- 上网隐私保护功能，实现内置管理员、审核员、审计员"三权分立"的账号。管理员无日志查看权限，但可设置审计员账号。审核员无日志查看权限，但可在审核审计员权限的合法性后才开通审计员权限。审计员无法设置自己的日志查看范围，但可在通过审核员的权限审核后查看规定的日志内容。管理员采用 SSL 方式访问设备的本地日志库、外部日志中心，防止黑客窃听。所有上网行为可根据过滤条件进行选择性记录，不违规不记录，最低程度记录隐私数据。
- 集中告警功能，就是指所有告警信息应在告警中心页面中统一地集中展示，对不同等级的告警进行区分排列，防止低等级告警淹没关键的高等级告警，可通过电子邮件、语音提示等多种方式通知管理员，便于快速发现告警风险。

3. 网络流量分析

网络流量分析（Network Traffic Analysis，NTA）是指通过流量分光设备（通常是核心交换机）将网络流量收集到安全中心的安全系统中，实现用户行为分析、态势实时分析、数据流量分析、业务状态监控、安全溯源分析、全网资产梳理统计等功能，如图 12-17 所示。

通过网络流量分析捕捉网络中流动的数据包，并通过查看包内部数据以及进行相关的协议、流量分析、统计等来发现网络运行环境中出现的问题，这是安全人员进行风险识别和审计溯源的有效方法。

网络流量分析所实现的功能如下。

- 用户行为分析功能，通过分析流量，形成用户行为画像，结合相应设备对员工状态进行判定，若发现异动则及时报警。

- 态势实时感知功能，通过大屏实时监控，实现网络整体态势的可视化感知。
- 流量数据分析功能，对网络流量数据进行分析，确定网络流量来源、应用类型，记录其发生的时刻和存在的时间、追踪其传输的路径和目的地，提供对异常流量的定位、跟踪、溯源。
- 业务状态监控功能，通过对业务系统流量进行监测评估，提供安全优化依据。
- 安全溯源分析功能，检测网络中各种异常流量，当发生攻击行为时，记录整个攻击行为数据包，为事后溯源提供支持。
- 全网资产梳理统计功能，系统通过自动扫描实现对资产的收集和梳理，对单个资产的安全状态进行评分，提示高危资产，并给出安全加固建议。

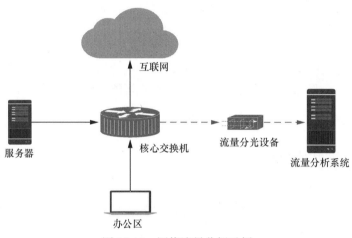

图 12-17　网络流量分析示例

安全审计作为企业信息安全建设不可缺少的组成部分，应该重点关注。通过安全审计技术及设备，降低企业内部风险，同时也为企业人员安全管理提供强有力的支持。

12.7　本章小结

希望读者了解构建企业安全计算环境相关的技术及措施，同时识别计算环境中的异常，配合其他安全策略措施，降低企业相应的安全风险，保证业务在安全的计算环境中持续运行。

第 13 章

应用安全防护

随着互联网不断发展，企业基于互联网提供各类产品、应用及服务，如 Web 服务、App、电子邮件服务等，为用户提供生活上的便利。用户也渐渐适应了通过互联网进行购物、订酒店、订外卖、打车等。不过在互联网提供便利的同时，黑客也在互联网的黑暗角落观察着，不间断地对企业应用的漏洞进行识别及利用，一旦企业应用的漏洞被利用，服务器的权限便可能会被获取，网页内容会被篡改，企业机密信息以及用户敏感数据也可能被盗取，这将给企业带来很大的风险和挑战。

13.1 应用保护技术

通过对业务应用的保护，提高企业应用系统的安全性，防止企业应用敏感数据被窃取和劫持，降低被攻击的风险，让业务应用更加稳定。

13.1.1 Web 应用安全防护

随着互联网技术的快速发展，Web 服务成为互联网产业的重要载体。随着 Web 应用范围越来越广泛，Web 应用吸引了黑客极大的关注，这给 Web 应用带来巨大威胁。如果黑客利用 Web 漏洞获得服务器的权限，可能会造成"挖矿"、页面篡改、敏感信息泄露等风险，给企业造成声誉和经济方面的损失。

针对 Web 服务的攻击类型层出不穷，常见的安全漏洞包括跨站脚本漏洞、跨站请求伪装漏洞、SQL 注入漏洞、命令执行漏洞、配置文件缺陷漏洞、路径操作错误漏洞、资源管理漏洞、第三方控件漏洞、文件上传漏洞、授权绕过漏洞等。

OWASP TOP10 是 OWASP（the Open Web Application Security Project，开放式 Web 应用安全项目）组织、总结并更新的 Web 应用程序中最可能、最常见、最危险的十大漏洞，应是开发、测试、安全人员需要了解的知识，截至本书编写时最新版本为 2021 年发布的版本。

- 失效的访问控制（Broken Access Control）是指未对用户正确执行访问控制策略，使用户的权限超出其预期权限，造成未经授权的信息被暴露、修改或者销毁的风险，也被称为越权。如访问其他用户的账户、查看敏感文件、修改其他用户的数据、更改访问权限等。针对失效的访问控制的预防手段如下。

- 使用多因素身份认证。
- 最小特权。
- 删除不需要的账户。
- 用户行为审计。

例如攻击者访问没有管理权限的页面获得用户列表等敏感信息的情况。

- 加密失效（Cryptographic Failures）是指数据没有进行加密保护，导致敏感数据（如密码、信用卡号、健康记录、个人信息和商业秘密等）被泄露。尤其是对于相应法律法规及行业规定所要求的数据，如《中华人民共和国数据安全法》《中华人民共和国个人信息保护法》《通用数据保护条例》（GDPR）以及《支付卡行业数据安全标准》（Payment Card Industry Data Security Standard，PCI DSS）等要求的数据，如果加密失效将导致敏感信息泄露，给企业带来相应的监管风险。

  针对加密失效的预防手段如下。
  - 对数据进行分级分类，根据不同的敏感级别进行保护。
  - 使用强壮的加密算法和协议。
  - 加密传输及存储敏感数据。

    例如密码数据库使用明文存储个人密码。当攻击者通过其他方式获得一个命令解释程序（Shell）时，他就可以获取所有人的密码。

- 注入（Injection）攻击使黑客可以获取敏感数据，导致数据丢失或破坏，进一步利用可以完全管控服务器。当攻击者将无效或恶意的数据发送到 Web 应用程序以使其执行该应用程序未设计的操作时，就会发生代码注入，此安全漏洞的常见示例可能是使用不受信任数据的 SQL 查询。代码注入漏洞的核心是缺乏对 Web 应用程序使用的数据的验证和清理。任何接收参数作为输入的内容都可能容易受到代码注入攻击。

  针对注入攻击的预防手段如下。
  - 关闭 SQL 错误回显。
  - 前端输入字符白名单验证（对长度、类型等进行验证）。
  - 对输入的特殊字符使用转义处理。
  - SQL 服务运行于专门的账号，并且使用最小权限。
  - 限制 SQL 服务的远程访问，只开放给特定开发人员。
  - 代码审计，最有效的检测应用程序的注入风险的方法之一。
  - 使用成熟的 WAF。

    例如攻击者在用户名输入框输入 "' or 1=1 -- "，密码随意输入，登录成功就存在问题。而输入内容在系统内对应的 SQL 语句是 "select * from AUTH_USER t where t.LOG_IN_NAME='' or 1=1 --' and t.PASSWORD='123123'"，如果构建相应的 SQL 语句，可能会修改或删除数据。

- 不安全设计（Insecure Design）是 2021 年版本新加的内容，侧重于与设计和体系结构缺陷相关的风险。导致不安全设计的因素之一是开发的软件或系统中缺乏固有的业务风险分析，从而导致相应的安全风险。

针对不安全设计的预防手段如下。
- 实施安全开发生命周期。
- 使用威胁建模。
- 使用安全设计模式库或现有安全的组件。

例如某电商平台出现用 4 角钱可以充值 100 元话费的情况，因为用户可领 99.6 元无门槛通用券。由于该优惠券不限量，被"黑灰产"团伙滥用，给企业造成巨大的经济损失。

- 安全配置错误（Security Misconfiguration）是指攻击者利用错误配置攻击，获取敏感数据或者提升权限。如启用或安装了不必要的功能（例如，不必要的端口、服务、页面、账户或权限）等。

针对安全配置错误的预防手段如下。
- 应用程序上传权限检查。
- 检查文件扩展名。
- 重命名上传文件。
- 控制上传文件的权限。
- 移除不使用的页面。
- 移除临时文件、备份文件。
- 不使用简单的命名规则，防止猜测。
- 定义白名单。

例如配置应用程序服务器时，允许将详细的错误信息返回给用户，这将会暴露敏感信息或潜在的漏洞。

- 有缺陷和过时的组件（Vulnerable and Outdated Component）是指使用了易受攻击的组件版本，通常是由于应用程序技术栈中使用的框架、库、工具出现了漏洞，应用程序未能及时更新与修复，攻击者利用已知漏洞进行攻击就可以获取高权限或者敏感数据。

针对有缺陷和过时的组件的预防手段如下。
- 删除所有不必要的依赖项。
- 仅从官方来源获取组件。
- 摆脱未积极维护的组件。

组件与应用是用相同的权限运行的，如果使用有缺陷的组件可能导致巨大风险，如果使用 Apache Log4j2 组件就存在远程命令执行漏洞。

- 认证和授权失败（Identification and Authentication Failures）属于身份验证漏洞，可能导致攻击者利用应用程序中的身份认证缺陷获取更高的权限攻击应用服务或服务器；可能导致攻击者盗用身份，一旦盗用成功，攻击者就能执行合法的任何操作。

针对认证和授权失败的预防手段如下。
- 做好权限控制。
- 设置强壮的密码，最好使用多因素进行身份验证。
- 失败尝试锁定，并记录。

例如某应用后台未实施相应的身份验证保护，遭受密码暴力破解，或者字典撞库攻击，并被成功盗用的情况。

- 软件和数据完整性故障（Software and Data Integrity Failures），这也是 2021 年版本新增的内容，主要关注未验证完整性的情况下做出与软件更新、关键数据和 CI/CD（Continuous Integration/Continuous Pelivery，持续集成/持续交付）管道相关的假设。如果应用程序依赖来自不受信任的来源、存储库和 CDN（Content Delivery Network，内容分发网络）的插件、库或模块，不安全的 CI/CD 管道可能会导致未经授权的访问、恶意代码或系统受损。针对软件和数据完整性故障的预防手段如下。
    - 通过签名或类似机制验证软件或数据来自预期来源，并确认文件是否完整。
    - 确保库和依赖项使用受信任的存储库。
    - 确保使用软件供应链安全工具来验证组件不包含已知漏洞。
    - 确保 CI/CD 管道具有正确的配置和访问控制，以确保构建和部署过程的代码的完整性。

  例如用户因下载了不明来源的软件而中了木马，这种未验证的固件、软件或补丁（如未验证签名的不明来源软件）可能会被攻击者修改或捆绑恶意程序，将给企业带来巨大的风险。

- 安全日志记录和监控故障（Security Logging and Monitoring Failures）是指没有有效的日志记录和监视，就无法进行安全问题的溯源和分析，可能会造成重大的安全风险。

  针对安全日志记录和监控故障的预防手段如下。
    - 确保登录、访问控制、输入验证等的日志能够被记录。
    - 日志文件保存 180 天，并进行异地存储。
    - 防止日志被篡改或删除，确保日志文件的完整性。
    - 实时监控所有用户行为以及业务状态，发现异常并及时处理。
    - 建立有效的监控和告警机制，以及事件应急预案。

  在《中华人民共和国网络安全法》在第二十一条中明确规定，"采取监测、记录网络运行状态、网络安全事件的技术措施，并按照规定留存相关的网络日志不少于六个月"，如相关日志留存未满足 180 天的规定，会被监管部门根据相关法律法规进行处罚。

- 服务器请求伪造（Server-Side Request Forgery，SSRF），同样是 2021 年版本新加的内容。当 Web 应用程序使用未验证用户提供的 URL（Uniform Resource Locator，统一资源定位符）获取远程资源时，就会出现 SSRF 缺陷。它允许攻击者强制应用程序将精心设计的请求发送到意外目的地，即使受到防火墙、VPN 或其他类型的网络 ACL 的保护也是如此。随着现代 Web 应用程序为最终用户提供方便的功能，获取 URL 成为一种常见情况。因此，SSRF 安全攻击事件不断增加，需要我们密切关注。此外，由于云服务和架构的复杂性，SSRF 的严重性越来越高。针对 SSRF 的预防通常使用纵深防御的手段来实现，示例如下。
    - 网络层，在隔离的网络中设置多个远程资源访问功能的网段。执行默认拒绝的防火墙策略或网络访问控制规则，阻止除必要通信外的所有流量。
    - 应用层，在应用层有几方面需要注意：如检查和验证所有客户端提供的输入数据，使用白名单强制执行 URL 标识符、端口和目标，禁止向客户端发送原始响应，禁用 HTTP（Hypertext Transfer Protocol，超文本传送语言）重定向。

  例如攻击者通过 URL 请求地址（http://127.0.0.1/ ssrf.php?url=file:///etc/passwd）访问本地文件或内部服务获得敏感信息。

第 13 章
应用安全防护

为了更好地对 Web 应用进行安全防护，建议安全人员在产品需求评审阶段的时候就介入，尽量实现安全左移，让产品开发的整个生命周期都是安全的，这将会大大提高 Web 应用系统的安全性。

13.1.2　App 安全防护

随着移动互联网的迅速发展，App 安全问题，不管是对提供产品服务的企业，还是使用产品的用户来说，都是至关重要的。只有开发的 App 安全、稳定，更多的用户才会使用，企业才能有更强的竞争力。

App 的安全问题主要分为开发安全、组件安全、运行安全以及通信安全这 4 种类型。

- 开发安全。在开发 App 的过程中，不安全的代码编写方式会给开发的 App 带来一定的安全风险，App 开发安全需要格外关注。

  开发安全相关的风险如下。

  - 敏感资源安全，应该对敏感资源和敏感数据进行保护。如果 App 中的一些关键资源文件没有进行加密保护，攻击者可以从 App 中提取关键的资源文件，对其进行二次使用，或从资源文件中获取本地业务逻辑代码，从而对 App 发起攻击，对 App 进行关键逻辑篡改、恶意代码植入、网络协议分析。攻击者对 App 进行抓包分析、注入等，会泄露 App 中的关键信息或敏感数据。如果直接将访问的网址或 IP 地址的硬编码，写到代码中，那么攻击者可以通过反编译 App 进行静态分析，搜索 URL 或 IP 地址的相关信息，那么这些 URL 或 IP 地址信息就会成为攻击者的目标。值得注意的还有 App 中敏感数据泄露的问题，在 App 的代码或配置文件中存储着敏感数据，而且没有进行加密保护，比如在 App 配置文件中的明文加密 key 等。
  - 完整性校验，App 开发者应该对开发的 App 进行完整性校验。如果没做，那么攻击者可能用工具进行 App 功能的逆向修改。如果黑客对 App 植入恶意代码、木马、广告等，那么这些 App 被修改后，会进行重新签名、发布，这会导致包的完整性被破坏。如果有包的完整性校验，校验到包被破坏了就做对应闪退操作。
  - 证书存储风险，App 中使用的数字证书可被用来校验服务器的合法身份，以及服务器通信的过程中对传输数据进行加解密运算，保证传输数据的保密性、完整性。如果明文存储的数字证书被篡改，App 客户端可能会连接到攻击者的服务器上，导致 App 的敏感信息被盗取。如果明文证书被盗取，可能会造成传输数据被拦截解密，伪造第三方的 App 客户端向服务器发送请求，篡改服务器中的关键数据或者造成服务器响应异常。

- 组件安全。应该关注组件以及第三方 SDK 中的组件安全，如果组件暴露会影响到 App 的逻辑核心和用户敏感信息，这将是很严重的安全问题。

  攻击者只要通过组件就可以获取到关键信息，这会导致关键信息有被泄露的风险。所以在 App 中，非必要的组件不要进行导出，如果组件一定要提供给外部进行调用，可以对组件的权限进行控制。

- 运行安全。应该注意 App 运行时的日志输出，开发人员在开发、调试 App 的过程中，一般会将日志的输出进行应用功能的验证。日志信息往往会记录着一些敏感信息，如用户名、密码、函数调用栈信息、令牌（Token）、Cookie、网络请求 IP 地址或 URL 等，在发布 App 的过程中往往会漏掉或者忘记将日志输出的信息进行删除，只要用相应工具就可以分析 App 运行的敏感日志信息。这就给 App 的安全带来一定的威胁，攻击者通过分析日志信息，就可以找到攻击的入口。

App 运行时会记录或存储一些敏感信息，如个人隐私信息、登录信息、本地验证码、聊天记录等。存储的信息可以直接用 App 安全工具复制、传输到外部计算机上，再通过可视化工具查看，会造成配置信息或敏感的账号信息泄露，例如在配置文件中获取运行环境的 IMEI（International Mobile Equipment Identity，国际移动设备标志）值等。所以对于运行时的读写操作、本地数据存储、本地操作的关键敏感信息，用一些加密算法进行保护，以此提高 App 运行时数据存储的安全性。

- 通信安全。应对 App 通信过程中对数据传输协议以及字段数据进行保护，否则攻击者可以通过抓包工具查看 App 包的检测更新功能性数据包看到具体通信的功能，攻击者可以通过对这些包进行分析、伪造假的数据包等进而做出影响 App 安全的事情。

建议在通信传输时采用 SSL 协议，并在客户端和服务端用证书信息和关键数据进行加密和校验。

App 的安全问题是 App 服务提供者首要考虑的问题，在编码开发阶段就应该重视，同时可以和安全厂商一起对 App 进行安全加固，防止 App 被逆向分析、反编译、二次打包，防止嵌入恶意代码。同时注意设计用户协议及隐私策略，告知用户会采集什么敏感信息以及相应用途，避免合规风险。只有为用户提供安全的 App，才能促进企业移动业务的发展。

13.1.3　API 安全防护

业务应用通常会使用应用程序接口（Application Program Interface，API）来连接服务和传输数据。许多重大数据泄露问题，都是 API 遭到泄露或攻击所造成的。没有安全防护的 API，很容易让敏感的医疗、金融和个人数据被不法分子所滥用。

API 安全防护主要关注 API 与互联网的数据传输，如果 API 连接了第三方应用，那么必须知道这个应用会如何将信息返回互联网。

常见的加强 API 安全性的方法如下。

- 使用令牌授权认证。建立安全可信的身份，再通过使用分配给这些身份的令牌来控制对服务和资源的访问。
- 使用加密和签名。通过 TLS 等方式加密数据，并使用数字签名，确保只有拥有权限的用户才能解密和修改数据。
- 使用时间戳。请求接口都应带当前时间的时间戳（Timestamp），防止重放及 DDoS 攻击。
- 识别漏洞。确保操作系统、网络、驱动程序和 API 组件保持最新状态。
- 使用配额和限流。对 API 的调用频率设置限额，并跟踪其使用记录。如果 API 调用数量增多，表明它可能正被滥用；也可能是编程出了错，例如在无限循环中调用 API。制定限流规则，防止 API 出现调用激增和拒绝服务攻击。
- 使用 API 网关（API Gateway）。API 网关作为主要的 API 流量策略执行点，可以帮助您验证流量的使用者身份，也能控制和分析 API 使用情况。

API 网关是一种将客户端接口与后端实现分离的方式。当客户端发出请求时，API 网关会将其分解为多个请求，然后将它们路由到正确的位置，生成响应，并跟踪所有内容。

API 网关是位于客户端与后端服务器之间的 API 管理工具，用于接收所有 API 调用，整合处理这些调用所需的各种服务，并返回相应的结果，如图 13-1 所示。

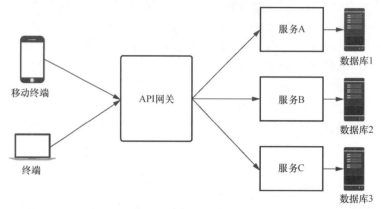

图 13-1　API 网关示例

API 网关是系统的唯一入口，封装了系统内部架构，为每个客户端提供一个定制的 API。它还可以具有其他职责，如身份验证、监控、负载均衡、缓存、请求分片与管理、静态响应处理等。API 网关使所有的客户端都通过统一的网关接入服务，在网关层处理所有的非业务功能。

API 网关的作用如下。
- 统一接入。通过统一的 API 网关提供发布、管理、保护和监控 API 的能力，实现跨系统、跨协议的服务能力互通。
- 协议转换。将外部终端请求的协议转换成内部的接口协议。
- 流量监控。对流量进行管理，同时在调用过程中通过超时、限流、降级、熔断等容错手段保持网关的整体稳定
- 安全防护。通过日志监控、认证授权、权限控制、防刷控制、设置黑白名单等措施使业务更加安全稳定。

API 网关是 API 安全管理的一部分，随着集成和互联变得愈加重要，API 的重要性也在提升。随着 API 复杂性的提高和使用量的增长，API 网关的价值也日益得到体现。

13.1.4　代码审计

代码审计（Code Audit）是指通过自动化工具或者人工审查的方式，对程序源代码逐条进行检查和分析，及早发现错误、安全漏洞或违反编程约定的项目，并提供代码修订措施和建议。代

码审计是防御性安全措施，目的是在代码发布之前减少错误。

检查项目应包含开源框架、源代码设计、错误处理不当、直接对象引用、资源滥用、API 滥用、后门代码等。

在代码中的风险点主要有跨站脚本漏洞、跨站请求伪装漏洞、SQL 注入漏洞、命令执行漏洞、日志伪造漏洞、参数篡改、密码明文存储、配置文件缺陷、路径操作错误、资源管理漏洞、不安全的 AJAX（Asynchronous JavaScript and XML，异步 JavaScript 和 XML 技术）调用、系统信息泄露、调试程序残留、第三方控件漏洞、文件上传漏洞、远程命令执行、远程代码执行、越权下载、授权绕过漏洞等。

代码审计内容如下。

- 审计类型，主要包括白盒测试和黑盒测试两种。
    - 白盒测试，又被称为结构测试，主要用于检测业务编码过程中的错误。
    - 黑盒测试，又被称为功能测试，主要用于检测业务的每一个功能是否能够正常使用。

  黑盒测试覆盖所有业务，白盒测试覆盖重要业务。黑盒测试快速验证，白盒测试挖掘根因或者研究绕过策略，从而实现效率与效果的平衡。
- 审计思路，包括正向思路与逆向思路两种。
    - 正向思路：从参数接收入口开始跟踪数据流，是一种正向追踪的思路，方便理解程序整体框架，相对容易定位逻辑漏洞。
    - 逆向思路：根据敏感关键词来回溯传入的参数，是一种逆向追踪的思路，仅需要搜索相应敏感关键词，就可以快速找到漏洞。
- 准备工作，获得相应的源代码和文档，尽量了解业务更多的信息，包括业务逻辑、网络架构、配置文件、用户输入数据流等。

  在测试环境中搭建业务时，获取的资料越多，业务方面了解得越多，就越易于理解源代码，更容易发现业务漏洞。
- 审计手段，主要包括自动化审计工具、人工审计，以及自动化工具与人相结合的方式这 3 种。
    - 自动化审计工具：利用开源或商业代码审计工具中的规则完成源代码审计。
    - 人工审计：根据代码审计人员的经验和技术积累完成代码审计。
    - 自动化工具与人相结合的方式：通过开源或商业代码审计工具对源代码进行检测，输出漏洞和风险扫描检测报告，提高人工审计漏洞准确性，并不断优化审计工具扫描规则。
- 代码修订措施和建议，当发现代码相应漏洞和问题之后，提供相应的代码修订建议给相应人员，并跟踪修复，如通过事务追踪管理系统进行修复进度跟踪等。

  通常安全体系化建设成熟度高的企业都会自建代码审计平台，通过开源或商业工具与现有 SOC 打通，实现自动化漏洞扫描，在发现漏洞后可自动创建漏洞工单，并按照已有的审计流程进行自动化或人工复核，同时对常见的漏洞类型和编码习惯进行安全培训，增强开发人员的安全意识。

13.1.5　Web 应用防火墙

Web 应用防火墙（Web Application Firewall，WAF）通过执行一系列专门针对 HTTP/HTTPS

第 13 章
应用安全防护

（Hypertext Transfer Protocol Secure，超文本传输安全协议）的安全策略为 Web 应用提供保护。

WAF 主要有软件 WAF 和硬件 WAF 两种。

- 软件 WAF 是一种软件，安装到需要安全防护的 Web 服务器上，对 Web 服务进行防护。
- 硬件 WAF 是一种设备，部署在 Web 服务器前端，可以识别外界出现的异常总流量，并开展隔离、阻拦，为 Web 运行提供安全防护。

WAF 可以采用白名单和黑名单两种安全模式，也可以结合使用两者。在白名单安全模式下，所有不在名单中的请求类型都会被拒绝。而黑名单安全模式正好相反，只会拒绝在黑名单上的请求类型，其他通通放行。对于新的、还不为开发人员所知晓的攻击类型，白名单可以很好地工作。黑名单相对来说更容易实现，但问题是维护成本高，因为很多时候并不能够枚举所有的攻击类型。

WAF 工作过程如图 13-2 所示。

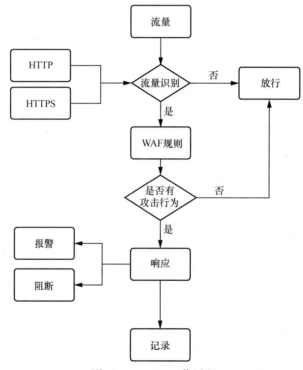

图 13-2　WAF 工作过程

WAF 的工作过程主要分为以下几个步骤。

第一步，流量识别。当接收到流量的时候先进行流量识别，如果是 HTTP/HTTPS 请求则进入下一个步骤，如果不是则对流量进行放行。

第二步，规则检测。对 HTTP/HTTPS 请求进行规则匹配，分辨是不是攻击行为，如果是攻击行为则进入下一个步骤，如果不是攻击行为则放行。

第三步，响应模块。针对攻击行为进行响应，通过策略实现相应的行为，如阻断、报警等。

第四步，日志记录。将所有的日志记录下来，以便安全人员在事后进行分析，优化安全策略。WAF 的部署模式主要包括透明代理模式、反向代理模式以及路由代理模式。

- 透明代理模式，WAF 代理了 Web 客户端和服务器之间的会话，并对客户端和服务器都透明。从 Web 客户端的角度看，Web 客户端仍然直接访问服务器，感知不到 WAF 的存在，如图 13-3 所示。

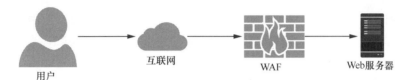

图 13-3　透明代理 WAF 示例

该模式的优点是对网络的改动最小，通过 WAF 的硬件旁路（Bypass）功能在设备出现故障或者掉电时可以不影响原有网络流量，只是 WAF 自身功能失效。缺点是网络的所有流量都经过 WAF，对 WAF 的处理性能要求高。采用该工作模式无法实现负载均衡功能。

- 反向代理模式是指将真实服务器的地址映射到 WAF 负载上，此时 WAF 负载对外就表现为一个真实服务器。当 WAF 负载收到 HTTP 的请求报文后，将该请求转发给其对应的真实 Web 服务器。真实服务器接收到请求后将响应先发送给 WAF 负载设备，由 WAF 负载设备再将应答发送给客户端，如图 13-4 所示。

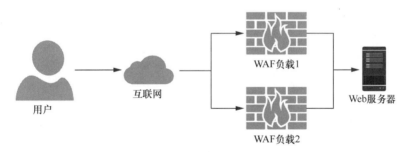

图 13-4　反向代理 WAF 示例

该模式的优点则是可以在 WAF 上实现负载均衡。缺点是需要对网络进行改动，配置相对复杂，除了要配置 WAF 设备自身的地址和路由外，还需要在 WAF 上配置真实服务器的地址和虚地址的映射关系。

- 路由代理模式，它与透明代理模式的唯一区别就是该模式工作在路由转发模式而非网桥模式，其他工作原理都一样。由于工作在路由转发模式，因此需要为 WAF 的转发接口配置 IP 地址以及路由。

这种模式需要对网络进行简单改动，要设置设备内网口和外网口的 IP 地址以及对应的路由。工作在路由转发模式时，WAF 可以直接作为 Web 服务器的网关，但是存在单点故障问题，同时也要负责转发所有的流量。该模式也不支持服务器的负载均衡功能，如图 13-5 所示。

图 13-5　路由代理 WAF 示例

应用防火墙和传统防火墙的区别是应用防火墙工作在 OSI 参考模型的应用层，保护 Web 应用；而传统防火墙工作在 OSI 参考模型的网络层及传输层，更多保护服务器网络及端口。

13.1.6　RASP 技术

运行时应用自我保护（Runtime Application Self-Protection，RASP）技术是指将自身注入应用程序中，与应用程序融为一体，实现监测、阻断攻击，使应用程序拥有自保护的能力；并且应用程序无须在编码时进行任何的修改，只需进行简单的配置即可。

RASP 技术的最大好处之一是在应用程序内部运行，可以提供上下文服务，从代码库、API、系统配置、运行时数据、逻辑流等中获取必要的信息。

RASP 的简单架构，如图 13-6 所示。

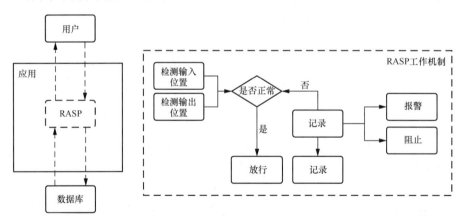

图 13-6　RASP 的简单架构示例

RASP 运行在应用程序内部，可以检测应用程序的 I/O 流量。当用户在输入点（用户请求、文件输入等）或输出点（数据库访问、网络、文件系统操作等）进行操作的时候，RASP 监视服务器和 API 的 I/O 流量，将对流量进行检测（如果正常放行，一旦检测到任何威胁，RASP 就会应用运行时保护措施以保护应用程序免受恶意行为的侵害。）

RASP 的部署模式如下。
- 关闭模式。RASP 不提供监视功能及报警功能，所有请求都可以简单地传递，不会采取任何措施。
- 监视/诊断模式。RASP 监视应用程序中的威胁，记录日志并发出警报，但不阻止请求。

- 阻止模式。RASP 监视应用程序中的威胁，记录日志并发出警报，阻止所有非法请求。

RASP 与 WAF 的区别在于，RASP 部署在服务器并嵌入应用程序，WAF 部署在边界入口。RASP 对应用程序 I/O 等关键点进行检测，WAF 利用正则表达式及黑白名单规则。两者往往搭配使用，配合其他安全技术、系统及设备产品，形成对业务系统的层层保护。

通过 RASP 技术、代码审计以及部署相应的应用安全防护产品、系统和措施，可提高企业应用系统的安全性，防止企业应用敏感数据被窃取和劫持，降低被攻击的风险，让业务应用更加稳定，使业务持续运行。

13.2 电子邮件保护技术

电子邮件（E-mail）是整个互联网业务重要的组成部分，作为企业重要沟通工具，其关键程度日益提升，同时其安全问题也日益突出。

电子邮件系统主要面临的安全威胁有两种。一种是电子邮件系统自身的问题，作为提供互联网服务的服务器，可能会存在着配置和误操作方面的安全威胁和隐患，没有合理配置服务器的相关配置文件中的重要选项等，极有可能造成潜在的安全隐患，如错误的邮件中继会造成电子邮件系统的滥用。另外一种是垃圾邮件问题，这是让互联网邮件运营商和用户都头疼的问题，电子邮箱只要开放在互联网上，每天就会收到成千上万的垃圾邮件。

在 2002 年 5 月 20 日中国教育和科研计算机网公布的《关于制止垃圾邮件的管理规定》中，垃圾邮件（Spam）的定义是"凡是未经用户请求强行发到用户信箱中的任何广告、宣传资料、病毒等内容的电子邮件，一般具有批量发送的特征"。主要的垃圾邮件的种类如下。

- 电子邮件广告（E-mail Advertising）是指未经许可而发送的电子邮件广告。
- 电子邮件炸弹（E-mail Bombs）是指不断、批量地向同一地址发送电子邮件，直到耗尽接收方的电子邮箱容量，使其无法正常提供服务。
- 电子邮件病毒（E-mail Virus）是指病毒通过电子邮件方式传播，一般是在电子邮件的附件中，如勒索病毒，需要用户执行，附件中的病毒程序才会运行。
- 网络钓鱼是指攻击者通过伪造电子邮件，利用社工的方式诱骗受害者点击某个链接或执行附件，获取用户名、密码和信用卡号等个人敏感信息的一种方式。

垃圾邮件将占用大量网络带宽，浪费存储空间，影响网络传输和运算速度，造成邮件服务器拥堵，降低网络的运行效率，严重影响正常的邮件服务。它还可能会严重干扰用户的正常生活，侵犯接收方的隐私权和信箱空间，并耗费接收方的时间、精力和金钱。电子邮件如被黑客利用，可能会造成病毒泛滥、网络钓鱼、个人敏感信息及企业机密数据被窃取，或被勒索病毒攻击等问题。

13.2.1 反垃圾邮件技术

反垃圾邮件技术（Anti-spam Technique）是指针对垃圾邮件的对抗技术，主要的反垃圾邮件技术如下。

- 发送方策略框架（Sender Policy Framework，SPF）协议是为了防范垃圾邮件而提出来的一种 DNS 记录类型。SPF 是一种 TXT 类型的记录，其本质是告诉接收方的邮件服务器，当前域名列表清单上所列 IP 地址发出的电子邮件都是合法的，并非冒充的垃圾邮件。

如果 SPF 配置正确，并且使用 SPF 中的邮件服务器发送电子邮件，接收方的邮件服务器检查 SPF 返回结果正确，此邮件被接收。若发送方的邮件服务器并非在 SPF 中配置的，SPF 返回结果错误，则判定此邮件为垃圾邮件，那么将被拒收，这样就在一定程度防止接收到伪造的垃圾邮件。

- 域密钥识别邮件标准（DomainKeys Identified Mail，DKIM）协议是为了防范垃圾邮件而提出来的一种 DNS 记录类型。DKIM 是一种 TXT 类型的记录，其本质是通过在每封电子邮件上增加加密标志，接收方的邮件服务器通过非对称加密算法解密并对哈希值进行比对，从而判断电子邮件是不是伪造的。

DKIM 的基本工作原理是基于密钥认证方式生成一组密钥对：公钥和私钥。公钥将发布在 DNS 中，私钥会存放在发送方的邮件服务器中。发送电子邮件时，发送方会在电子邮件标头插入 DKIM 签名。而接收方的邮件服务器收到电子邮件后，会通过 DNS 获得 DKIM 公钥，利用公钥解密电子邮件标头中的 DKIM 信息中的哈希值，接收方的邮件服务器计算收到的电子邮件的哈希值，两个值进行比较，如果一致则证明此邮件合法，此邮件被接收。如果验证为不合法，则判定为垃圾邮件，此邮件被拒收。由于数字签名是无法仿造的，因此这项技术对于垃圾邮件的判别效果极好。

- 基于域的消息身份验证、报告和一致性（Domain-based Message Authentication、Reporting and Conformance，DMARC）协议是为了防范垃圾邮件而提出来的一种 DNS 记录类型。DMARC 同样也是一种 TXT 类型的记录，是基于现有 SPF 和 DKIM 协议的可扩展电子邮件认证协议，目的是给电子邮件域名所有者提供保护他们的域名的能力。SPF 和 DKIM 缺少反馈机制，这两个协议未定义如何处理伪造邮件。DMARC 的主要用途在于设置相应的处理策略，当接收方的邮件服务接收到来自某个域未通过身份验证的电子邮件时，应执行规定的处理机制（如拒绝电子邮件或标记为垃圾邮件等）。

DMARC 协议基于现有的 DKIM 和 SPF 两大主流电子邮件安全协议，由发送方在 DNS 里声明自己采用该协议。当接收方（需支持 DMARC 协议）收到发送过来的邮件时，则进行 DMARC 校验，若校验失败还需发送一封报告到指定电子邮箱地址。

13.2.2 反垃圾邮件网关

反垃圾邮件网关（Anti-spam Gateway）是指设置在邮件服务器之前的程序、系统、产品或设备。它的作用是当接收到进入邮件系统的邮件时，对邮件进行处理，过滤垃圾邮件，让正常邮件进入邮件服务器，如图 13-7 所示。

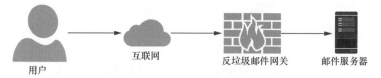

图 13-7　反垃圾邮件网关

目前，反垃圾邮件网关通常采用以下技术实现。

- 过滤技术，这是一种相对来说非常简单却很直接的处理垃圾邮件的技术。这种技术主要由接收系统来辨别和处理垃圾邮件。这种技术也是使用非常广泛的，比如很多邮件服务器上的反垃圾邮件插件、反垃圾邮件网关，客户端上的反垃圾邮件功能等，都采用过滤技术。
- 反向查询技术，类似于 MX（Mail Exchange，邮件交换）记录，反向查询解决方案就是定义反向的 MX 记录，用来判断邮件的指定域名和 IP 地址是不是完全对应的。垃圾邮件一般都使用伪造的发送地址，而伪造的发送地址不会是真实来自反向的 MX 地址，因此可以判断其是否为伪造的。另外还可以使用黑白名单情报，这就能够识别哪些是伪造的邮件、哪些是合法的邮件。
- 挑战技术，指邮件系统保留着许可发送列表，当一个新的邮件被发送时，要求邮件发送方先返回一封包含挑战的邮件。当完成挑战后，邮件发送方则被加入许可发送列表中。对那些使用非真实邮件地址的垃圾邮件发送方来说，它们不可能接收到挑战邮件。挑战技术通过延缓邮件处理过程，可以阻碍大量垃圾邮件的发送。那些只发送少量邮件的正常用户不会受到明显的影响。
- 密码技术，通过使用密码技术来验证邮件发送方的方案，比如服务器使用 SSL 证书、客户端使用数字证书，这种使用加密传输或者电子证书的方式可以提供可信的证明。如果没有适当的证书，伪造的邮件就很容易被识别出来。
- 邮件指纹技术，类似于杀毒软件的基于特征检测技术，虽然无法识别最新出现的垃圾邮件，但是对于那些大量发送的相同的垃圾邮件，这种技术却具有极高的效率，而且这种技术几乎不会产生误报。
- 意图分析技术，通过对垃圾邮件里 URL 进行整理，并形成特定数据库，然后对比邮件中的 URL 链接，确定邮件是否为垃圾邮件。
- 贝叶斯过滤技术，这是一种能够自动学习新的垃圾邮件的智能技术，通过调整字词频度表，使得系统始终维持较高的过滤水准，并可以满足不同邮件用户个性化的需求。它不仅可以设置个人黑白名单，还可以通过调整并培训自己的用户贝叶斯数据库，简单实现过滤功能。
- 评分系统，基于规则，将每一条规则对应一定的评分，将一封邮件与规则库进行比较，每符合一条规则加上该规则评分。获得的分数越高，该邮件是垃圾邮件的可能性就越高。如果一封邮件的评分超过一定阈值，判定该邮件为垃圾邮件。

针对邮件系统的保护还应采用一个多层次的防护方案，配合多种手段共同防护，如对邮件服务器进行基线标准化安装，合理配置邮件服务，部署反垃圾邮件网关，从反垃圾邮件组织获得黑名单列表，通过威胁情报识别垃圾邮件来源 IP 地址、邮件内容中的 URL 等，使用模拟沙箱对邮件附件进行识别，配合杀毒软件进行查杀，实现对邮件系统的多层次防护，全方位保障邮件业务的安全。

13.3 业务持续运行技术

可用性是业务持续性中非常重要的内容，它能确保维持业务运行所需的资源将继续为依赖于业务的人员和系统提供服务。这可能意味着需要严格执行备份，并且需要在系统、网络和操作的体系结构中考虑冗余。在本节中，笔者将讲述可以实现持续性和恢复目的的可用性解决方案，主要包括高可用性、备份与恢复以及防 DDoS 这几个方面。

13.3.1 高可用性相关技术

高可用性（High Availability，HA）涉及确保业务始终处于启动和运行状态的技术，包括冗余部署、磁盘阵列、集群化、分布式等技术。

- 冗余部署（Redundant Deployment）是指在部署主服务的同时进行备用部署。当主服务出现问题时，备用部署就发挥了作用，可保障业务服务的可用性，如图 13-8 所示。

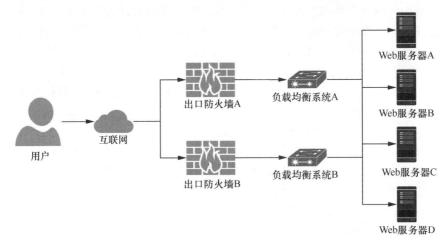

图 13-8　冗余部署示例

企业采取冗余部署的目的主要是防止单点故障，虽然可能会增加部署成本，但可以大大提高业务服务的可用性。比如业务服务从网络架构层、主机层、数据库层、应用程序层进行冗余部署，当主设备出现问题时，备用设备会立即运行。

- 独立磁盘冗余阵列（Redundant Arrays of Independent Disks，RAID），简称磁盘阵列，是由很多块独立的磁盘组合成的一个磁盘组，利用个别磁盘提供数据所产生的加成效果来提升整个磁盘系统效能。利用这项技术，将数据切割成许多区段，分别存放在各个磁盘上，常见类型有 RAID0、RAID1、RAID5、RAID10 等，如表 13-1 所示。

表 13-1　　　　　　　　　　　　RAID 的常见类型

RAID 类型	别名	容错性	冗余类型	需要磁盘数（n）	可用容量
RAID0	条带	无	无	$n \geq 1$	全部
RAID1	镜像	有	有	$2n$	50%
RAID5	分布式奇偶校验条带	有	有	$n \geq 3$	$n(n-1)$
RAID10	镜像加条带	有	有	$2n \geq 4$	50%

RAID 各类型的优缺点如下。
- RAID0（条带）的数据读取、写入速度最快，最大地提高性能及磁盘可用容量，但没有冗余功能。如果一个磁盘（物理）损坏，则所有的数据都无法使用。
- RAID1（镜像）的数据安全性强，将一个磁盘的数据镜像到另一个磁盘上，为磁盘提供保护功能。哪怕某一块磁盘损坏也可以保障数据的安全，从而防止磁盘发生故障而造成数据丢失，但磁盘容量只有 50%。
- RAID5（分布式奇偶校带条）兼顾存储性能、数据安全和存储成本等各方面因素，是目前各企业比较常用的磁盘阵列选择。奇偶校验码存在于所有磁盘上，可同时存储数据和校验数据，数据块和对应的校验信息保存在不同的磁盘上。当一个数据块损坏时，系统可以根据同一条带的其他数据块和对应的校验数据来重建损坏的数据。不过无论用多少块磁盘构建 RAID5 也只允许单块磁盘故障，超过两块将可能导致数据坏失，可用容量为 $n(n-1)$，n 为磁盘数。
- RAID10（镜像加条带）兼顾安全性和速度，它就是 RAID0 和 RAID1 的组合，因此可以达到既高效又高速的目的，允许两块硬盘发生故障，整体磁盘容量利用率与 RAID1 的一样，为 50%。

在实际应用中，可根据企业数据、应用特点和具体情况，综合考虑可用性、性能和成本来选择合适的 RAID。如果不要求可用性，选择 RAID0 以获得高性能。如果可用性和性能是重要的，而成本不是主要的，则根据磁盘数选择 RAID1。如果可用性、成本和性能都同样重要，则根据一般的数据传输和磁盘数选择 RAID5。如果可用性、安全性是非常重要的，而成本不是主要的，则可以选择 RAID10。

- 集群化（Clustering）就是多台服务器共同提供服务，而每一台服务器作为集群的一个节点，所有节点就构成了一个集群。每个节点都提供相同的服务，这样系统的处理能力提升很多，如图 13-9 所示。

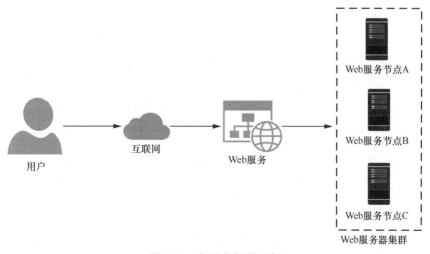

图 13-9　集群化部署示例

企业采取集群化部署就是为了提高业务系统的处理能力和高可用性，让多个服务器协同工作完成整体的任务目标，图 13-9 中就是将 4 台 Web 服务器组成了一个集群。

- 分布式（Distributed）是把一个系统拆分成多个子系统，每个子系统负责各自的功能，虽相互联通，但又各司其职，如图 13-10 所示。

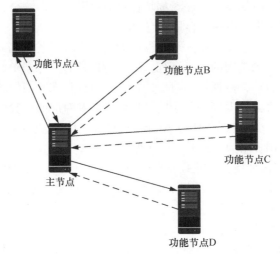

图 13-10　分布式示意

分布式部署是为了降低系统的耦合度，使每一个节点都实现不同的功能，更便于扩展，实现业务高可用性。分布式和集群化部署都是让很多节点通过网络协同工作完成整体的任务目标。分布式部署将系统拆分成几个子系统，而集群化部署则将所有的节点耦合为一个系统。

- 内容分发网络（CDN）依靠部署在各地的边缘服务器，通过中心平台的负载均衡、内容分发、调度等功能模块，使用户就近获取所需内容，提高业务可用性，降低网络拥塞，提高用户访问响应速度和命中率，如图 13-11 所示。

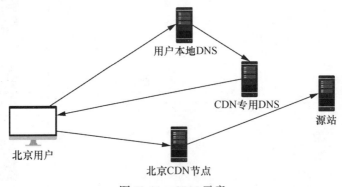

图 13-11　CDN 示意

当北京用户访问某网站时，请求用户本地 DNS 服务器，DNS 将服务器解析到请求是 CNAME（Canonical Name，规范名），将请求发给 CNAME 指向的 CDN 专用 DNS，CDN DNS 按照最优原则，将北京 CDN 节点解析返回给北京用户，最后北京用户访问北京 CDN 节点的资源，如请求的资源，北京 CDN 节点无缓存，则会将请求传给源站。

- 负载均衡（Load Balancing）是指将负载（任务）进行平衡，分摊到后端集群的服务器上进行运行。示例中负载均衡系统就起到了这个作用，如图 13-12 所示。

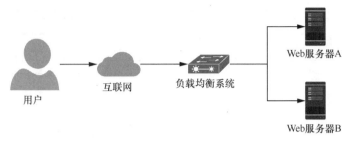

图 13-12　负载均衡示例

用户访问业务时，流量首先会到达负载均衡系统，由负载均衡系统通过一定的调度算法将流量分发到后端集群不同的服务器上面，同时负载均衡系统也会对后端集群的服务器做周期性的健康检查，当发现故障服务器时便动态地将服务器从后端集群中剔除，以此来保证应用的高可用性。

负载均衡又分为 4 层负载均衡和 7 层负载均衡。4 层负载均衡工作在 OSI 参考模型的传输层，主要工作是转发，它在接收到客户端的流量以后通过修改数据包的地址信息将流量转发到应用服务器。7 层负载均衡工作在 OSI 参考模型的应用层，主要工作就是代理。7 层负载均衡会与客户端建立一条完整的连接并将应用层的请求流量解析出来，再按照调度算法选择一个应用服务器，并与应用服务器建立另外一条连接将请求发送过去。

- 多数据中心（Multi-datacenter），也称为异地多活，是指在不同城市的不同线路建立独立的数据中心，从而更好地支撑业务，为用户提供服务，如图 13-13 所示。

简单来说，异地多活通常将应用部署在多地数据中心，提高业务可用性。如图 13-13 中北京、上海、深圳的 3 个 IDC，数据在这 3 个 IDC 之间进行双向同步，并保证数据一致性，实现当北京 IDC 主库出现故障，自动切换到上海或深圳 IDC 备库上。

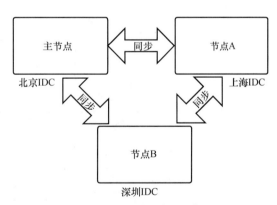

图 13-13　异地多活示例

- 虚拟化（Virtualization）是指可以将一个或一组物理硬件系统分成多个软件系统虚拟环境来使用，让多个软件系统作为高效的虚拟环境在物理环境上运行，如 VM、Docker 技术等，从而提高 IT 资源的敏捷性、灵活性和可扩展性，同时大幅节约成本，如图 13-14 所示。

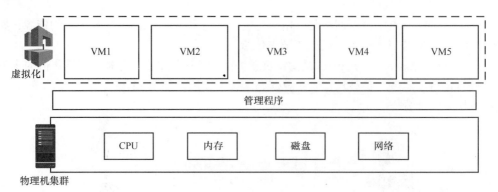

图 13-14　虚拟化示例

虚拟化技术通过透明化底层物理硬件，把有限的固定资源根据不同需求进行重新规划以达到最大利用率，从而最大化利用物理硬件，对资源进行充分利用，同时其部署方便灵活，可以更好地进行业务快速收缩/扩展，提高业务可用性。

- 云计算（Cloud Computing）是指通过"云"将巨大的数据计算处理程序分解成无数个小程序，然后通过多台服务器组成的系统来处理和分析这些小程序，可以在很短的时间内完成对数以万计的数据的处理，从而提供强大的网络服务。云计算的服务模式，如图 13-15 所示。其中实线部分为厂商管理部分，虚线部分为用户管理部分。

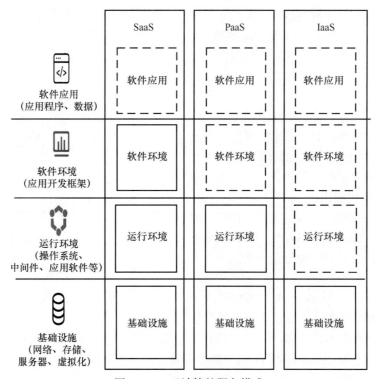

图 13-15　云计算的服务模式

云计算的服务模式主要包括 3 个类型。

- SaaS（Software as a Service，软件即服务），使用户直接访问云运营商提供的云服务，就像使用 IM（Instant Message，即时报文）工具一样，用户不需要管理或控制任何云计算基础设施，包括网络、服务器、操作系统、存储设备等。
- PaaS（Platform as a Service，平台即服务），使用户可以利用云运营商提供的平台，包括开发语言、工具及环境，开发相应的应用程序；用户不需要管理或控制底层的云基础设施，但能控制部署的应用程序，也能控制应用程序的托管环境配置。
- IaaS（Infrastructure as a Service，基础设施即服务），使用户可以利用云运营商提供的基础设施，部署和运行任意软件，包括操作系统和应用程序；用户需要对所有计算基础设施进行管理，包括处理 CPU、内存、网络和其他基本的计算资源。

云服务是一种处理能力可弹性伸缩的计算服务，其管理方式比物理服务器的更简单、高效。用户无须提前购买硬件，即可迅速创建或释放多台云服务器，它成本低，可以提供更高的灵活性，同时还提供云安全防护服务，以保护云租户的数据安全。

虽然云服务有众多好处，但并不代表没有风险。如果云运营商底层服务有安全隐患，或者面临灾难恢复时导致企业资源不可用或数据丢失，这样会使企业陷入困境。对企业用户来说，在享受云服务带来的便利的同时，也面临着云服务宕机带来的巨大挑战。云服务中断对用户而言最直接的损失就是业务中断。对于一些关键业务系统，业务中断的损失是巨大而且不可估量的。在传统的企业级 IT 场景下，所有基础架构都在本地运行，企业负责所有安全措施，而在 IaaS 场景下，云运营商负责保护后端数据中心、网络、服务器和虚拟化；企业负责保护有效负载，例如操作系统、数据库和应用程序。这种情况下，企业要负责保护自己在公有云中运行的工作负载。在 PaaS 这种无服务器场景下，企业则主要负责保护应用程序；对于 SaaS 场景，应用程序和数据的安全性全部由云运营商负责，而访问安全性则取决于企业及其用户。

Gartner 针对云原生安全提出三大云原生安全解决方案，分别是 CASB、CSPM 和 CWPP。其中 CASB 专注于 SaaS 安全，为企业提供对 SaaS 使用情况的可视化和安全控制。CSPM 聚焦控制面的安全属性，包括配置策略和管理工作负载、合规评估、运营监控、DevOps 集成、保障调用的云运营商 API 的完整性等。而 CWPP 对云工作负载进行保护，是数据及系统层面的安全防护。以上三者都是为了云计算业务可正常开展并且租户敏感数据得到妥善保护。

- 云访问安全代理（Cloud Access Security Brokers，CASB）是位于云服务消费者和云服务提供方（Cloud Service Provider，CSP）之间的内部或基于云的策略实施点，用于监视与云相关的活动，并应用与基于云的资源的使用相关的安全性、合规性和治理规则。

CASB 提供了影子资产发现、组织机构云服务格局的统一视图，以及从任何设备或位置访问云服务中数据的功能。能够实施以数据为中心的安全策略，以防止基于数据分类、数据发现，以及因监控敏感数据访问或提升权限等用户活动而进行的有害活动。通常是通过审计、警报、阻止、隔离、删除和只读等控制措施来实施策略。DLP（Data Leakage Protection，数据泄露防护）功能很普遍，并且是仅次于可视化的一项常用控制措施，可防止有害设备、用户和应用程序版本来访问云服务。它可以根据登录期间和登录之后观察到的信号来更改云应用程序功能，帮助企业了解云服务的使用情况，通过其附加服务确认云风险偏好并确定云风险承受能力，并通过各种可视化、控制和报告功能，满足数据驻留和法律合规性要求。

- 云安全配置管理（Cloud Security Posture Management，CSPM）是指对基础设施安全配置进行分析与管理。这些安全配置包括账号特权、网络和存储配置，以及安全配置（如加密设置）。如果发现配置不合规，CSPM 会采取行动进行修正。可以将 CSPM 视为一个持续改进和适应云安全态势的过程，其目标是降低攻击成功的可能性，以及在攻击者获得访问权限的情况下降低发生的损害程度。

  正确云配置和合规性十分重要，一个错误就可能立即暴露出数千个系统或大量敏感数据。云服务的使用率不断增长，服务平台数量不断增加，如果对程序化云基础架构缺乏全面了解，这意味着很长一段时间都不会发现配置不正确和不合规问题。这将导致即便底层的云基础架构本身是安全的，但大多数企业没有准确的流程、工具来确保安全使用云服务。

  云基础架构始终处于变化之中，CSPM 策略也应该是在云应用的整个生命周期中进行持续评估和改进的一个策略，从研发开始一直延伸到运维，并在需要时做出响应和改进。同样，由于不断提出新的云功能，不断颁发新法规，云使用安全的策略也在不断变化。CSPM 策略不断发展并适应新的情况、不断发展的行业标准和外部威胁情报，并根据在开发和运维中观察到的风险进行改进。

- 云工作保护平台（Cloud Workload Protection Platform，CWPP）是以工作负载为中心的安全产品，旨在解决现代混合云、多云数据中心基础架构中服务器工作负载的独特保护要求。

  CWPP 应该不受地理位置的影响，为物理机、VM、容器和无服务器工作负载提供统一的可视化和控制功能。CWPP 产品通常结合使用网络分段、系统完整性保护、应用程序控制、行为监控、HIPS 和可选的反恶意软件保护等措施，保护工作负载免受攻击。

根据企业和云运营商管理责任的划分，我们可以针对不同场景选择不同的安全工具。CASB 可以应用在 SaaS、PaaS、IaaS，不过主要应用在 SaaS 上。CSPM 主要解决 IaaS 安全问题，同时能解决部分 PaaS 安全问题。CASB 作为部署在客户和云运营商之间的安全策略控制点，是在访问基于云的资源时企业实施的安全策略。CSPM 产品通常使用自动化方式来解决云配置和合规性问题。CWPP 作为一项以主机为中心的解决方案，主要满足这些数据中心的工作负载保护需求，因此，主要适用于 IaaS 层。

Gartner 提出的 CASB、CSPM、CWPP，针对基础架构中 IaaS、PaaS 和 SaaS 中不同的安全问题，给出了针对性的解决方案。虽然这三大解决方案不一定能全面覆盖所有安全问题，却也为企业在采用云服务时加强安全控制措施指明了方向，提供了思路，可以更好地针对具体问题制定具体的解决方案。

因此，笔者建议不要把鸡蛋放在一个篮子里，在企业上云的过程中，应采用多云策略。多云指的是在业务架构内使用多个云计算厂商,从而使企业能够根据其特定要求将不同的工作负载分散到不同的环境中。制定容灾策略,做好数据备份。制定好备份恢复计划,将业务数据在本地也保留一份。做好应急演练,即使云服务都宕机了,业务恢复时也能满足恢复点目标(Recovery Point Object,RPO)。

13.3.2 备份与恢复技术

备份(Backup)是指数据或系统的备份,它是容灾的基础,是为防止系统出现操作失误或故障导致数据丢失,将全部或部分数据集合从应用主机的硬盘或磁盘阵列复制到其他存储介质的过程。备份的目的主要是解决数据安全问题,如数据的丢失或系统数据中的逻辑错误等。

常用的备份方式如图 13-16 所示,介绍如下。

- 全量备份,就是备份所有数据。当需要恢复数据时,只需要一个步骤就可以完成,但备份和恢复过程可能需要很长时间。
- 增量备份,就是备份自上一次全量备份以来的增量部分。当需要恢复数据时,先恢复全量备份数据,再按顺序恢复每一个增量备份数据。

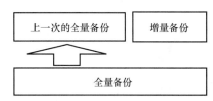

图 13-16 全量备份与增量备份

如果一个企业使用了增量备份,它进行数据恢复时的顺序就应该是这样:首先需要恢复硬盘上的全量备份,然后在发生事故之前(以及最后一次全量备份之后)恢复所有增量备份。RPO 是指企业在业务造成重大损害之前可能丢失的数据量,其表示为从灾难发生时到最近一次备份的时间度量。如果企业的全量备份是 6 个月前进行的,而近 6 个月都采用增量备份,恢复团队恢复全量备份,再依次恢复增量备份,而这家企业丢失的数据就是上次增量备份时到现在的数据。

如果按备份场所分类,又分为本地备份与异地备份,如图 13-17 所示。

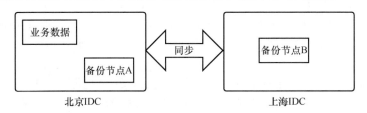

图 13-17 本地备份与异地备份

本地备份是指备份数据与原始数据在同一场所(如图 13-17 中的备份节点 A),虽备份恢复更加方便,但如果场所发生故障,可能会导致数据损坏。异地备份指的是备份数据与原始数据存放在不同的场所(如备份节点 B),会避免因场所发生故障带来的威胁,但是恢复过程可能会更加漫长。

在制定数据备份策略时,数据备份的范围应包括重要系统的配置文件、数据文件和数据库文件等,按照业务特点确认备份的周期,如每周一次全量备份并异地存储,每日一次增量备份等。敏感数据备份需要进行完整性校验,异地节点之间应采用加密传输。还应定期开展应急演练,验证备份文件的有效性。

13.3.3 防 DDoS 技术

DDoS 是目前网络攻击中非常常见的攻击方式。黑客利用 DDoS 进行攻击的时候，使用不同地点的僵尸网络对系统进行攻击，通过对攻击的目标发送超过其处理能力的数据包，使攻击目标出现瘫痪的情况，不能提供正常的服务，如图 13-18 所示。

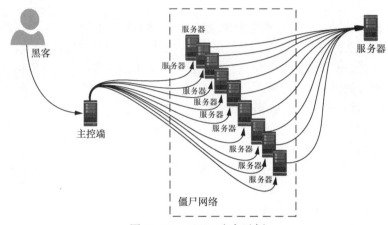

图 13-18　DDoS 攻击示例

常见 DDoS 攻击方式如下。
- ICMP（Internet Control Message Protocal，互联网控制报文协议）Flood（洪水）攻击方式是指通过对目标主机发送海量数据包，就可以令目标主机瘫痪。如果发送大量数据包就成了洪水攻击。
- ICMP 反射泛洪攻击方式是指 Smurf IP 利用广播地址发送 ICMP 包，一旦广播出去，就会被广播域内的所有主机回应，当然这些包都回应给了伪装的 IP 地址（指向目标主机）。伪装 IP 地址可以是互联网上的任何地址，不一定在本地。假如黑客不停地发送 ICMP 包，就会造成拒绝服务。
- UDP Flood 攻击方式是指攻击者通常发送大量伪造源 IP 地址的小 UDP 包，只要开放 UDP 端口提供相关服务，就可能受到这种类型的攻击，常见的情况是黑客利用大量伪造的 UDP 小包对开放 UDP 端口的 DNS 服务器或 Radius 认证服务器进行攻击。
- TCP LAND（Local Area Network Denial）攻击方式是指利用了 TCP 连接建立的三次握手过程，通过向一个目标主机发送一个用于建立请求连接的 TCP SYN（Synchronization Segment，同步段）报文而实现对目标主机的攻击。与正常的 TCP SYN 报文不同的是：LAND 攻击报文的源 IP 地址和目的 IP 地址是相同的，都是目标主机的 IP 地址。这样目标主机在接收到这个 SYN 报文后，就会向该报文的源 IP 地址发送一个 ACK（Acknowledgement，肯定应答）报文，并建立一个 TCP 连接控制结构，而该报文的源 IP 地址就指向自己。由于目的 IP 地址和源 IP 地址是相同的，都是目标主机的 IP 地址，因此这个 ACK 报文就发给了目标主机本身。
- ACK Flood 攻击方式是指攻击者通过僵尸网络向目标服务器发送大量的 ACK 报文，报文带有超大载荷，可引起链路拥塞，或者是极高速率的变源变端口的请求导致转发的设备异常，从而引起网络瘫痪，或者是消耗服务器处理性能，从而使目标服务器拒绝正常服务。
- NTP（Network Time Protocol，网络时间协议）Flood 攻击方式是指攻击者使用特殊的数据包，其 IP 地址指向作为反射器的服务器，源 IP 地址被伪造成攻击目标的 IP 地址，这样一来可能只需要 1Mbit/s 的上传带宽欺骗 NTP 服务器，就可给目标服务器带来几百上千 Mbit/s 的攻击流量。
- SYN Flood 攻击方式是指攻击者利用 TCP 缺陷，发送大量伪造的 TCP 连接请求，从而使得被攻击者资源耗尽的攻击方式。
- CC 攻击方式是指攻击者借助代理服务器生成指向目标系统的合法请求，实现伪装和 DDoS。这种攻击技术含量高，见不到真实源 IP 地址，见不到特别大的异常流量，但服务器就是无法进行正常连接。
- DNS Query Flood 攻击方式是指攻击者操纵大量傀儡机器，向目标服务器发送大量的域名解析请求。解析过程给服务器带来很大的负载，每秒域名解析请求超过一定的数量就会造成 DNS 服务器解析域名超时。
- 泪滴（Tear Drop）攻击方式是指攻击者向目标机器发送损坏的 IP 包，诸如重叠的包或过大的包载荷。借由这些手段，该攻击可以通过 TCP/IP 协议栈中分片重组代码的 bug 来使各种不同的操作系统瘫痪。
- 死亡之 ping（Ping of Death）攻击方式是指攻击者利用单个包的长度超过了 IP 规范所规定的包长度的条件对目标发起攻击。

DDoS 攻击有许多不同的攻击方式，虽不同的攻击方式原理也不尽相同，但攻击的目的是一致的，就是让目标无法正常提供服务。安全组织应设计合适的安全措施进行防御。

针对 DDoS 攻击的基本安全措施如下。
- 确保网络带宽充足，带宽决定抗受攻击的极限。
- 使用高性能的设备，延长性能被耗尽的时限。
- 使用硬件（如 DDoS 防火墙），对异常流量进行清洗、过滤。

针对大流量的 DDoS 攻击，通常使用流量清洗技术对网络中存在的异常流量进行清洗，保证正常流量的传输和业务的连续性。

不同的企业使用不同的防御手段：大型企业依靠企业自身的力量，如自建数据中心，增加带宽，采购高性能的设备、高防设备。而中小型企业依靠第三方的力量，如运营商流量清洗、分组限流或者使用第三方抗 DDoS 服务等。

DDoS 防御的流量清洗示例，如图 13-19 所示。

当检测到异常流量，超出 DDoS 防火墙处理能力后，会将流量牵引到清洗机房。清洗数据中心对流量进行过滤，过滤掉异常流量，将正常流量指回源到服务器集群，为正常用户提供服务。流量清洗系统将异常流量分析结果发送给安全响应系统，形成安全策略封禁异常流量的来源 IP 或将异常流量丢弃，处理过程中需留存证据，为进一步溯源和维权做准备。

企业通过专业流量检测及清洗设备完成这样的工作，检测设备通过流量阈值、报文特征、源IP地址行为模型等检测机制判定流量是否正常，当确认是异常流量时则联动清洗设备完成引流、清洗、回注的清洗动作，确保网络的可用性。

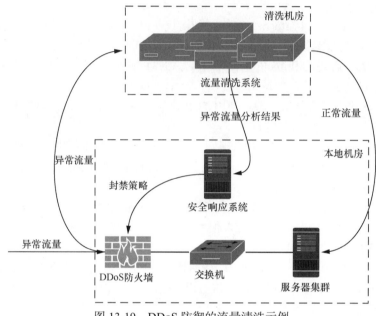

图 13-19　DDoS 防御的流量清洗示例

13.4　本章小结

希望读者了解保障业务安全的相应安全技术手段及措施，保证业务有持续运行的能力，部署高可用设备，做好备份、恢复、防 DDoS 攻击措施。即使面对重大安全风险，也可以保证业务及时恢复并提供服务，从而保证业务持续运行。

第 14 章

数据安全保护

数据是企业重要的信息资产，数据安全事关企业发展。近年来，数据安全事件频发、数据安全问题日益复杂，国内外数据安全领域的法律法规密集出台，构建起数据监管法律体系，企业也应将数据资产作为重中之重进行保护。

数据安全（Data Security）是指保证数据本身的保密性、完整性、可用性，另外也可保证诸如可核查性、不可抵赖性和可靠性等，以便更好地保护企业重要数据，为业务的快速发展保驾护航。通过对数据的保护，应对信息资产的各种威胁，确保业务可持续发展。

14.1 分类分级原则及方法

开展数据分类分级是企业做好数据安全管理的关键，全面的数据分类分级可以明确数据资产的分布和使用状况，安全组织基于数据的分类分级制定相应的数据安全策略，数据就能获得更全面的保护。

数据分级分类的原则应该遵循科学性原则、适用性原则以及灵活性原则，其中科学性原则指应按照数据特征和逻辑关联进行系统的分类，适用性原则指分级分类结果应适应企业的业务活动，灵活性原则指分级分类结果能够适应业务环境的变化。

数据分类是数据管理的第一步，安全组织将相同属性或特征的数据归集在一起，形成不同的类别。

数据分类会对整个企业数据进行评估，包括数据的价值、敏感数据的风险等。数据分类应搞清楚问题，然后根据数据管理和使用的要求，从业务出发进行类别的划分。例如某互联网企业数据分类，包括个人信息数据、业务数据、日志数据以及公开数据。在不同的企业、不同的业务场景下，数据的分类方式也不同。

数据分级是根据数据的敏感程度以及数据遭到篡改、破坏、泄露或非法利用后对企业的影响程度进行分级，每个级别有相应的安全保护要求。

数据分级是指将数据按照敏感程度或受影响的程度划分成 3~4 个级别，如高、中、低；然后根据企业的特定数据、合规性要求或其他业务需求添加更细粒度的级别。

14.2 数据安全生命周期管理

数据安全生命周期是指数据从采集、传输、存储、处理、交换、销毁到审计的全过程安全控制，如图 14-1 所示。

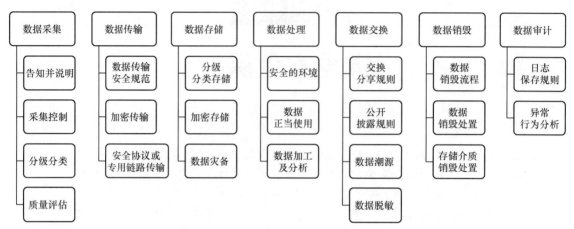

图 14-1 数据安全生命周期

在数据安全生命周期各阶段的安全要求如下。

- 数据采集阶段，对数据的采集范围、频率以及数据格式进行规定，并对收集到的数据进行采集控制、分级分类，同时对数据进行质量评估，确保数据准确性。如需采集用户信息，必须在用户协议及隐私政策中告知并说明，并征得用户的同意才可以进行采集。
- 数据传输阶段，建立数据传输安全规范，确认加密传输场景，不同安全级别的数据采用不同的传输要求；并确保数据加密传输，采用安全协议或专用链路传输，如使用 HTTPS 或 SSL VPN 进行传输。
- 数据存储阶段，数据应该进行分级分类存储，针对不同安全级别的数据，采取不同存储方式，如对于日志记录和业务数据，应采取相应的隔离措施、加密算法以及其他安全保护措施。敏感数据的重要字段加密存储，比如在数据库中以密文或哈希值方式存储，并标注为敏感字段，且应单独存储，不能和一般业务数据存放在同一个数据库中。建立完善数据灾备策略措施，如备份恢复流程、容灾预案，并开展演练，保证数据灾备流程工具有效。
- 数据处理阶段，确保在安全的环境下进行数据加工及分析，严格控制权限，防止未经授权的访问。数据应正当使用，未经批准，不得将所获得的保密信息再授权或提供给他人。数据加工及分析，根据收集的数据，通过统计汇总，选择适合的分析模型，获得业务需要数据的过程。安全的环境，指处于安全策略保护下的环境，如安全的物理环境、安全的网络环境以及安全的计算环境等。
- 数据交换阶段，数据应获得授权，并正当使用数据，未经批准，不得将所获得的保密信息再授权或提供给他人。建立数据共享规则，明确数据共享内容范围和数据共享的管控措施，对共享数据集数据共享过程进行监控审计，确保共享的数据属于共享业务场景需求且没有超出数据共享使用授权范围。数据公开披露规则用于明确对外披露数据的格式、适用范围、发布者与使用者权利和义务。建立数据溯源机制，通过对数据源文件标注的方式，在每次对数据操作时，源数据上都生成一个标注记录，记录了对该数据的修改，并形成标注记录链，从而保障数据来源的真实性和数据完整性，并可对合法授权数据共享信息流的违规操作进行追踪，实现数据溯源和保护的目的。实施数据脱敏，对敏感信息通过规则进行数据的变形及转码，实现敏感隐私数据的保护。
- 数据销毁阶段，制定数据销毁流程，包括审批流程、监督流程等，采用相应的处置措施对数据进行销毁，避免数据泄露。同时对存储介质也应该有相应的销毁处置流程，如将硬盘消磁后对其进行物理损坏，先使用锤子砸，再进行粉碎操作，所有的过程需进行记录及录像，然后保存归档。
- 数据审计阶段，建立日志保存规则，用户操作需要记录日志，并且保存 180 天以上。同时对日志进行分析阶段，发现异常行为并及时处理。

安全组织通过数据安全生命周期各阶段相应的安全要求，根据企业自身特点设计数据安全防护策略，全面识别数据安全生命周期的安全风险，并制定对应的技术解决方案。

14.3　数据防泄露

数据泄露（Data Leakage）是指企业应该受保护的数据由于有意、无意的内部误操作或被恶意攻击后造成数据以违反安全策略规定的形式流出企业，可能被非授权用户截获、盗取、查看或滥用等，给企业带来重大的风险及影响，如经济、声誉损失或监管处罚等。

数据泄露的主要原因如下。
- 网络攻击（网络拦截、黑客攻击、病毒、木马等）造成的泄密，这是目前企业重点关注的问题，常用的防护手段为合适的安全管理制度及安全防护措施。
- 存储介质泄密是指便携式机器、存储介质的丢失、维修、遭窃等常见的事件，同样会给企业带来极大的损失。
- 内部人员泄密（违反制度泄密、无意识泄密、故意泄密等），由于内部人员行为所导致的泄密事故占总泄密事故的七成以上。内部人员的主动泄密是企业普遍关注的问题，通过相应的保密制度培训以及审计手段等防护措施，能很大程度地降低内部人员泄密风险。
- 外部窃密（商业间谍），由于商业机密具备巨大的商业价值，往往被竞争对手关注，企业需制定一系列安全措施保护数据的安全，防止敏感数据的泄露。
- 物理环境泄露泄密（电磁辐射、设备辐射等），这类泄密主要是敌国间谍针对国家级重点机构、重要科研机构，或其他保密级别非常高的政府、军工、科研场所等进行的。

在等级保护 2.0 中也有关于电磁的要求，企业根据自身情况进行防护即可，如果企业与上述国家机构合作紧密，那么需采用物理屏蔽的手段实现有效的数据保护。

数据防泄露技术用于防止数据泄露，就是指安全组织通过识别敏感数据，建立相应规则，监控预警，最后采取相应措施对泄密数据进行处理的技术。

安全成熟度高的企业，大多建立了事前监测预警、事中止损处理、事后策略更新的全方位数据安全防护体系。

数据防泄露的主要技术如图 14-2 所示。

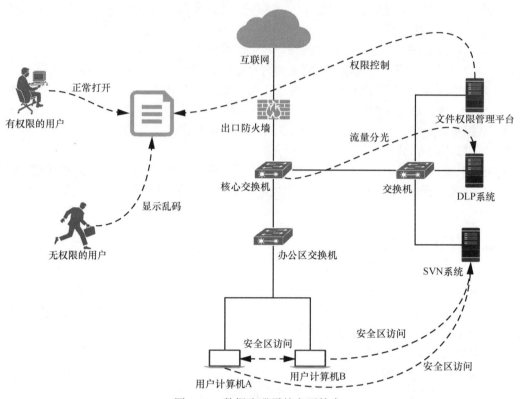

图 14-2　数据防泄露的主要技术

数据防泄露技术主要包括以下内容。

- 文档安全管理（Document Security Management，DSM），主要保护图、文档类数据，通过安全策略从文档创建开始即对其进行透明加密并与用户、权限相结合，如图 14-3 所示。

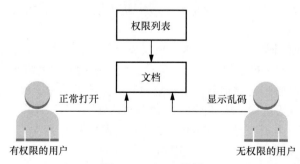

图 14-3　DSM 示例

如一个文档有相应的权限列表，有权限的用户可正常打开使用；而对无权限的用户，显示乱码,无法使用。
- 数据安全区(Data Security Area,DSA)(也称"数据安全隔离")主要保护比较复杂的源代码等类型的数据,通过磁盘、网络等,构建数据安全域,实现源代码防泄露的目的,如图 14-4 所示。

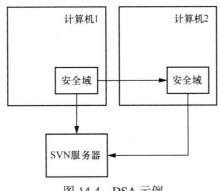

图 14-4　DSA 示例

在源代码安全隔离方面,安全组织通过安全策略在计算机上构建安全域,保障其中的源代码安全。在计算机的安全域内,源代码无法通过磁盘、网络、外设端口等任何途径泄露到安全域外。

在源代码安全传输方面,在各计算机的安全域之间,安全组织通过安全策略设定,使得源代码可以正常传播和使用,包括各 SVN 服务器之间的源代码流转,均可畅通无阻,安全且不影响正常工作。

在源代码外发审核方面,在所有安全域(由 SVN 服务器与计算机的安全域构成)内的源代码要外发出去,必须通过审核且有详细的日志记录,可供安全组织进行查询及问责。

- DLP 可保护结构化数据,对流量内容进行识别并对数据进行防控,内容识别应该具备的识别能力主要有关键字、正则表达式、文档指纹等,如图 14-5 所示。

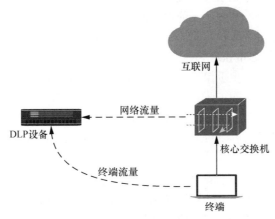

图 14-5　DLP 示例

DLP 还应具备防护能力,防护范围包括网络防护和终端防护。网络防护主要以审计、控制为主。终端防护需要安装相应的组件，除审计与控制能力外，还应包含传统的主机控制能力、加密和权限控制能力。

DLP 聚焦数据资产，以识别风险为驱动。在 DLP 平台上，依据用户数据特点与应用场景，灵活采取加密、隔离、敏感内容识别等多种安全技术手段，按需提供有针对性的整体解决方案，避免敏感数据泄露及扩散。

数据防泄露的基本工作流程如下。

- 识别敏感数据，并定义相应规则，如使用关键词、文件指纹、正则表达式、字典，以及模式匹配等。
- 监控流量，当流量不符合规则时进行安全预警。
- 采取相应措施进行处理，如隔离、阻断等，防止数据泄露。

数据是企业至关重要的一种资产，需要进行适当的保护。通过执行安全策略、利用技术手段，开展数据安全生命周期保护，识别数据的脆弱性与威胁，防止敏感数据泄露，确保数据安全。

14.4 层级纵深防御机制

常常在影视作品中看到，很多人会把钥匙放在家门口地垫下面或花园的某块石块下面，但往往会被人发现并利用。令人尴尬的是，在信息安全领域同样也有人在使用这种类似的手段保护着企业重要的资产。

隐匿安全（Security through Obscurity）是指通过对系统内部设计架构实施保密措施来实现系统内安全的过程，目的是通过故意隐藏系统的安全漏洞来保护系统。只要安全漏洞没被发现，就认为系统是安全的。比如，将远程访问端口 22 修改为 8022，将 Web 后台访问端口由 80 改为 8080 等。

将隐匿安全的手段作为安全性手段是错误的方法，尤其是在现在这个日益发展的"数字化时代"。如果被黑客利用，可能无法进行检测及恢复，那对企业来讲真的是一场灾难。

在安全领域，没有绝对的安全，任何单一的安全措施都是可以绕过的，与其将漏洞和问题都隐藏起来，不如明确企业资产并将其层层防护起来，形成层级纵深防御机制。

层级纵深防御（Defense-in-depth）机制是指通过设置多层重叠的安全防护策略来构成多道防线，保证企业数据资产均置于重重保护措施的防御之下，如图 14-6 所示。即使有一种措施失效，也将由其他适当的措施补偿或纠正。

通过这种多层次的防护手段，使用可信的硬件设备、安全的物理环境、安全的计算环境、安全的应用防护、安全的区域边界，可使数据资产处于这种可信环境的多重保护下，保持信息系统的安全、稳定。

我们可以从物理安全层、终端安全层、网络安全层、主机安全层、应用安全层以及数据安全层的视角，设计以数据安全为核心的层级纵深防御机制，如图 14-7 所示。

企业层级纵深防御机制的每个层次所包括的内容如下。

- 物理层保护，安全组织应协同行政部门与物业，设计物理纵深防御措施。因为人员是信息安全非常重要的资产，而物理安全则是保护人员和其他资产的第一道屏障。

14.4 层级纵深防御机制

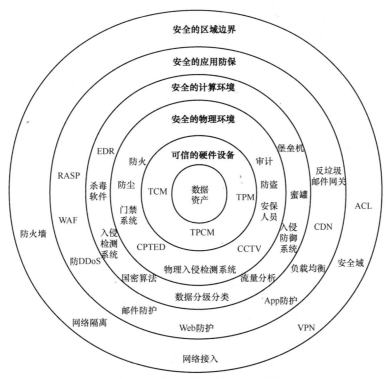

图 14-6 层级纵深防御机制结构

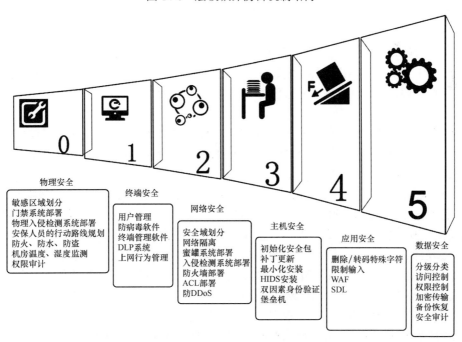

图 14-7 企业层级纵深防御机制示意

第 14 章
数据安全保护

物理层采取的安全措施，包括通过 CPTED 技术，对物理敏感区域进行划分，部署门禁系统、物理入侵检测系统、监控系统以及照明系统，并规划安保人员的行动路线，做好防火、防水、防盗等，保护企业人员与财产安全。

- 终端层保护，这是安全管理的"最后一公里"，安全组织应确保每个终端设备都通过网络准入认证才能访问企业资源，终端包括计算机、笔记本计算机、智能手机、平板电脑和特定设备（如打印机或电视机等）。

终端层采取的安全措施，包括保证 BYOD（自带设备）的设备策略与办公设备策略一致，所有设备通过网络接入系统，并通过双因素身份验证进行网络接入。在终端上部署相应防病毒软件及终端管理软件，如 EDR 等。部署上网行为管理设备以及 DLP 系统对用户上网行为进行管理，减少内部用户对数据的滥用以及有意无意的泄露。

- 网络层保护，计算机网络是通过通信线路和通信设备将分布在不同地点的多台自治计算机系统互相连接起来，按照共同的网络协议，实现资源共享的系统。随着互联网在全球范围内的快速发展，针对及利用网络层的攻击也越来越多，如 DDoS 攻击、木马、网络监听、黑客扫描、流量分析等，应该做好网络防护。

网络层采取的安全措施，包括划分安全域，做好网络隔离，部署蜜罐系统和入侵检测系统，开展安全扫描，对网络内的风险进行识别，对企业重要业务及资源进行保护。部署防病毒网关以及企业杀毒软件，构建企业防病毒结构，防止恶意程序的蔓延。部署防火墙以及 ACL 实现边界防护，并通过自建或购买第三方流量清洗服务，使企业具备一定的防 DDoS 能力。

- 主机层保护，如果主机配置不当将会导致黑客利用系统漏洞进行攻击，可能导致系统出现权限提升、非授权访问、软件或服务崩溃，以及中病毒、木马等情况，需要对主机进行保护。

主机层采取的安全措施，包括确保主机统一标准化安装，使用业务特定基线的系统镜像，及时更新系统补丁，执行最小化安装，安装安全配置脚本，如安装 HIDS，时刻监测系统异常行为。安装企业杀毒软件，并定时更新。通过堡垒机对主机进行管理，使用动态口令登录，并开启源 IP 地址限制。

- 应用层保护，随着互联网的推广，Web 应用越来越广泛，针对 Web 应用程序的攻击也越来越多，如跨站脚本攻击、SQL 注入、目录遍历、缓冲区溢出、拒绝服务攻击、页面篡改等，需要对业务应用进行保护。

应用层采取的安全措施，包括开展安全培训，使开发人员具有安全意识，保持清晰设计思维。在设计上不要相信用户的输入，删除/转码特殊字符。限制输入，仅仅允许输入所希望的内容。不要输出多余的信息，比如错误信息、软件版本信息等。使用相应的设备或产品保护应用服务，如 WAF 等。

- 数据层保护，由于近年来针对数据的攻击事件日益增多，拖库、撞库现象频发。归纳起来，数据受到的常见威胁包括误操作、错误的安全配置、内部人员泄密、未及时修复的漏洞、APT 等，因此需要对数据进行保护。

数据层采取的安全措施，包括对数据进行分级分类，根据不同的数据类型进行不同等级的防护。实现敏感数据访问控制，做好权限控制。实现数据安全生命周期的管理，并做好数据备份和应急处理，设定合理的数据库备份策略和完整的审计策略。

这是一个简单的数据安全层级纵深防御的例子，安全组织还可以在其他技术层面或业务层面设计纵深防御结构。比如在业务层面，一个账户访问某个电商网站，需要注册、登录、搜索商品、支付以及评论等业务，那安全组织需要根据这个业务逻辑以及用户访问链路进行防御，在注册、登录、搜索商品、支付、评论等层面进行防护。

现在业界提出的内生安全、切面安全、自适应安全等理念，都展现厂商从基础设施到业务防护的多层次、多角度的安全能力，更好地保护业务及数据安全，这同样也是另一层级纵深防御的呈现。

简单来说，纵深防御机制就是将所有的网络安全防护措施有机组合起来，针对保护对象，部署合适的安全措施，形成多道保护线。这样各安全防护措施能够相互支持和补救，尽可能地阻断攻击者的威胁。

14.5 本章小结

希望读者了解数据安全以及层级纵深防御机制的内容，通过在安全体系设计和运行过程中，构建安全的技术保障体系，贯彻纵深防御理念，将企业数据资产保护在多重防线下，配合多种安全策略措施，在多层次使用互相独立的不同防护手段，保证业务的安全与稳定。

第四部分
安全运营篇

第 15 章

确认安全防护目标

安全防护目标是指安全组织设计安全防护措施所需要保护的企业重要资产，如人、设备、数据、信息系统、知识产权等。

安全组织在进行安全运营工作前应该首先确认需要保护的目标，同时根据业务的需求制定安全配置和基线，并使安全配置和基线不因为变更而降低保护水平，主要包括用于目标识别的资产管理、用于建立防护基线的配置管理，以及用于变更控制的变更管理等内容。

15.1 资产管理

安全防护对象就是需要保护的资产，有效的资产管理是进行安全保护的前提条件。

资产管理（Asset Management）是指安全组织对企业资产进行安全管理，通过梳理资产和进行全面的风险评估，确认重要及关键业务系统以及相关联的资产，从而决定采取什么样的安全措施对相应资产进行安全保护。信息资产是安全建设中的防护对象，有效的资产管理更是开展企业安全运营能力建设的基础。安全体系化建设成熟度非常高的企业，通常会有一整套有效的安全生命周期资产管理技术及手段。

有些企业没有相应的资产管理系统，甚至资产列表还放在 Excel 表格里，那么可能会出现下面的情况：当安全部门发现了一个重要的安全漏洞，却无法找到服务器的位置与服务器的管理员，这真是一个让人很苦恼的问题。资产信息不清晰也应成为推动建立资产管理系统的原因之一。

安全部门应协同资产管理部门建立安全生命周期资产管理策略，通过开展信息资产识别、补充、完善、及时更新资产变更信息，保证资产的准确性。若企业建立了相应的资产管理系统，遵循相应流程，规范资产使用行为，如上下架流程、IP 地址申请、域名更换等资产变更事务，这样就可以更好地对信息资产进行管理，从而保证资产的准确性，还可以更好地保护资产。安全部门使用技术手段对资产进行识别及检查，能确保资产都在相应的安全策略保护范围内。

15.1.1 资产管理系统

通过资产管理系统，可实现对资产的统一管理，明确资产与人员之间的关系，提高资产的利用率，从而降低企业运营成本，提升工作效率。

资产管理系统的设计理念如下。

- 应该存储企业所有 IT 资产信息。
- 其中配置项可手动增、删、改、查。

- 有开放的 API 可与其他系统进行数据联动。
- API 务必进行安全认证及审计。

资产管理系统包括资产识别、配置项设计、确认配置项之间的关系以及资产更新等，主要内容如下。

第一，资产识别。资产是企业具有价值的信息或资源，应该被识别和管理，它以两种形式存在，包括有形资产和无形资产。

- 有形资产包括硬件资产与软件资产，具体类型和内容如表 15-1 所示。

表 15-1　　　　　　　　　　　　有形资产分类

类型	具体名称
硬件资产	主机设备
	存储设备
	网络设备
	安全设备
	计算机外设
	可移动设备
	其他设备
软件资产	系统软件
	应用软件
	其他软件授权许可

- 无形资产包括信息资产、人员资产以及其他资产，具体类型和内容如表 15-2 所示。

表 15-2　　　　　　　　　　　　无形资产分类

类型	具体名称
信息资产	知识产权（软件著作权、发明、商标等）
	信息系统（业务系统、内部系统等）
	数据（IP 地址、域名、源代码、技术方案等）
人员资产	管理人员
	业务人员
	技术人员
	开发人员
	运维人员
	普通用户
	外包人员
其他资产	其他

第二，配置项设计。与资产相关的信息又被称为配置项，包括域名信息、IP 信息、设备信息、

第 15 章
确认安全防护目标

基本信息、位置信息、产品信息、设备分类、资产信息、用户信息、硬件信息、厂商信息、接口连接、其他信息等字段，如表 15-3 所示。

表 15-3　　　　　　　　　　　　　配置项

字段	内容
域名信息	DNS 信息
	产品线信息
	域名
	管理员
	状态
IP 信息	IP 地址
	描述
	盘点号
	网段所在位置（机房、办公网、IDC 等）
设备信息	基本信息
	位置信息
	产品信息
	设备分类
	资产信息
	硬件信息
	厂商信息
	接口连接
	其他信息
基本信息	盘点号（唯一 ID）
	硬件序列号
	设备名称
	IP 地址
	操作系统
	设备型号
	服务类型
	服务状态
位置信息	机房名称
	机架位置
产品信息	业务线
	所属业务系统

续表

字段	内容
设备分类	设备类型（服务器、交换机、路由器、防火墙、云主机、VM 主机等）
资产信息	保修时间
	购买时间
	申请人
	申请部门
	续保时间
用户信息	管理员
	第二联系人
	业务负责人
硬件信息	CPU 信息
	内存信息
	网卡信息
	BIOS 信息
	RAID 信息
	电源信息
	硬盘信息
厂商信息	厂商名称
	出厂配置说明
接口连接	上联关系
	下联关系
其他信息	设备描述
	重要程度标签
	变更信息
	备注信息

第三，确认配置项之间的关系。所有配置项都有存在的意义，它们之间的内在关系更是资产库中的重要内容。定义配置项关系的方法有两种。

- 自上而下，先明确对外提供的服务，然后基于业务系统服务所使用的基础设施进行梳理，如业务→服务→系统→基础设施。

第 15 章
确认安全防护目标

- 自下而上,先从内部 IT 组件关系开始梳理,然后逐步将 IT 组件映射到 IT 服务,如基础设施→系统→服务→业务。

然后,根据两条配置项关系线整理相应业务负责人、域名管理员、网络管理员、数据库管理员、系统管理员、资产管理员、IDC 管理员等与其管理的资产之间的关系。

- 业务关系。了解业务系统的产品线、与其相关联的系统和域名信息,以及安装的操作系统、运行的应用及数据库等。
- 物理环境关系。了解到业务系统安装的服务器、使用的 IP 地址以及网络上下联关系、连接的网络接口和网络设备,以及存放的机柜和机房等。
- 人员与资产关系。了解到业务系统相关组件的负责人或管理员。

配置项相互之间的关系如图 15-1 所示。

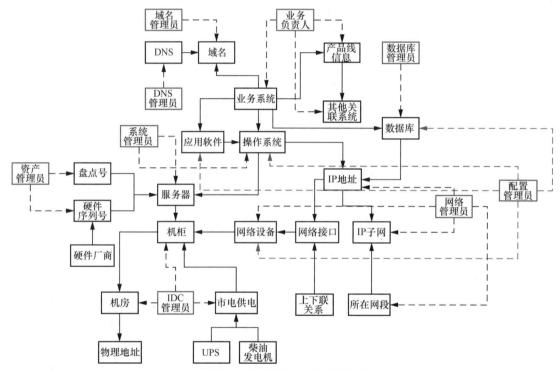

图 15-1 配置项相互之间的关系

以上信息对运维人员和安全人员来说很重要,这些信息能够帮助他们更加清晰地掌握业务系统正常运转所需的一切信息,帮助他们全面了解企业资产状况。

第四,资产更新。如果资产的增、删、改结果不及时更新到系统中,可能会造成资产管理混乱。如果这样的信息更新到安全部门,就无法保证资产的安全性。

常见的资产更新方法有两种。

- 手动更新,资产管理员通过后台进行手动录入。
- 自动更新,在每台服务器上安装代理进行相应的信息收集,并将信息存放到数据库中。

安全部门通常会使用安全扫描主动探测或者被动流量监测等识别方式对资产信息进行全面

识别，若发现遗漏资产的相关信息，可协助资产管理员对数据进行更新，保证资产在管理系统中的准确性及有效性。

15.1.2 CMDB 系统

配置管理数据库（Configuration Management Database，CMDB）是一个或多个数据库，包含一个企业的 IT 服务使用的信息系统的组件的所有相关信息以及这些组件之间的关系。CMDB 系统通常用于企业信息资产配置项信息的管理。

CMDB 系统的组件也被称为配置项（Configuration Item，CI），一个配置项可以是任何可以想到的 IT 组件，包括软件、硬件、文件和人员，以及它们之间的结合体。

CMDB 的概念源自信息技术基础架构库（Information Technology Infrastructure Library，ITIL）。在 ITIL 里面，CMDB 是 IT 环境下重要组件的权威配置。CMDB 帮助企业理解这些组件之间的关系，并跟踪它们的配置。CMDB 是 ITIL 框架的配置管理流程中的基础部分，CMDB 的实现一般需要联合，就是从其他数据源（如资产管理系统、安全配置库）中获取数据并纳入 CMDB 中，在此期间数据是复制到 CMDB 的，CMDB 记录配置项以及它们的重要属性和彼此之间的关系，但数据的控制权仍然在数据源。

CMDB 常常被认为是构建其他 ITIL 流程的基础，ITIL 项目的成败与是否成功建立 CMDB 有非常大的关系。

CMDB 工具中至少包含这几种关键的功能，如整合、调和、同步、映射与可视化。

- 整合功能，指能够充分利用来自其他数据源的信息，对 CMDB 中包含的记录源属性进行存取，将多个数据源合并至一个视图中，生成来自 CMDB 和其他数据源的信息的报告。
- 调和功能，指通过对来自每个数据源的匹配字段进行对比，保证 CMDB 中的记录在多个数据源中没有重复现象，维持 CMDB 中每个配置项数据源的完整性；自动调整流程使初始实施、数据库管理员的手动运作和现场维护支持工作大幅减少。
- 同步功能，指确保 CMDB 中的信息能够反映联合数据源的更新情况，在联合数据源更新频率的基础上确定 CMDB 更新日程，按照经过批准的变更来更新 CMDB，找出未被批准的变更。
- 映射与可视化功能，说明应用间的关系并反映应用和其他组件之间的依存关系，了解变更造成的影响并帮助诊断问题。

CMDB 系统实现原理如图 15-2 所示。

CMDB 系统主要可以通过以下两种方式实现。

第一种是自动采集方式，在每台服务器上安装代理采集相应的信息，如资产信息、软件版本信息等，并将其存放到数据库中。

第二种是手动录入方式，CMDB 管理员通过控制台对数据进行管理，通过服务接口对外提供服务。

CMDB 用于 IT 计划和组织 IT 环境的各个方面，几乎所有构成企业 IT 工作的内容都可以放入 CMDB 中。这不仅包括计算机硬件和软件的清点和控制，还包括操作方法、特定事件和 IT 环境的变化，甚至包括人员。企业的配置项被收集到 CMDB 中，CMDB 成为跟踪它们及其相互关系的中心信息存储库。在良好 CMDB 的帮助下，企业可以对 IT 资产进行统一的管理，更好地了解其所有 IT 资产的类型、数量、位置、使用情况等信息，有助于企业制定合理的 IT 规划，合理分配资源，并有效地管理资产。

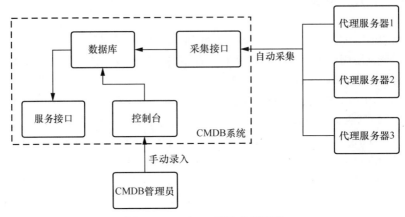

图 15-2　CMDB 系统实现原理

CMDB 是企业 IT 运维管理的核心，同样也是安全运营的一个重要的工具。

识别资产，明确企业有哪些资产是需要优先及重点保护的，这是开展资产管理的目的，从而有针对性地对重要资产进行保护，提升企业安全防护能力。

15.2　配置管理

在确认需要防护的资产后，就应该建立相应的安全基线，这是资产防护的最后一道防线。

配置管理（Configuration Management）就是指安全组织通过技术或管理手段对业务产品及其开发过程和生命周期进行规范管理，建立安全基线，确保业务系统始终处于安全稳定的运营状态。

配置管理提供系统化的管理方法，涵盖了业务产品生命周期的所有领域并影响所有数据和过程，旨在通过一系列的管理或技术的方法和手段来确保业务产品各个组件均使用较稳定的版本，通过系统、有序的管理减少重复性工作，提高企业产品开发的效率和稳定性。

15.2.1　配置管理的过程

通过配置管理，确保配置项正确地被标识及控制，保证基准配置项的更改受控，从而明确基线状态，在贯穿整个业务产品开发生命周期中保证配置管理的完整性和可追溯性。

配置管理的过程如图 15-3 所示。

第一步，配置项识别。识别业务产品的结构、产品开发所需要的组件以及环境，为其分配唯一的标识符，并以某种形式存储在配置库中，确认业务产品功能所需组件及运行环境的基本要求。

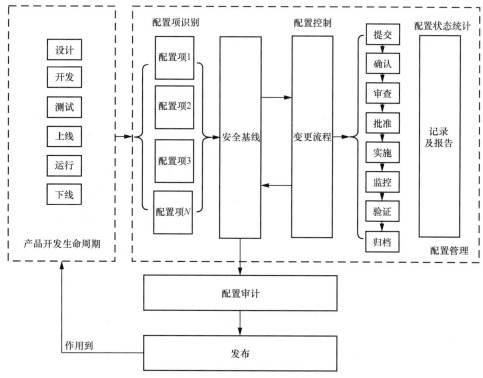

图 15-3 配置管理的过程

逻辑上，组成软件系统的各组成部分与相应文档，如需求文档、设计文档、源代码、测试用例等，都统称为配置项，一般是可以单独进行设计、实施和测试的。

每个配置项的主要属性有名称、标识符、文件状态、版本、作者、日期等。所有配置项都被保存在配置库里，确保不会混淆、丢失。配置项及其历史记录反映了软件的演化过程。

第二步，配置控制。通过建立产品安全基线，确保业务产品在整个开发生命周期中所使用应用及组件的版本均符合基线要求，并对基线变更进行控制。

第三步，配置状态统计。记录并报告基线状态，归档并收集关于产品组件的重要统计信息。需要注意以下两点。

- 在配置库中配置项需按照产品线或业务线分配合适的位置存放和分类。
- 在配置库中各种配置项的操作权限都应严格管理。

配置状态报告的内容有基线库中的基线项的清单、名称、版本、存放位置，以及每次基线变更后变化的基线项、变化原因和与变化前的区别。

第四步，配置审计。根据配置管理的过程和程序，验证业务产品的组件是否符合要求，应基于如下原则。

- 业务正式上线后对基线项进行配置核实及审计，确保基线制定正确。
- 制定相应的审计计划，定期检查及审计配置管理的记录和配置项是否完整，是否满足业务要求。

在软件或产品出现重大安全漏洞或事件后,应该重新对基线的配置项进行配置核实,确保基线要求不会降低业务安全水平。

15.2.2 基线标准化

基线标准化(Baseline Standardization)是指安全组织通过制定及实施相应的标准对重复性工作进行管理,从而实现业务产品的统一安全基线配置要求。

假如数据库平台需要在一台数据库平台主机上安装操作系统,那么系统管理员会根据安全人员制定的系统配置标准进行系统安装,其中包括选择哪个版本的操作系统、如何分区、安装特定版本的数据库软件,以及如何修改数据库的配置参数(如用户策略、权限设置、日志审计等),并对主机系统进行基本安全配置(如账号策略、日志策略、服务、启动项及计划任务等),安装必要的安全软件或组件(如杀毒软件、HIDS、运维系统代理等),最后交付给数据库平台。

如果建立好数据库平台主机操作系统的安全基线标准化安装流程,系统管理员就不用每次在数据库平台要求安装系统时都重复一遍上面的操作了。安全组织通过制定数据库平台主机操作系统安全配置标准文档、流程及工具,定制数据库平台主机操作系统配置基线镜像,并将其存放在镜像服务器。这将大大减少重复性的操作,从而提高工作效率并提升系统安全性。

1. 安全基线

安全基线(Security Baseline)是指策略要求的最低保护级别,实现了系统及设备的最低安全保证水平,是基本的安全要求。

它同样是业务应用的配置标准在某一时期的稳定状态,当将其归纳为一个配置项集合,发布之后就成为一个正式安全基线,之后所有的操作都应以此为基准,只有经过变更管理流程审核后才能变更这个基线。

安全组织可以参考互联网安全中心(Center for Internet Security,CIS)的配置标准,结合实际业务特点制定各类设备及系统的安全基线,如操作系统安全基线、网络设备安全基线、中间件安全基线、数据库安全基线、开发环境基线等。

表 15-4 所示为 Linux 操作系统用户安全配置项中的用户口令强度安全要求基线。

表 15-4　　　　　Linux 操作系统用户口令强度安全要求基线

安全基线项目名称	Linux 操作系统用户口令强度安全要求详情
基线编号	×××-Linux-0×-0×-0×
基线内容	对于采用静态口令认证技术的设备,口令长度应至少为 8 位,并包括数字、小写字母、大写字母和特殊符号中的至少 2 类

2. 基线检查

当安全组织制定了相应的安全基线,就应定期检查及审计,确认安全基线是否正确配置、是否满足业务要求。

安全基线的检查和验证,通常使用安全基线符合性检查表(Check List)进行,也可以通过其他手段进行,如漏洞扫描、渗透测试等方法。

以 Linux 操作系统用户口令强度安全要求符合性检查表为例,如表 15-5 所示。

表 15-5　　　　Linux 操作系统用户口令强度安全要求符合性检查表

检查类型	操作流程	基线符合性判定依据
用户口令强度	使用命令 cat /etc/pam.d/system-auth 查看文件中是否对 pam_cracklib.so 的参数进行了正确配置	在/etc/pam.d/system-auth 文件 pam_cracklib.so 处应该配置以下内容: difok=3 minlen=8ucredit=-1 lcredit=-1dcredit=1 至少 8 位,须包含一位大写字母、一位小写字母和一位数字

安全基线是设备及系统通过安全配置实现的基本的安全保护级别,当其他的安全防御措施被绕过时,作为基本的安全防护手段,它将成为安全防御的最后一道防线,而基线标准化的目的就是让企业所有的设备及系统都拥有这道最后的防线。

15.2.3　安全配置管理

安全配置管理(Secure Configuration Management,SCM)是指安全组织通过识别资产,对其整个生命周期进行管理,定义配置基线,通过与其他安全系统、设备和产品配合,利用安全监控、安全扫描、漏洞评估及配置基线检测等手段进行主动及持续的监视和加固,从而缩小系统的攻击面,提高业务的稳定性。

早在 2009 年,美国便意识到安全配置的重要性,由 NIST 提出的安全内容自动化协议(Security Content Automation Protocol,SCAP)项目,用于解决高层策略[如 FISMA(Federal Information Security Management Act,联邦信息安全管理法案)、ISO 27000 系列]的实施落地、信息安全所涉及的各个要素标准化(如统一漏洞的命名及严重性度量),以及系统配置核查工作自动化,并建立了信息安全类产品的 SCAP 兼容性认证机制。

SCAP 包含协议(Protocol)与内容(Content),SCAP 协议是指 SCAP 由一系列现有的公开标准构成,这些公开标准被称为 SCAP 元素(SCAP Element),协议规范了这些元素之间如何协同工作。内容指按照协议的约定,利用元素描述的、应用于实际检查工作的数据。SCAP 内容是遵照 SCAP 协议标准设计制作的用于自动化评估的数据,其实体是一个或多个 XML 文件。一般来说正式发布的 SCAP 内容至少包含两个 XML 文件,一个是 XCCDF,另一个是 OVAL,这些文件能够直接输入到各类安全工具中执行实际的系统扫描。SCAP 内容中也可以包含描述其他 SCAP Element 的 XML 文件。按照 SCAP 协议标准组织的多个 XML 文件也被称为 SCAP 数据流(SCAP Data Stream)。

SCAP1.0 包含 6 个 SCAP 元素,即 XCCDF、OVAL、CVE、CCE、CPE、CVSS,而这 6 个元素又分为 3 种类型。

第一种,语言类。描述评估内容和评估方法的标准,包括 XCCDF 和 OVAL。

第二种，枚举类。描述评估对象或配置项的命名格式，并提供遵循这些命名格式的库，包括 CVE、CCE、CPE。

第三种，度量类。提供对评估结果进行量化评分的度量方法，对应的元素是 CVSS。

SCAP 元素之间的关系，如图 15-4 所示。

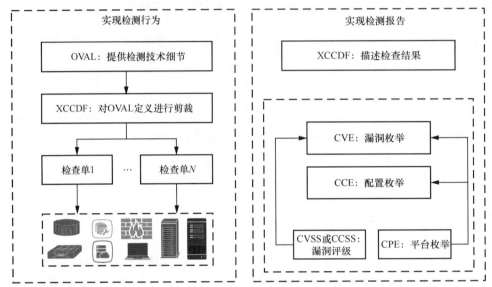

图 15-4　SCAP 元素之间的关系

SCAP 元素具体内容如下。

- 可扩展配置清单描述格式（Extensible Configuration Cheeklist Descnption Format，XCCDF）元素是由美国国家安全局（National Security Agency，NSA）与美国国家标准与技术研究院（National Institute of Standards and Technology，NIST）共同开发的，是一种用来定义安全检查单、安全基线以及其他类似文档的描述语言。XCCDF 使用标准的 XML（Extensible Markup Language，可扩展标记语言）格式按照一定的模式（Schema）对其内容进行描述。在 SCAP 中，XCCDF 完成两件工作：一是描述自动化的配置检查单；二是描述安全配置指南和安全扫描报告。一个 XCCDF 文档包含一个或多个概述（Profile），每个 Profile 可以理解为一个检查单。
- 开放漏洞和评估语言（Open Vulnerability and Assessment Language，OVAL）元素是由 MITRE 公司开发的，是一种用来定义检查项、脆弱点等技术细节的描述语言。OVAL 使用了标准的 XML 格式内容，可以用于分析 Windows、Linux 等各种操作系统的系统状态、漏洞、配置、补丁等，还能用于描述测试报告。
- 通用漏洞及披露（Common Vulnerabilities and Exposures，CVE）是包含公众已知的信息安全漏洞的信息和披露的集合。
- 通用配置枚举（Common Configuration Enumeration，CCE）是用于描述计算机及设备配置的标准化方案。

- 通用平台枚举（Common Platform Enumeration，CPE）是一种对应用程序、操作系统以及硬件设备进行描述和标识的标准化方案。
- 通用漏洞评分系统（Common Vulnerability Scoring System，CVSS）是行业公开标准，用来评测漏洞的严重程度，并帮助确定其紧急度和重要度。在 SCAP 1.2 中，引入了另外两个新标准：开放检查单交互语言（Open Checklist Interactive Language，OCIL）和通用配置评分系统（Common Configuration Scoring System，CCSS）。OCIL 能够用来处理安全检查中需要人工交互反馈才能完成的检查项，CCSS 作用与 CVSS 类似，不过 CCSS 关注的是系统配置缺陷的严重程度。

安全配置管理应该包括资产识别及发现、为资产设定可接受的安全基线以及基线持续监控及评估 3 个步骤。

第一步，资产识别及发现。如通过资产管理系统、内部流程审批系统，以及安全扫描主动探测、被动流量监测等识别方式对资产信息进行全面识别，发现相应的资产信息。

第二步，为资产设定可接受的安全基线。如使用 CIS、NIST 及相应安全标准要求的配置制定相应的安全基线。

第三步，基线持续监控及评估。根据安全扫描策略进行主动及持续的监控及评估，确认运行的为正确的配置基线。

通过对所有安全配置的有效管理、跟踪和控制，从而建立与维护业务产品的完整性，保证开发者在业务产品安全生命周期中各个阶段都能进行精确的配置，使用有效的安全基线，确保用户使用安全、稳定的产品。

15.3　变更管理

为了在出现各种变化时保证防护目标的安全防护策略及措施始终有效，安全组织通常使用变更管理进行有效的变更控制。

变更管理（Change Management）是指安全组织为了确保安全配置和基线满足业务需求，不会因为变更造成安全保护中断或下降，使安全策略保持有效，以受控的方式，确保所有变更得到评估、批准、实施和评审。

15.3.1　变更管理流程

当安全部门在日常巡检时，发现某产品线的服务器操作系统版本为已被厂商停止支持服务的操作系统版本，存在很大的隐患。经安全人员与业务人员沟通确认后，业务人员确认需要进行基线变更操作，那么将按照变更管理流程进行变更。

变更管理流程是确保软件产品质量的机制，它可防止配置及基线被随意修改而导致保护水平的下降。通过建立变更控制流程，选择符合企业及业务需要的变更管理流程，使所有变更都必须遵循这个管理流程进行控制，如图 15-5 所示。

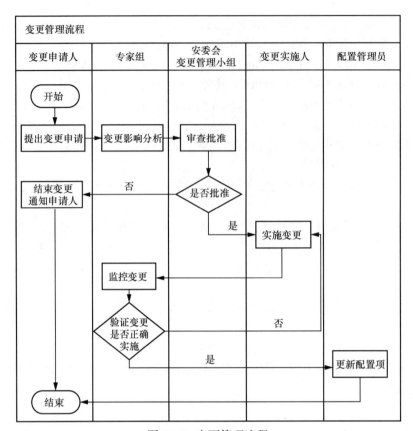

图 15-5　变更管理流程

变更管理应遵循以下流程。

第一步，提交变更申请。变更申请人正式提交变更申请。提出方式可以是多样的，但在评估前应该以正式形式提交，并留档保存。

第二步，变更影响分析。专家组会根据实际情况进行变更影响分析，确认变更的影响，如果不变更，代价是什么，有可能带来什么影响；如果变更，需要做什么，最终评估是否值得变更。

第三步，安委会变更小组进行审查批准。审查通常是以文档会签的形式进行的，重大的变更审查可以正式会议的形式进行。审查过程一般为：变更小组根据变更申请及评估分析结果，决定是否批准变更。

第四步，变更结果裁定。根据评审结果进行变更结果裁定，如果未批准变更，会将申请驳回；如果批准变更，将意味着基线及策略的调整。

第五步，实施。批准变更就要确保变更方案中的资源需求及时到位，变更实施人将根据变更要求实施。

第六步，监控及验证。变更实施后进行监控，对比变更前后的区别，并查看实施后是否达到预期效果，验证变更有效性。

最后，无论变更是批准还是驳回，都应妥善保存变更产生的相关文档，如申请表、变更影响分析表、专家意见等，确保其完整、及时、准确、清晰。

15.3.2 补丁管理

补丁管理（Patch Management）是指安全组织对操作系统和应用程序的软件版本进行管理，包括获取、评估、测试和部署相对稳定版本到对应的服务器上，从而保证系统安全。通常认为，补丁管理是变更管理的一部分。

软件或应用在发布及运转之后总会有不完善的地方，在软件发行之后开发者对软件进行进一步完善，然后发布补丁文件，公布给用户安装，从而改进软件的性能。企业使用商业软件，厂商发布补丁，企业部署补丁，修复后就降低被攻击的风险，可以继续使用。如使用微软企业操作系统，当发布重要的补丁时，也会建议所有用户安装补丁修复软件的问题，提高系统的稳定性。

为企业的产品、数据、员工提供一个安全稳定的系统环境也是安全从业人员的职责。为了实现这个目标，应制定一个安全流程，使企业网络上的所有系统及设备（包括服务器、交换机及工作终端等）都应该安装稳定的系统补丁，确保它们有相应的安全防护能力，提高安全性。

补丁管理的流程如图 15-6 所示。

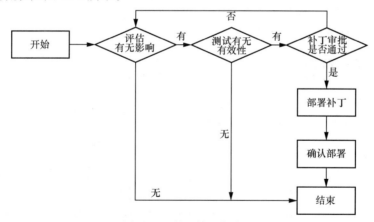

图 15-6　补丁管理的流程

第一步，评估补丁。识别软件漏洞后，安全人员应先确认是否对业务有影响、补丁是否适用，并在获取补丁文件后要确认来源是否安全、补丁文件是否完整，比对 MD5 或 SHA-1 值是否一致等，从而防止软件供应链攻击。

第二步，测试补丁。在高度仿真测试环境进行测试，验证补丁有效性，同时评估对业务的影响程度，并确认稳定版本。

第三步，补丁审批。可以参考前文中的变更管理部分，批准后，将补丁增加到补丁服务器。

第四步，部署补丁。根据补丁优先级，由管理员安装补丁，或者通过补丁自动化管理将上传到补丁服务器的补丁逐步安装到相应服务器上。需要注意的是，关键的补丁应该先在业务非关键的服务器进行部署。

第五步，确认部署。部署完成后，安全人员进行验证，成功安装补丁。

制定必要的补丁管理流程是一件很重要的工作。补丁管理不当常常会导致企业网络及系统变得脆弱，未更新补丁的系统则是黑客的重点攻击目标。

15.3.3 补丁服务器

安全体系化建设成熟度高的企业，为了提高安全运营效率，大多会自建补丁服务器，确保补丁可控，更新及时。

下面将以 Linux 系统的 YUM 源服务器或者 Windows 系统的 WSUS（Windows Server Update Services，Windows 服务器更新服务）服务器为例进行讲解。

1. Linux YUM 源服务器的架设

YUM 是一个基于 rpm 包的软件安装管理器，通常用于 Red Hat、Fedora、CentOS、SUSE 等 Linux 发行版中，可通过指定的服务器自动下载 rpm 包并且安装，自动处理软件包依赖关系。

- Linux YUM 源服务端配置。

第一步，创建 YUM 目录。

```
[root@localhost/]#mkdir -p /yum
```

第二步，安装相应 Nginx Web 服务软件，如图 15-7 所示。

```
[root@localhost/]#yum install nginx -y
```

```
[root@localhost /]# yum install nginx -y
Last metadata expiration check: 0:26:35 ago on Tue 01 Mar 2022 12:01:45 AM CST.
Dependencies resolved.
================================================================================
 Package                       Architecture  Version                                Repository   Size
================================================================================
Installing:
 nginx                         x86_64        1:1.14.1-9.module_el8.0.0+184+e34fea82  appstream   570 k
Installing dependencies:
 nginx-all-modules             noarch        1:1.14.1-9.module_el8.0.0+184+e34fea82  appstream    23 k
 nginx-filesystem              noarch        1:1.14.1-9.module_el8.0.0+184+e34fea82  appstream    24 k
 nginx-mod-http-image-filter   x86_64        1:1.14.1-9.module_el8.0.0+184+e34fea82  appstream    35 k
 nginx-mod-http-perl           x86_64        1:1.14.1-9.module_el8.0.0+184+e34fea82  appstream    45 k
 nginx-mod-http-xslt-filter    x86_64        1:1.14.1-9.module_el8.0.0+184+e34fea82  appstream    33 k
 nginx-mod-mail                x86_64        1:1.14.1-9.module_el8.0.0+184+e34fea82  appstream    64 k
 nginx-mod-stream              x86_64        1:1.14.1-9.module_el8.0.0+184+e34fea82  appstream    85 k

Transaction Summary
================================================================================
Install  8 Packages
```

图 15-7　安装 Nginx Web 服务软件

第三步，创建 YUM，安装 createrepo 软件包以及依赖包，如图 15-8 所示。

```
[root@localhost/]#yum install createrepo -y
```

```
[root@localhost /]# yum install createrepo -y
Last metadata expiration check: 0:28:33 ago on Tue 01 Mar 2022 12:01:45 AM CST.
Dependencies resolved.
================================================================================
 Package                  Architecture    Version           Repository     Size
================================================================================
Installing:
 createrepo_c             x86_64          0.17.2-3.el8      appstream      88 k
Installing dependencies:
 createrepo_c-libs        x86_64          0.17.2-3.el8      appstream     115 k
 drpm                     x86_64          0.4.1-3.el8       appstream      68 k

Transaction Summary
================================================================================
Install  3 Packages
```

图 15-8　安装 createrepo 软件包以及依赖包

第四步，配置 YUM，建立 YUM 源仓库并进行权限设置。

[root@localhost/]#createrepo /yum

[root@localhost/]#chown -R nginx/yum

第五步，填充 YUM，将验证通过的软件包按版本放入/yum 相应文件夹中。

第六步，启动 Web 服务。

[root@localhost/]#sudosystemctl start nginx

这样，Linux YUM 源服务器就配置完成了，可以由运维人员或安全人员对 YUM 源中的软件来源进行控制，在服务器中指定其为默认 YUM 源。

- Linux YUM 客户端配置。

第一步，创建一个 YUM 源文件。

[root@localhost/]#vim /etc/yum.repos.d/myrepo.repo

第二步，配置 YUM 源文件，内容如图 15-9 所示。

```
[myrepo] #源名称
name=myServer
baseurl=http://10.212.0.28/yum/ #指定源地址
enable=1
gpgcheck=1
```

图 15-9　配置 YUM 源文件

这样，Linux YUM 源客户端配置就完成了，客户端可以通过配置的 YUM 源更新相应的软件包。

至此，一个简单的 YUM 源服务器配置完毕。

2. Windows WSUS 服务器的架设

WSUS 在以前 Windows Update Services 的基础上有了很大的改善。WSUS 可以更新更多的 Windows 补丁，同时具有报告功能和导向功能，管理员还可以控制更新过程。

- Windows WSUS 服务器配置。

第一步，安装 WSUS。根据安装向导，在"选择服务器角色"界面上，选择"服务器角色"，添加 WSUS 所需的功能，如"Web 服务器（IIS）"等，如图 15-10 所示，单击"下一步"按钮，按照提示进行相应的设置即可完成安装。

图 15-10　安装 WSUS

第二步，配置 WSUS。在完成 WSUS 的安装后，进入 WSUS 配置向导，根据向导就可以完成 WSUS 的相应配置，如配置网络连接、配置计算机组、配置客户端更新策略等。在"选择'上游服务器'"处，选择"从 Microsoft 更新中进行同步"，如图 15-11 所示。

图 15-11　配置 WSUS

这样，Windows WSUS 服务器就安装、配置完成了。
- Windows WSUS 客户端配置。

第一步，配置自动更新。在"本地组策略编辑器"（命令行下执行 gpedit.msc 可打开）中，将"配置自动更新"设置为"已启用"，并设置为"3-自动下载并通知安装"，如图 15-12 所示。

15.3 变更管理

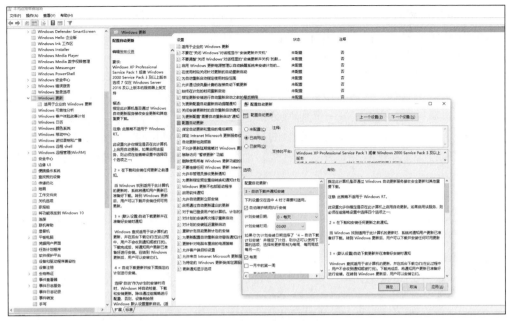

图 15-12　WSUS 客户端自动更新

第二步，自选更新服务器。在"本地组策略编辑器"中，将"指定 Intranet Microsoft 更新服务位置"设置为"已启用"，并在"设置检测更新的 Intranet 更新服务"下方输入 WSUS 服务器的 IP 地址，如图 15-13 所示。

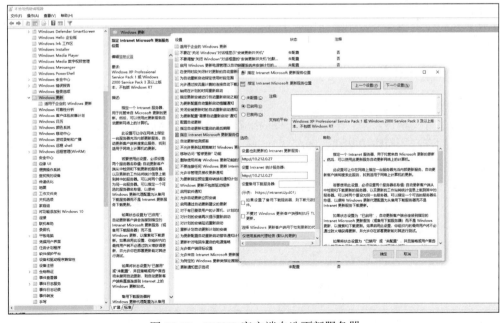

图 15-13　WSUS 客户端自选更新服务器

这样 Windows WSUS 客户端配置就完成了。如果网络环境是 AD 域，只需要在域控制器上设置基于域的组策略对象，就可以一次性实现所有的域用户的客户端设置。

至此，一个简单的 Windows WSUS 服务器就架设完成了。

目前，很多企业还停留在补丁单台安装的模式。在这种模式下，当出现一个安全补丁时，系统管理员就要重复执行登录到每台服务器上进行检查，确定服务器的系统及软件版本，查看是否需要升级，再下载补丁，安装补丁，重启服务器，最后验证是否安装成功这样的升级步骤。这么做会使安装补丁成为苦力活，如果需要安装的补丁越多则需要很长的时间和很多精力。当一个系统管理员发现每台服务器都有几个补丁要升级，而管理超千台服务器的时候，他就很有可能直接选择忽略了。

所以补丁管理应实现自动化，建议建立一个补丁分发系统，配合安全配置管理库、配置管理及变更管理过程来快速查询服务器运行哪些软件以及软件的版本信息，最好能够将补丁服务器上的补丁推送到相应的服务器进行部署、安装。

使用自动化补丁分发应遵循以下原则。

- 原则一，务必要验证补丁的来源及有效性，经过在测试环境中验证有效才可以上传到补丁服务器。
- 原则二，务必将补丁安装、部署进行优先级排序，不可盲目将补丁都推到所有服务器上同时进行安装，确保补丁逐步安装，保证业务不会受到影响。

补丁管理是为了维持稳定的业务配置环境，通过补丁管理器及平台，使用补丁管理流程让业务系统以及承载业务系统的操作系统和应用程序保持稳定状态，防止被已知漏洞利用，使业务及系统更加安全稳定。

变更管理是为了适应各种因素的变化，对相应的软件、应用、策略及措施进行变更的管控过程，使企业安全防护力度不会因为变更而下降。

15.4 本章小结

希望读者了解安全运营中安全防护目标的相应内容，如目标识别，也就是资产管理，这用来标明需要保护的资产；而防护基线，即配置管理，是为了建立资产的基本防护要求和基线；管理变更控制的变更管理是为了应对各种变化且使安全防护策略及措施始终有效的管控过程，最终使防护目标一直在有效的安全防护策略的保护之中。

第 16 章

保持防护状态

保持防护状态是指安全组织在安全建设工作中将安全防护目标的安全防护水平保持在一个安全稳定的状态。

当安全组织确认了在安全运营中的安全防护目标及安全基线，就应该通过主动或被动的方式及手段保持目标的安全防护状态，不会因为外部及内部的因素导致安全防护水平的下降。如保持良好的安全防护状态，就应该开发安全产品、做好供应链管理、关注威胁情报、开展日常安全监控和安全扫描等活动。

16.1 开发安全产品

开发安全产品，也就是安全开发（Security Development），它是指以交付安全的产品为目标，通过将安全人员或安全能力引入业务产品的整个设计开发流程中，从而保证业务产品的安全性。其主要包括安全开发生命周期以及 DevSecOps 安全理念。

16.1.1 安全开发生命周期

安全开发生命周期（SDL）是微软提出的软件开发安全生命周期管理的一种最佳安全实践。早在 2004 年，微软就将 SDL 作为全企业的计划和强制安全策略。SDL 的核心理念就是将安全功能集成在软件开发的需求分析、设计、编码、测试和维护的每一个阶段。从设计、开发到上线产品的每一个阶段都增加了相应的安全活动，尽量在业务上线前将安全风险降到最低程度，提高业务的安全性及稳定性。

1. SDL 各阶段

SDL 是指安全介入设计、开发、测试、上线、运行、下线的整个过程，在各阶段都考虑了相应的安全特性，如图 16-1 所示。

SDL 的各阶段所考虑的安全特性主要包括以下内容。

在设计阶段，通过安全知识库以及威胁建模，增强产品和开发相应人员的安全意识，在产品设计阶段就能考虑安全需求，使产品更加安全稳定。

在开发阶段，通过编码要求、最佳安全实践，以及开发过程中调用安全类库，提高代码的安全性，减少安全隐患。

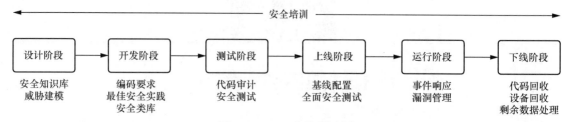

图 16-1　SDL 各阶段示例

在测试阶段，对项目进行代码审计及安全测试，从而提高产品安全性和稳定性。

在上线阶段，对上线的产品及服务器进行基线配置，同时进行全面安全测试，对承载业务产品的服务器及关联系统进行测试，减少由于其他系统的脆弱性给产品带来的风险。

在运行阶段，安全部门通过对安全事件的响应以及对安全漏洞的管理，使产品在运行阶段稳固运行，使业务持续提供服务。

最后，在下线阶段，督促对下线产品进行代码回收、设备回收，以及剩余数据处理，同时对无人管辖并存在重大安全隐患的产品进行紧急下线保护，避免下线产品对企业产生风险。

最重要的是安全培训，它贯穿整个 SDL，通过针对性的培训让业务、产品、技术的相应人员了解相应安全知识及技能，掌握降低安全风险的方法和手段，增强安全意识。

2．SDL 基本原则

SDL 基本原则主要有以下几个方面。

- 攻击面收敛，指应尽量减少黑客可能发现并试图利用的攻击面数量。攻击面是指任何能被用户或者其他程序所访问到的部分，包括代码、接口、协议、服务等一切能暴露给黑客的部分。安全人员需要对攻击面进行分析，尽量减少攻击面，提高黑客攻击的成本。
- 用户隐私保护，指应考虑用户隐私问题，建立保护个人隐私信息的措施。用户使用软件时无法避免个人信息被收集、使用，企业有责任和义务在软件设计时就应该考虑用户隐私问题，比如设计用户协议和隐私协议明确告知用户并征得用户同意，建立保护个人隐私信息的措施，抵御敌对攻击行为，确保用户隐私数据的安全。
- 权限最小化，指应合理分配相应的权限，只授予实现功能所需的最小权限。在进行软件设计时，安全人员可以评估业务产品的功能以及实现功能所需的最小权限，从而合理分配产品相应权限。即便被黑客攻陷，使其在获得权限后必须提升权限才可以进行下一步动作，给安全团队留下更多时间来定位和溯源。
- 威胁建模（Threat Modeling）是一种分析应用程序威胁的过程和方法，这里的威胁是指黑客或恶意用户。作为 SDL 设计阶段比较重要的一部分，威胁建模在新产品/新系统开发的设计阶段介入，增加安全需求说明。通过威胁建模满足软件安全设计工作，旨在识别潜在的安全问题并实施相应缓解措施。在设计阶段发现潜在的威胁有助于威胁被全面和有效地解决，同时也有助于降低开发和后期维护的成本。

简单的威胁建模过程如图 16-2 所示。

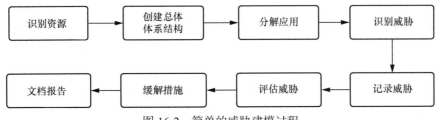

图 16-2 简单的威胁建模过程

第一步，识别资源。找出必须保护的资源。

第二步，创建总体体系结构。利用简单的图表来记录应用程序的体系结构，包括子系统、信任边界和数据流。

第三步，分解应用。分解应用的体系结构，包括基本的网络和主机基础结构的设计，从而为应用创建安全配置文件。创建安全配置文件的目的是发现应用的设计、实现或部署配置中的缺陷。

第四步，识别威胁。通过对应用体系结构和潜在缺陷的了解，利用 STRIDE 模型找出可能影响应用的威胁。

第五步，记录威胁。利用通用威胁模板记录每种威胁。该模板定义了一套要捕获的各种威胁的核心属性。

第六步，评估威胁。利用 DREAD 模型对威胁进行评估以区分优先顺序，制定并验证对应的缓解措施，优先处理重要的威胁，评价过程要权衡威胁的可能性，以及攻击发生时可能造成的危害。

第七步，缓解措施。针对每个威胁提供相应的缓解手段，并验证每个威胁是否真正得到缓解。

第八步，文档报告。将整个过程形成文档报告，发给相应人员。

有两个重要的威胁建模模型应简单了解，STRIDE 模型以及 DREAD 模型。

- STRIDE 模型是微软出品的安全威胁模型，可以将威胁分为 6 类，分别为欺骗（Spoofing）、篡改（Tampering）、抵赖（Repudiation）、信息泄露（Information Leakage）、拒绝服务（Denial of Service）、提权（Elevation of Privilege），如表 16-1 所示。

表 16-1   STRIDE 模型

威胁	安全属性	定义	举例	缓解手段
欺骗	认证	身份欺骗	使用其他用户账号	密码防爆破、认证失败锁定账号、验证码等
篡改	完整性	恶意修改数据	修改订单价格	ACL、数字签名、消息认证码等
抵赖	审计	拒绝承认有过某行为	拒绝承认其修改配置的行为	多因素认证、日志记录及审计、数字签名、保护时间戳等
信息泄露	保密性	敏感信息被泄露	用户手机号信息被泄露	加密、访问控制
拒绝服务	可用性	资源耗尽，用户无法访问	受到攻击导致网站不可访问	高可用性架构、流量清洗、用户配额等

续表

威胁	安全属性	定义	举例	缓解手段
提权	授权	非特权用户非法获得特权访问权限	一般用户提升到管理员权限	特权管理、角色权限控制、访问控制等

STRIDE 模型主要应用于软件的威胁识别，描述了攻击者的入侵方式，以便用户能够确定保护系统所需的缓解控制措施。

- DREAD 模型，同样是微软出品的威胁评估模型，可分为 5 个维度，分别为潜在损害（Damage Potential）、可重复性（Reproducibility）、可利用性（Exploitability）、受影响用户（Affected Users）以及可发现性（Discoverability），如表 16-2 所示。

表 16-2　　　　　　　　　　DREAD 模型

维度	威胁程度高（3）	威胁程度中（2）	威胁程度低（1）
潜在损害	获取完全验证权限，执行管理员操作，非法上传文件	泄露敏感信息	泄露其他信息
可重复性	攻击者可以随意再次攻击	攻击者可以重复攻击，但有时间限制	攻击者很难重复攻击过程
可利用性	初学者短期能掌握攻击方法	熟练的攻击者才能完成攻击	漏洞利用条件非常苛刻
受影响用户	所有用户，默认配置，关键用户	部分用户，非默认配置	极少数用户，匿名用户
可发现性	漏洞很显眼，很容易获得攻击条件	在私有区域,部分人能看到，需要深入挖掘漏洞	发现漏洞极其困难

DREAD 模型对威胁进行评估和计算，从而确定威胁的优先顺序。

安全组织在进行威胁建模时会充分利用这两个模型，通过 STRIDE 模型找出可能影响应用的威胁，再利用 DREAD 模型对威胁进行评估以区分优先顺序，制定并验证对应的缓解措施。

以微软威胁建模工具进行简单的威胁建模，基本流程如图 16-3 所示。

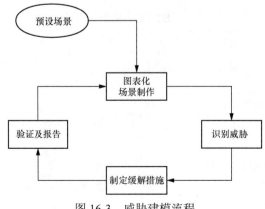

图 16-3　威胁建模流程

16.1 开发安全产品

第一步,预设场景。如现在有一个 Web 服务,它是一个系统的后台,后端连接数据库。管理员通过执行命令可以改变数据库配置。

第二步,图表化场景制作。通过工具设定外部实体、数据流、过程以及数据库之间的流程,制作示意图,如图 16-4 所示。

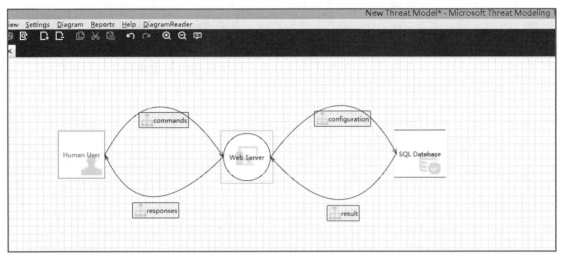

图 16-4 微软威胁建模图表化场景示意

第三步,识别威胁。执行威胁分析工具,通过 STRIDE 模型找出可能影响应用的威胁,共找到 10 个高危漏洞,可根据 DREAD 模型对威胁进行排序,如图 16-5 所示。

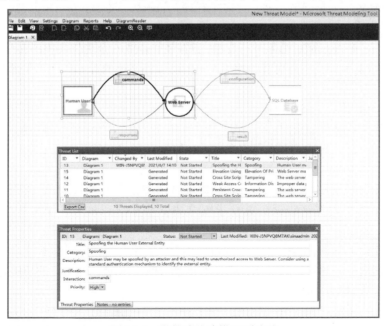

图 16-5 微软威胁建模识别威胁

169

第四步，制定缓解措施。提供每个威胁的缓解手段，如身份欺骗的威胁，需要使用增加认证机制、密码复杂度要求、验证码，或者使用多因素认证等手段进行缓解。

第五步，验证及报告。验证每个威胁是否得到缓解以及缓解措施是否正确，最终形成报告，通报给业务部门。

至此，一个简单的微软威胁建模例子就完成了。

最后，通过知识库及培训，让产品、技术的相应人员了解相应安全设计知识，包括软件的默认运行环境，考虑如何降低安全风险，如何进行安全设计，以及如何做是正确的，如何做是错误的；如何制定针对性的安全方案，以及在不同的层面、不同的角度对业务系统提升整体安全防护水平的建议及解决方案。

16.1.2　DevSecOps 安全理念

Gartner 早在 2012 年提出了 DevSecOps 安全理念。该理念将安全定义为整个 IT 团队（包括开发、运维、测试以及安全）所有成员的责任，贯穿整个软件开发生命周期每一个环节，让业务、技术和安全团队成员协同工作从而产出更安全的产品。

简单来说，DevSecOps 就是将安全完全融入产品的开发及运维的流程中，使开发和运维团队拥有更强的安全意识、更多的安全责任和安全活动。

1．DevSecOps 原则

DevSecOps 的目标是快速获得安全的产品及软件以满足业务的需求。为了满足需求，将软件开发、运营和安全整合到一个协作系统中，使所有的成员在该系统中共同努力，可以在软件开发和部署之前就主动解决安全问题。如通过定义有意义的指标，使 DevSecOps 实践与业务目标保持一致。这样有助于建立所有成员都认同的基于目标结果的基线，帮助团队定义一组共享的指标并确定其优先级，通过基线指标对结果进行度量，旨在建立企业安全责任共担的文化。在 DevSecOps 能够发挥作用的企业中，关注的更多是关于人员的增加和文化的提升，而不是那些用来完成工作的工具。

DevSecOps 的重要安全原则包括以下内容。

- 安全左移（Shift Security Left）通过关注研发流程的"左边"，也就是在更早的环节（设计、编码、自动测试）中进行安全介入和管控，提供有效的工具，同时需要安全人员对其他人员进行更多的安全培训，从而增强安全意识，以此帮助构建更安全的系统。
- 默认安全（Secure by Default）通过提供默认安全的开发框架或者默认安全的组件可以更好地防止犯低级错误，并要求安全团队要参与到整个系统架构、基础设施等的建设中。
- 运行时安全（Runtime Security）通过加强上线后运行时的异常监控和攻击阻断能力，重点在识别内外部的安全风险上，需要有更加及时、快速、自动化的风险监控、发现、阻断、恢复等的手段和机制。
- 安全即代码/管道（Security as Code/Pipeline）就是确保了适当的安全规则、协议在整个基础设施统一部署，有助于加快部署并使用管道的版本控制和自动化。提供可使用且易于理解的安全工具,让这些工具进行配置和运行,保证这些工具能以合适的方式融入流水线中,融入各个流程中,成为 DevSecOps 工具链中的一环,确保安全测试和检查服务能够自动化和自助化并且提供快速且清晰的反馈。
- 基础设施即代码(Infrastructure as Code,IaC)用于确保大规模场景下配置、环境和系统行为等的一致性,通过版本控制、代码审计、重构、动静态分析、自动测试等手段持续交付流水线来验证和部署 IaC,确保标准化、可审核,并且使之更安全,减小攻击者发现和利用运维漏洞的概率。
- CI/CD 是构建软件和完成初始测试的自动化过程。将安全嵌入 CI/CD 流水线中,实现安全左移,从而提高产品安全性。

除了以上原则,还要特别关注安全建设的衡量和实际效果的持续评估和改进。

2. DevSecOps 安全工具链

Gartner 在 2019 年的一篇文章中,提供了经过调研和分析之后认可的一个比较全面的实践清单(在 DevOps 的工具链基础上,增加 Sec 工具链实践),DevSecOps 安全工具链由一系列关键路径和持续的关键步骤中的措施和机制组成,周而复始地运转,如图 16-6 所示。

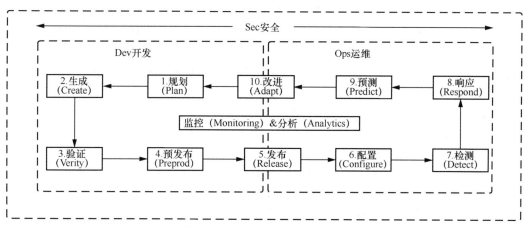

图 16-6　DevSecOps 安全工具链

DevSecOps 安全工具链各阶段的工作如下。

在规划阶段,除了编码安全规范、使用威胁建模方法论和相应工具以外,还可以使用安全自查表、安全知识库等方式,进行软件需求和设计阶段的安全评估。

通过建立一个合适的度量单位和指标来对人员的安全能力进行评级与管理,然后有针对性地进行安全流程和安全工具的使用培训,让研发人员有自发的安全意识,使他们能更多发现安全问题,并进行改进。

在生成阶段,统一开发环境及软件来源,通过各类安全漏洞扫描、开源组件版本检查甚至是代码质量、代码风格统一等的工具,让研发人员在编码时发现和消除一些潜在的安全风险。

在验证阶段,将相应的自动化测试工具融入开发测试流程中,发现问题并进行改进,相关的工具例如主机安全扫描工具、配置基线加固检查工具、代码审计工具、白盒测试、静态应用安全测试（Static Application Security Testing，SAST）工具、动态应用安全测试（Dynamic Application Security Testing，DAST）工具以及交互式应用安全测试（Interactive Application Security Testing，IAST）工具等。

在预发布阶段，将所有的模块组成整体进行测试，通过多种手段发现产品的安全问题，并最大限度地测试程序的健壮性，包括主机环境验证、数据库安全验证、App 加固、集成测试等。

在发布阶段，建立相应的发布流程，App 在发布前需要进行证书和软件签名，并确保应用市场合规合法。

在配置阶段，将各种安全防护措施组合起来，建立层级纵深防御机制。哪怕单个层次的安全措施和机制失效或被绕过，还有其他层次可进行防御，如完整性检查、签名验证、RASP 机制等。

在检测阶段，通过内外部渗透测试或安全测试工具（如扫描工具、流量分析工具等）对在线应用进行检测，目的是在攻击者之前发现问题并修复。

在响应阶段，安全组织为了应对各种意外事件的发生而做准备以及在事件发生后采取措施，通过建立相应的团队、准备相应的工具，并建立相应流程，对发生的安全事件进行响应及处理。

在预测阶段，根据内外部安全情报、各类日志（如防火墙或者 RASP 日志）分析，使用自动化的 SOC 对可能发生的安全事件进行快速、准确的预测、响应。

在改进阶段，保持当前的安全状态并进行持续监控，出现问题及时修正并改进。

除此之外，伴随整个流程对应用系统内外行为、日志记录、系统性能，以及安全事件进行监控和分析，持续完善及改进，从而提高业务产品安全性及稳定性。

DevSecOps 的有效执行还有 3 个重要方面：企业文化、技术以及流程。在企业文化方面，应该强调安全是每个人应该考虑的问题，每个人都应该为安全负责，每个人都应该参与到安全中。在技术方面，构建安全工具链，实现更多的自动化安全检测。在流程方面，建立相关安全流程，加强不同团队的协作，安全需要嵌入开发和运维流程。

漏洞越早发现，修复的成本越低。无论是 SDL 还是 DevSecOps，都是在软件开发生命周期开始前引入安全理念，从根源上解决安全问题，将安全嵌入整个流程中，通过对开发流程的安全控制，保证业务产品的安全交付，提高企业整体安全水平。

16.2 供应链管理

传统意义的供应链是指企业生产过程中对信息流、物流、资金流的控制，对整个供求关系进行计划、协调、控制和优化的各种活动和过程，如采购原材料、制成中间产品以及最终产品，最后由销售网络把产品送到消费者手中，它是由供应方、生产方、销售方到用户组成的相互依赖的一个整体网链模式。

供应链包括供应方（提供人员、程序组件、服务、工具或数据等）、生产方（利用供应方提供的服务产出内容或产品的主体）、销售方（产品分发或供应渠道，如在线商城等）以及用户（使用企业提供服务的主体），如图 16-7 所示。

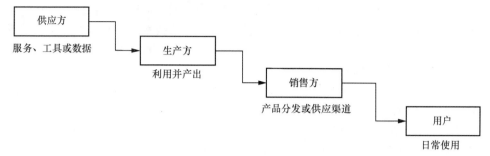

图 16-7　供应链示例

简单来说，供应链安全管理（Supply Chain Security Management）是指企业通过安全策略，对企业供应链上下游拥有依赖关系的人员、信息、程序、数据、服务及相关厂商进行识别及评估，避免由于供应链问题导致企业出现安全风险。

当与企业有数据交互的合作伙伴被网络安全风险影响时，可能会给企业带来新的安全风险。安全组织应该设计及执行相应的安全控制措施，确保合作伙伴访问的网络与企业生产环境隔离、访问权限得到控制、访问行为进行审计等，从而减少因合作伙伴的违规行为给企业造成的损害。

如果企业没有考虑到供应链中的潜在风险，那么当上下游供应商或业务合作伙伴（第三方）的供应链网络遭到攻击时，通常会让企业措手不及。企业应对任何供应商以及可以访问其数据或网络的商业伙伴进行评估及调查，通过有效的安全管理策略，制定相应的合同安全条款，使所有供应商或承包商都遵守信息安全最佳实践，确认相应的 SLA，定期进行评估和测试，以确保不存在可能威胁企业的安全问题。

SLA 是指提供服务的企业与客户之间就服务的品质、水准、性能等方面所达成的双方共同认可的协议或契约。

供应链安全覆盖的范围应该包括第三方供应链和软件供应链两个方面。

16.2.1　第三方供应链管理

第三方供应链管理指所有涉及企业上下游的第三方管理，如第三方接入企业、作为第三方接入其他企业、外包人员以及外派员工等。

1. 第三方接入企业

当第三方接入企业内部，或者与企业有直接的数据交互，就应该对其进行安全管理。合同中应进行相应接入安全约束，确认 SLA，并进行日常的安全监控，对接入企业的第三方业务服务器进行日常安全管理。如使用安全漏洞扫描系统，检测是否有由于第三方管理不善造成的安全事件，如应用中断（计划内、计划外）、网络中断、病毒事件、恶意入侵（端口扫描、口令试探、拒绝服务攻击）等。如发生以上安全事件，第三方有责任和义务配合安全人员进行安全修复，并将安全事件的影响降到最低。

针对第三方接入企业的安全建议如下。
- 管理安全,第三方员工应该定期接受适当的安全培训,培训内容包括各类安全制度、信息系统运维手册和应急预案等。应审查第三方员工的技术能力和背景资料,并签署适当的保密协议。第三方员工应知道企业生产运行值班台的联系方式,发生与本企业业务相关的安全事件时应及时通知本企业。
- 机房安全,机房需划分区域进行管理,区域和区域之间设置物理隔离装置,各区分别实行不同的防护措施,机房需使用人工或 CCTV 监控系统监视敏感区域。
- 网络安全,为阻止非授权用户对内网中敏感数据的访问,需采取物理隔离、划分 VLAN、主机路由等方式分隔不同的用户和信息系统。定期对网络和网络安全设备的内部或外部进行审计,来验证其配置或策略是否适合于第三方的安全要求。需在网络边界及核心业务网段处对恶意代码(主要是病毒和木马)进行检测或清除。
- 系统与应用安全,需定义硬件的非正常状态,并在故障持续预设定的时间后,作为安全事件进行报告。需定期对设备进行检查,确保运行安全,并确认关键的生产设备都在维护期内,设备维护需建立维护记录制度。

主机和应用系统采用两种以上组合的鉴别技术实现用户身份鉴别。软件或系统的配置更改、补丁安装以及升级需受内部变更管理控制,需保留相应的日志。需记录并定期查阅生产系统设备中的所有软件名称及版本,并对关键软件的参数配置以及安装文件进行备份以防止意外损坏。

需建立生产系统变更操作的审批和实施流程。需制定变更计划,按计划实施变更;在变更实施前制定、评审并测试变更方案;在变更实施时,要求双人复核。

- 恶意代码防护,需配备相应的人员负责恶意代码防护工作的日常管理及维护,监控计算机系统恶意代码防护情况,定期查看恶意代码威胁日志,并对日志中的威胁记录进行处理。在装载外部介质上的数据和程序之前必须对外部介质进行扫描以防止病毒。
- 数据备份计划,涉及本企业业务的应用系统数据需每日进行增量备份,定期进行全量备份。备份的数据需定期进行同城异处存放,并定期进行备份数据恢复,以检验备份数据的有效性。

除此之外,第三方还应制定信息系统运行安全应急预案和应用系统运行安全应急预案,并指定相关员工负责管理。应急预案需包括病毒感染、网络攻击、数据丢失或被篡改、业务连续性被破坏等事件发生后的应急处置步骤,需定期进行应急演练,并进行书面记录。

2. 作为第三方接入其他企业

作为第三方接入其他企业,或者与其有直接的数据交互,应满足其接入安全要求。

针对第三方接入其他企业的安全建议如下。
- SLA 确认。
- 建立人员联系树,出现问题后可以随时进行沟通。
- 尽量对企业划分区域进行管理,区域和区域之间设置物理隔离装置。
- 阻止非授权用户对敏感数据的访问,需采取物理隔离、划分 VLAN、主机路由等方式分隔不同的用户和信息系统。

- 定期对设备进行检查,确保运行安全。
- 主机和应用系统采用双因素认证实现用户身份认证。
- 软件或系统的配置更改、补丁安装以及升级需受内部变更管理控制,需保留相应的日志。
- 有专门的人员负责恶意代码防护工作的日常管理及维护,监控计算机系统恶意代码防护情况,定期查看恶意代码威胁日志,并对日志中的威胁记录进行处理。
- 制定应急预案,应急预案需包括病毒感染、网络攻击、数据丢失或被篡改、业务连续性被破坏等事件发生后的应急处置步骤,定期进行应急演练,并进行书面记录。
- 涉及本企业业务的应用系统数据需每日进行增量备份,定期进行全量备份。备份的数据需定期进行同城异处存放,并定期进行备份数据恢复,以检验备份数据的有效性。

除此之外,第三方机构接入其他企业内部,在满足其安全要求后,应该明确服务及业务相应的环境运行要求,对业务进行日常的安全监控,出现异常时及时处理。

3. 外包人员

外包人员是指某些企业为了节省成本把某部分不涉及商业机密的业务或重复性工作,如值班、监控值守、系统运维等,承包给某个外包企业,通过此类获取的人员外包服务。

外包人员在日常工作中可能存在泄密、操作失误造成系统瘫痪、植入病毒或预留后门、对外包商过度依赖等安全隐患,应当在合同中提及相应的安全要求。

针对外包人员的安全建议如下。

- 满足国家法律法规方面的要求,例如国家安全相关法律、数据保护相关法规等。
- 确保外包合同各个签约方(包括分包合同签约方)都清楚他们的安全责任,进行 SLA 确认。
- 知识产权和产权责任以及对所有合作项目的保护。
- 服务控制协议,包括许可的访问方法、对唯一标识(比如用户 ID 和密码)的管理和使用、对用户访问和特权的授权程序。要求保留一份表,其中包括人员的唯一 ID、人员的权限、人员得到授权可以使用的服务,以及相互之间的对应关系。
- 定义可以验证的业绩标准,以及对它们的监测和报告。
- 为外包的设备提供物理安全保护。
- 审查外包人员的权力。
- 对人员的培训包括工作流程、技能培训及安全培训。
- 防范恶意软件的管理措施。
- 安全事件和安全漏洞的报告、通知和调查的规程。
- 外包合同应当允许在双方同样的安全管理计划中扩展安全要求和安全管理程序。

企业也应该定期监督、评审和审核服务供应商提供的服务资格和资质,并对多家服务供应商进行筛选,选择合适的服务供应商。外包人员可能会带来一些安全问题,但通过外包合同约束,以及对外包人员的培训以及监控,还是可以让外包人员更好地处理相应的工作,降低风险发生的可能性,降低企业成本。

4. 外派员工

企业外派是指劳动力输出,也称为劳务外派。外派是由外派企业作为员工的法定雇主,与用工单位签订劳务外派协议,用工单位负责外派员工的工作管理,外派企业负责外派员工的人事管理,可省去用工单位人事行政管理的大部分工作。

外派员工分为两类,一类是外派至国外的项目工作,另一类是外派至企业所在城市以外的其他城市工作。除确认SLA外,由于外派人员工作地与劳动合同管理地不一致,工作地法律法规与劳动合同管理地的可能存在不一致,涉及法律适用问题。另外,外派员工如不了解企业的安全管理要求,可能引发新的安全风险。

针对外派员工的安全建议如下。

- 关于法律法规适用标准的问题。如果外派员工在国内,需遵守国内及企业相应法律法规。如果外派员工在国外,除遵守企业法规外,还需遵守国外相应的法律法规。
- 关于人员安全管理的问题。外派员工的另一个安全管理重点就是可能引发的安全风险。让外派员工签署保密协议,参加企业相应的安全培训,遵守企业相应安全制度条款及所在地区的法律法规,将大大降低风险。

安全组织应在满足一定SLA的条件下,建立相应的安全策略,识别第三方供应链相关的安全风险,制定有效的安全措施,从而保护企业资产。

16.2.2 软件供应链管理

软件供应链攻击是一种针对企业供应链的新兴威胁,给企业安全防护带来了新的挑战。

软件供应链可划分为开发、交付、运行3个大的环节,每个环节都可能会引入供应链安全风险从而遭受攻击,上游环节的安全问题会传递到下游环节并被放大,如图16-8所示。

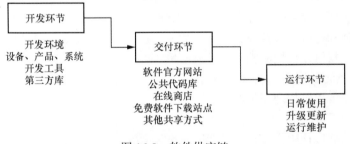

图16-8 软件供应链

在软件供应链各环节中涉及的内容如下。

在开发环节,是指软件产品在开发人员进行代码开发的时期,包括软件开发所涉及的开发环境、设备、产品、系统、开发工具、第三方库等。针对开发节点的攻击有开发工具污染、第三方库漏洞、后门、源代码污染等。

在交付环节,是指用户获取所需软件产品的时期,包括从软件官方网站、公共代码库、在线商店、免费软件下载站点、购买软件安装光盘等存储介质、资源共享等方式获取。针对交付节点的攻击有软件替换、工具篡改、捆绑下载等。

在运行环节,是指用户安装并使用软件的时期,包括软件产品的升级更新、重安装、维护等。针对运行节点的攻击包括升级劫持污染、运行环境后门和漏洞、第三方库零日漏洞等。

典型的基于软件供应链的攻击的安全事件如下。
- 针对开发工具的污染，Xcode 非官方版本恶意代码污染事件。

Xcode 是由苹果公司发布的运行在操作系统 Mac OS X 上的集成开发环境（Integrated Development Environment，IDE），是开发 Mac OS X 和 iOS 应用程序的主流工具。2015 年 9 月 14 日，一例 Xcode 非官方版本恶意代码污染事件被披露，多数分析者将这一事件称为 "XcodeGhost"。攻击者通过向非官方版本的 Xcode 注入病毒 XcodeGhost，它的初始传播途径主要是通过下载非官方的 Xcode 传播，通过 CoreService 库文件进行感染。当应用开发者使用带毒的 Xcode 工作时，编译出的 App 都将被注入病毒代码，从而产生众多携带病毒的 App。至少 692 种 App 受污染，过亿用户受影响，受影响的 App 包括微信、滴滴出行、网易云音乐等。

- 源代码污染，远程终端管理工具 Xshell 后门事件。

Xshell 是 NetSarang 开发的安全终端模拟软件，2017 年 7 月 18 日发布的该软件被发现有恶意后门代码，该恶意后门代码存在于有合法签名的 nssock2.dll 模块中。从后门代码的分析来看，黑客极有可能入侵了相关开发人员的计算机，在源代码中植入后门，导致官方版本也受到影响。并且由于.dll 文件已有官方签名，众多杀毒软件依据白名单机制没有报毒。该后门代码可导致用户远程登录的信息泄露，针对开发、运维人员，估计有十万级别用户受影响。

- 厂商预留后门，家用路由器后门事件。

各类家用路由器厂商在开发过程中忘记删除测试版本中的调试后门，也有部分厂商为了方便售后管理会在路由器中预留各类超级后门。调试后门或者预留的超级后门可被攻击者直接登录获得 root 权限，从而获得对路由器的控制权。由于这类安全事件频繁发生，故将其统一归为一类。

- 捆绑下载，异鬼 II 木马。

2017 年 7 月被曝光的异鬼 II 木马通过高速下载器传播。隐藏在正规刷机软件中，带有官方数字签名，导致大量安全厂商直接放行。木马的卷引导记录（Volume Boot Record，VBR）感染模块、恶意功能模块均由云端下发，攻击者可任意下发功能模块到受害者计算机执行任意恶意行为，包括篡改浏览器主页、劫持导航网站、后台刷流量等。该木马通过国内几大知名下载站的高速下载器推广，影响百万台机器。

- 物流链劫持，"方程式"组织硬盘固件程序攻击。

卡巴斯基实验室自 2015 年 2 月 16 日起发布系列报告，披露了一个网络攻击组织："方程式"组织（Equation Group）。该组织拥有一套用于植入恶意代码的超级信息武器库（在报告中披露了其中 6 个），其中包括两个可以对数十种常见品牌的硬盘固件重编程的恶意模块，这可能是该组织掌握的最具特色的攻击武器之一，同时也是首个已知的能够感染硬盘固件的恶意代码。而通过相关安全企业分析的结论可以看出，在此次硬盘固件程序攻击事件中可以做到如此有针对性（特定目标、行业），部分攻击方式极有可能属于物流链劫持，即在特定目标采购、返修主机或硬盘的过程中修改了硬盘固件。

- 网管软件供应链攻击——SolarWinds Orion。

2020 年 12 月 13 日，FireEye 发布了关于 SolarWinds 供应链攻击的通告。基础网络管理软件供应商 SolarWinds Orion 软件更新包被黑客植入后门，并将其命名为 SUNBURST，与其相关的攻击事件被称为 UNC2452。SolarWinds 的客户主要分布在美国，不乏世界 500 强企业。随着时间的推移，事件逐渐发酵，越来越多的事实正在被逐步发掘。本次供应链攻击事件，波及范围极大，包括政府部门、关键基础设施以及多家全球 500 强企业，造成的影响目前无法估计。

- 开源软件供应链攻击——Apache Log4j2。

2021 年 11 月 24 日，阿里云安全团队向 Apache 官方报告了 Apache Log4j2 远程代码执行漏洞（CVE-2021-44228）。由于 Apache Log4j2 组件在处理程序日志记录时存在 JNDI（Java Naming and Directory Interface，Java 命名和目录接口）注入缺陷，未经授权的攻击者利用该漏洞，可向目标服务器发送精心构造的恶意数据，触发 Apache Log4j2 组件解析缺陷，实现目标服务器的任意代码执行，获得目标服务器权限。Apache Struts 2、Apache Solr、Apache Druid、Apache Flink 等均受影响，全球许多知名企业都面临着巨大的风险，其中包括微软、苹果、亚马逊、百度、Cloudflare、网易等企业。

因此，在日常安全运营中应建立供应链名单，设计及实施供应链安全管理策略，做好安全教育，增强员工安全意识，对上下游的产品及服务进行评估及审核，避免在引入新的设备、产品、技术和开发框架时，给企业带来新的风险。

16.3 威胁情报

情报在战争中发挥着重要的作用，威胁情报在企业商业竞争和信息安全对抗中的作用也不可小视。《孙子兵法·谋攻篇》有云："知彼知己，百战不殆；不知彼而知己，一胜一负；不知彼，不知己，每战必殆。"就是说如果了解对方同样也了解自身，那么每一次都可以战胜对方；不了解对方但了解自身，那么胜负概率各占一半；既不了解对方又不了解自身，那么每一次战斗都必然会有危险。早一步知道对方的战略、手段、决策等信息，这对每次战斗的结果都会起到决定性的作用，甚至会直接影响整个局势的走向。

Gartner 对威胁情报的定义：威胁情报是指某种基于证据的知识，包括上下文、机制、标识、含义和能够执行的建议。这些知识与资产所面临的已有的或酝酿中的威胁或危害相关，可为资产相关主体对威胁或危害的响应或处理决策提供信息支持，主要是为面临威胁的企业资产提供全面的、准确的、与其相关的并且能够执行和决策的知识和信息。

威胁情报的类型主要有战略威胁情报、运营威胁情报、战术威胁情报、技术威胁情报等。

- 战略威胁情报，从全局视角看待威胁环境和业务问题，它的目的是告知高层管理人员。战略威胁情报通常不涉及技术性情报，主要涵盖诸如网络攻击活动的财务影响、攻击趋势以及可能影响高层管理人员商业决策的领域。
- 运营威胁情报，主要与具体的、即将发生的或预计发生的攻击有关，帮助安全人员预测何时何地会发生攻击，并进行针对性的防御。
- 战术威胁情报，主要关注于攻击者的 TTP（Tactics Techniques and Procedures），指黑客或攻击者使用的特定策略、技术和程序，是描述高级威胁组织及其攻击的重要指标。其与针对特定行业或地理区域范围的攻击者使用的特定攻击向量有关，能帮助应急响应人员确保面对此类威胁攻击时准备好相应的响应和行动策略。
- 技术威胁情报，主要是失陷标识，如文件哈希值、IP 地址、域名、程序运行路径、注册表项,以及相关的归属标签等,帮助安全系统可以自动识别和阻断相应恶意攻击行为。

简单来讲,威胁情报(Threat Intelligence)就是通过对可信来源的证据信息进行收集和分析,预测外部即将要来临的安全风险,从而帮助管理者为保护企业关键资产做出更好的决策的信息。

16.3.1 威胁情报平台

威胁情报平台(Threat Intelligence Platform,TIP)是指安全组织对威胁情报进行管理,通过多源威胁情报的收集、关联、分类、共享和集成,以及与其他系统的整合,协助用户实现攻击的阻断、检测和响应,如图 16-9 所示。

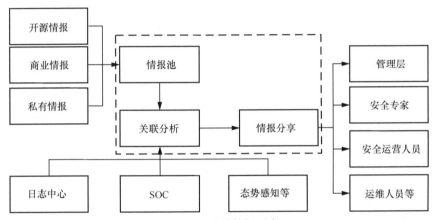

图 16-9 威胁情报平台

建立威胁情报平台的详细步骤如下。

第一步,明确需求和目标。明确需要保护的资产和业务,评估其遭受破坏和损失时的潜在影响,明确其优先级顺序。确认所需要的威胁情报类型,以及使用威胁情报期望实现的目标。

第二步,确认情报来源。通过统一情报格式,多源情报的来源和有效性有助于企业自身情报平台的建设,如专业厂商提供的威胁情报、行业非营利组织开源共享威胁情报、企业合作伙伴的内部网络事件情报、企业内部终端和部署的安全设备及系统产生的日志数据,以及针对社区及群组的情报监控,如漏洞库、贩卖数据情报群组等专业厂商提供的威胁情报、行业非营利组织开源共享威胁情报;企业合作伙伴的内部网络、终端和部署的安全设备及系统产生的日志数据。针对社区及群组的监控,如 CVE、CNVD、暗网,以及零日攻击、贩卖数据情报群组等。

第三步,自身情报生成。安全人员结合相关分析框架、方法和工具,在多源头、多维度的海量数据中提取与企业资产及业务相关的信息,并形成准确而有意义的企业情报数据。常用的威胁情报分析模型包括洛克希德·马丁(Lockheed Martin)的网络杀伤链(Cyber Kill Chain)和 MITRE 的 ATT&CK 矩阵。

大部分的攻击可能都会遵循这两个模型的步骤,如 APT 攻击,它利用多种多样的攻击手段对特定目标进行长期持续性网络攻击。它们在发动攻击之前会对攻击对象的业务流程和目标系统进行精确的收集，主动挖掘攻击对象信息系统和应用程序的漏洞，并利用这些漏洞和相应零日漏洞定制武器包。通过多种方式对目标进行攻击，如网络钓鱼邮件、社会工程学等方式。攻击者在成功入侵后可能会静默，直到特定条件下被唤醒，再窃取机密、回传资料并进行横向渗透，执行完毕，清除痕迹，进行持久化等操作。这种行为往往经过长期的经营与策划，并具备高度潜伏性和隐蔽性。APT 攻击行为目前正在迅速增长，所以必须借助生成的威胁情报进行不断的更新、优化来防御这些攻击。

第四步，使用及共享。当生成威胁情报后，更新企业威胁情报库，并将威胁情报按不同类型和内容分发给不同的人，如管理层、安全专家、安全运营人员、运维人员等。同时，将技术威胁情报分发并应用到 SOC、入侵检测系统、EDR 等产品中，提高企业安全防御设备的识别率，提升安全防护能力。

第五步，评估及优化。评估及优化用于确认威胁情报是否满足原始需求和是否达到目的，并根据需求进行目标调整。同时保证情报的时效性，及时收集、更新、淘汰，从而使情报数据更加准确。

安全组织通过建立威胁情报平台，可以对威胁情报进行全生命周期管理，从而全面提升企业的威胁检测和响应能力。

16.3.2 威胁情报格式

目前行业广泛使用的威胁情报格式有很多种，本书主要介绍由 MITRE 制定的 STIX 格式以及由 MANDIANT 制定的 OpenIOC 格式。

1. STIX 格式

结构化威胁信息表达（Structured Threat Information Expression，STIX），是由 MITRE 制定的用于交换网络空间威胁情报的语言和序列化格式。STIX 是免费的开源代码，借助 STIX，可疑、攻陷和溯源的所有方面的内容都可以使用对象和描述性关系来清晰地表达。STIX 信息可以直观地展示给分析人员，或者存储为 JSON（JavaScript Object Notation，JavaScript 对象表示法）格式以便机器快速读取。STIX 允许与现有工具和产品集成，可用于特定安全人员分析需求。

STIX 对象将每条信息与要填充的特定属性进行分类，通过关系连接多个对象，可以简化或复杂地表示网络空间威胁情报。

STIX2.1 定义了 18 个 STIX 字段对象（STIX Domain Object，SDO），具体如下。

- 攻击模式（Attack Pattern）是一种描述敌人试图危害目标的方式的 TTP。
- 攻击活动（Attack Campaign）是一组敌对的行为，描述一系列针对特定目标的恶意行为或一段时间内发动的攻击。
- 行动方式（Course of Action）是情报生产者向消费者提出的关于他们可能对情报采取何种行动的建议。
- 分组（Grouping）通过显式地断言引用的 STIX 对象得到一个共享的上下文，这与 STIX Bundle（它显式地不传递上下文）不同。
- 身份标识（Identity）是指实际的个人、组织或组（例如 ACME）以及个人、组织、系统或组的类别（例如金融部门）。
- 指标（Indicator）包含用于检测可疑或恶意网络活动的模式。
- 基础设施（Infrastructure）代表一种 TTP（Tactics, Techniques, and Procedures），TTP 是指黑客或攻击者使用的特定策略、技术和程序，是描述高级威胁组织及其攻击的重要指标，用来描述系统、软件服务等其他物理或虚拟资源。例如，攻击者使用虚拟机用于攻击，攻击目标是数据库服务器，安全人员使用安全设备或服务器进行防御。
- 入侵集合（Intrusion Set）是指一组敌对行为和具有共同属性的资源，这些行为和资源被认为是由单个组织策划的。
- 位置（Location）是指地理位置。
- 恶意软件（Malware）表示恶意代码的一种 HTTP 类型。
- 恶意软件分析（Malware Analysis）是对恶意软件实例或家族执行的特定静态或动态分析的元数据和结果。
- 记录（Note）用于传达信息文本，以提供进一步的上下文或提供附加分析，这些分析不包含在记录相关的 STIX 对象、标记定义对象或语言内容对象中。
- 观察数据（Observed Data）使用 STIX 网络可观察对象（STIX Cyber-observable Object，SCO）传递与网络安全相关的实体信息，如文件、系统和网络。
- 意见（Opinion）是指对由不同实体产生的 STIX 对象中信息的正确性的评估。
- 报告（Report）关注一个或多个主题的威胁情报集合，例如威胁参与者、恶意软件或攻击技术的描述，包括上下文和相关细节。
- 威胁主体（Threat Actor）为具有恶意行为的实际个人、团体或组织。
- 工具（Tool）是指威胁行动者可以使用的合法软件。
- 脆弱性是指黑客可直接用于进入系统或网络的软件中的错误。

定义了两个 SRO（STIX Relationship Objects，即 STIX 关系对象），分别如下。
- 关系（Relationship）用于连接两个 SDO（STIX Data Objects），来描述它们之间是如何与对方进行关联的。
- 瞄准（Sighting）表示网络威胁情报元素（如攻击指标、恶意软件）被看到的情况。

我们通过 STIX 威胁主体和身份对象建模例子来了解一下 STIX 的结构和关系。假设我们收到了一个威胁情报，近期有个被称为"D 团队"的互联网犯罪集团非常猖獗，他们主要通过盗取信用卡信息进行牟利，团队成员主要使用日语沟通，公开使用的电子邮件是"d-team@gmail.com"，还有个别名叫"JP D"。

我们使用威胁主体 SDO（STIX 字段对象）来识别在情报中获取与威胁主体相关的信息，例如目标和动机。使用身份标识 SDO 来表示联系人信息，用于威胁主体以外的其他信息进行建模。

需要注意的是，在这种场景下，D 团队是作为一个威胁主体 SDO，而不是入侵集合 SDO。他们可能会支持入侵集合，但是这些信息都是未知的。入侵集合是指包含多个攻击活动和目的的整个攻击集合。所以，在这种情况下，D 团队只是一个有目的的威胁主体。

name（名称）和 labels（属性标签）是威胁主体 SDO 的必需属性。labels 字段描述 D 团队是

第 16 章
保持防护状态

什么类型的威胁主体。假设 D 团队是有组织的、利益驱动的窃取财务信息的犯罪团伙,所以他们被标注为 crime-syndicate(犯罪集团)。

威胁主体 SDO 可以根据情报中的内容对威胁主体进行更完整建模。例如,aliases(别名)字段是指此威胁主体的其他名称。威胁主体可能有一个或多个 roles(角色)字段来描述他们的工作。例如,威胁主体可以赞助或指挥攻击,可以编写恶意软件。而在 D 团队的例子中,他们是以代理人的身份进行活动运作、发动攻击的,进而窃取财务信息。

像大多数威胁主体一样,D 团队的攻击中有一个特定的目标。因此,goals(目标)列表描述了威胁主体想要做什么。在此例中,D 团队的唯一目标就是窃取信用卡凭证。根据攻击者的 sophistication(精明)级别可以描述威胁主体具有的不同程度的专业知识,也就是攻击者的技能和知识。由于具有先进的攻击方法和熟练使用的工具或其他恶意代码,D 团队被标记为 expert(专家级),他们的 resource_level(资源等级)字段表明他们与个人或小规模的团队相比,规模更庞大、资金更充裕。最后,威胁主体通常有一个或多个攻击背后的动机。primary_motivation(主要动机)字段描述了发动攻击的主要原因。对 D 团队来说,窃取财务信息的动机被归入 personal-gain(个人利益)。

威胁主体的基本身份信息可以使用身份标识 SDO 进行建模。对于 D 团队,他们是一类 organization(组织),通过 identity_class(身份类别)字段进行获取。这是由于这种威胁主体更正式、更有组织性,而不是个人黑客或非正式的黑客群体。获取的另一个属性 contact_information(联系方式),表示邮件地址或电话号码等。对 D 团队而言,已经有了一个邮件地址。

那么,D 团队的信息是在威胁主体和身份标识 SDO 之间,通过 SRO 将这两个对象连接在一起,也就是通过 STIX 对象威胁主体与身份标识建立起联系。

下面的关系示例说明了威胁主体与身份标识 SDO 的 SRO,如图 16-10 所示。

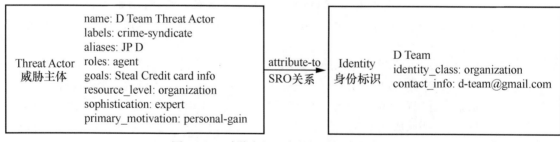

图 16-10 威胁主机和身份标识的关系示例

STIX 的对象是用 JSON 表示的,威胁主体和身份标识建模基于 JSON 的示例如下。

```
{
"type":"bundle",
"id":"bundle--c9567f73-3803-415c-b06e-2b0622830e5d",
"spec_version":"2.1",
"objects":[
```

```
{
"type":"threat-actor",
"id":"threat-actor--dfaa8d77-07e2-4e28-b2c8-92e9f7b04428",
"created":"2021-12-19T23:39:03.893348Z",
"modified":"2021-12-19T23:39:03.893348Z",
"name":"D Team Threat Actor Group",
"description":"This organized threat actor group operates to create profit from all types of crime.",
"labels":[
"crime-syndicate"
],
"aliases":[
"JP D"
],
"roles":[
"agent"
],
"goals":[
"Steal Credit Card information"
],
"sophistication":"expert",
"resource_level":"organization",
"primary_motivation":"personal-gain"
},
{
"type":"identity",
"id":"identity--733c5838-34d9-4fbf-949c-62aba761184c",
"created":"2021-12-23T18:05:49.307000Z",
"modified":"2021-12-23T18:05:49.307000Z",
"name":"D Team",
"description":"D Team is the name of an organized threat actor crime-syndicate.",
"identity_class":"organization",
"contact_information":"d-team@gmail.com"
},
{
"type":"relationship",
```

```
"id":"relationship--966c5838-34d9-4fbf-949c-62aba7611837",
"created":"2021-12-23T18:05:49.307000Z",
"modified":"2021-12-23T18:05:49.307000Z",
"relationship_type":"attributed-to",
"source_ref":"threat-actor--dfaa8d77-07e2-4e28-b2c8-92e9f7b04428",
"target_ref":"identity--733c5838-34d9-4fbf-949c-62aba761184c"
        }
    ]
}
```

STIX 使安全组织能使用统一标准的方式相互共享网络威胁情报（Cyber Threat Intelligence，CTI），使其他组织机构能够更好地了解他们最关心的网络与系统攻击情况，并能够设计可有效地预测和应对这些攻击的安全策略。

2．OpenIOC 格式

开放威胁指标（Open Indicator Of Compromise，OpenIOC）是 MANDIANT 发布的开源情报共享规范的框架。OpenIOC 是一种记录、定义以及共享威胁情报的格式，它通过借助机器可读的形式实现不同类型威胁情报的快速共享。

失陷指标（Indicator Of Compromise，IOC）是 MANDIANT 在数字取证实践中定义的可以反映主机或网络行为的技术指示器。IOC 以 XML 文档类型描述捕获的多种威胁的事件响应信息，包括病毒文件的属性、注册表改变的特征、虚拟内存等，是一种入侵后可以取证的指标，可以识别一台主机或整个网络。

IOC 通常由 3 个部分组成，分别是元数据部分、参考部分以及定义部分。

第一部分，元数据部分。IOC 元数据描述了以下信息，例如 IOC 的名称、作者以及简述。

第二部分，参考部分。在 IOC 的参考里面，可以有调查事件的名称或者编号、IOC 成熟度的评论等信息，有助于理解这个 IOC 适合放到威胁情报库中的什么位置。这个参考字段通常的用法是把 IOC 关联到特定的威胁组织。当与第三方共享 IOC 信息时，删除特定的参考字段的做法并不常见。

第三部分，定义部分。这是 IOC 的核心内容，包括调查人员决定编写 IOC 的关键内容。例如，可能包括一个文件的 MD5 值、注册表路径或一些在进程内存中发现的线索，所谓的指示器会列在这个定义字段里，或者组合到表达式里面，这些表达式通常由两个术语和一些布尔型逻辑运算符组成。OpenIOC 的其中一个特性特别有用，就是它可简单组合一些 AND、OR 的逻辑运算符。

OpenIOC 通过 XML 来实现，每个 IOC 实质都是一个复合指示器，通常会将多个指示器组合到一起作为一个 IOC，最终 IOC 在形式上就是一个复合表达式。当表达式值为真时，则该 IOC 命中（如作为攻击 IOC，命中时表示该机器存在失陷可能）。具体来说，需要明确几个术语。

- 表达式（Expression）定义了一个条件，当为真时，表明存在一个入侵行为。
- 简单表达式（Simple Expression）指没有使用 AND 或 OR 两种逻辑运算符的表达式。

- 复杂表达式（Complex Expression）指多个简单表达式通过 AND 或 OR 连接。
- IOC 指多个表达式的连接，可以是简单表达式、复杂表达式。

最佳的 IOC 是指只识别攻击者的活动，然后通过评估和收集 IOC，使攻击者不得不改变战术、工具或方法。

OpenIOC 具有很强的灵活性，同时具有最低的误报率，是在 MANDIANT 的事件响应过程的核心的一部分，OpenIOC 拥有一种有效、可靠的工作流程，如图 16-11 所示。

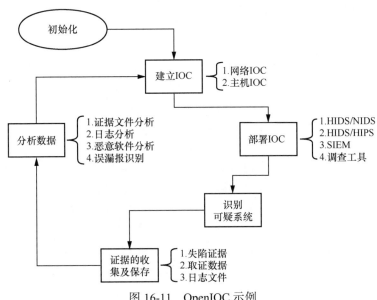

图 16-11　OpenIOC 示例

建立 IOC 的主要步骤如下。

第一步，初始化阶段，获取初始证据。

第二步，建立 IOC 阶段，根据主机或网络的异常行为获取最初的数据，初步分析获得的数据，并根据可能的技术特征建立 IOC。

第三步，部署 IOC 阶段，在企业网络中部署 IOC，应用到相应的安全系统，如主机或网络入侵检测系统（HIDS/NIDS）、主机或网络入侵防御系统（HIDS/HIPS）、安全信息及事件管理系统（SIEM）以及事件调查工具等。

第四步，识别可疑系统阶段，发现更多的失陷主机或系统。

第五步，证据的收集及保存阶段，证据收集的类型包括失陷证据、取证数据以及日志文件等方式，并进行妥善保存。

第六步，分析数据阶段，通过证据文件分析、日志分析、恶意软件分析以及误漏报识别等方式获取新证据，优化现有的 IOC。

OpenIOC 是用 XML 编写的，这是一个公认的可以编码数据的标准格式，并且在机器上是可读的，被用于不同标准化的数据通信中，对 OpenIOC 的用户提供了很大的好处。OpenIOC 的示例如下。

第16章
保持防护状态

```xml
    <short_description>CCAPP.EXE</short_description>
    <description>Custom Reverse shell.</description>
    <keywords />
    <authored_by>Mandiant</authored_by>
    <authored_date>2010-12-13T12:49:53</authored_date>
    <links>
    <link rel="grade">Alpha</link>
    </links>
    <definition>
    <Indicator operator="OR" id="d610019c-379f-4d3e-b299-f0b0e5c3313a">
    <IndicatorItem id="86d0e6fc-ff41-4743-8a9a-c323ef8ad8cb" condition="is">
    <Context document="FileItem" search="FileItem/Md5sum" type="mir" />
    <Content type="md5">9855c23be2b6f38630756a277b52cdd2</Content>
    </IndicatorItem>
    <IndicatorItem id="78c1c4c9-500f-40b3-be62-4c16b5058da9" condition="is">
    <Context document="FileItem" search="FileItem/Md5sum" type="mir" />
    <Content type="md5">acb81bee009b09b2a0688f05ea45851f</Content>
    </IndicatorItem>
    <Indicator operator="AND" id="3902a731-260b-49e8-84a5-77d2a420716e">
    <IndicatorItem id="034d5703-bc58-4a09-9333-e24cf4c41fe9" condition="contains">
    <Context document="FileItem" search="FileItem/PEInfo/Sections/Section/Name" type="mir" />
    <Content type="string">.vmp0</Content>
    </IndicatorItem>
    <IndicatorItem id="17dba1f2-9ee8-46a4-8b4f-c7ede9621c20" condition="contains">
    <Context document="FileItem" search="FileItem/PEInfo/DetectedAnomalies/string" type="mir" />
    <Content type="string">checksum_is_zero</Content>
    </IndicatorItem>
    <IndicatorItem id="50ae07d2-90ab-45b9-8424-d998db6debba" condition="contains">
    <Context document="FileItem" search="FileItem/PEInfo/Sections/Section/Name" type="mir" />
    <Content type="string">.vmp1</Content>
    </IndicatorItem>
```

```xml
<Indicator operator="OR" id="d9ed6d3a-7141-418d-9ee9-79254b45348a">
<IndicatorItem id="c4638d8f-d5fb-48b4-80b3-49c178cf73b7" condition="is">
<Context document="FileItem" search="FileItem/FileName" type="mir" />
<Content type="string">wbc.exe</Content>
</IndicatorItem>
<IndicatorItem id="76cbdd31-1af4-4fad-9d20-f879f3cb159d" condition="is">
<Context document="FileItem" search="FileItem/FileName" type="mir" />
<Content type="string">ccapp.exe</Content>
</IndicatorItem>
</Indicator>
<Indicator operator="OR" id="05a19916-392a-4835-8be2-1ab385005912">
<IndicatorItem id="5257856b-6f59-4ca6-9fe1-33d4e2e6c43e" condition="contains">
<Context document="FileItem" search="FileItem/FilePath" type="mir" />
<Content type="string">WINDOWS</Content>
</IndicatorItem>
<IndicatorItem id="7544b3ce-6673-4dd6-9126-325cc4b57023" condition="contains">
<Context document="FileItem" search="FileItem/FilePath" type="mir" />
<Content type="string">WINNT</Content>
</IndicatorItem>
</Indicator>
</Indicator>
</Indicator>
</definition>
</ioc>
```

OpenIOC 是一个威胁情报共享的标准，通过遵循该标准，可以建立 IOC 的逻辑分组，在机器中以一种可读的格式进行通信，从而实现威胁情报的交流共享。

16.3.3 威胁情报分析模型

安全人员通常利用威胁情报分析模型生成正式的情报，常用的威胁情报分析模型包括 Cyber Kill Chain 模型和 ATT&CK 矩阵。

1. Cyber Kill Chain 模型

Cyber Kill Chain 是洛克希德·马丁提出的网络安全威胁的杀伤链模型。该模型确定了对手为了实现其目标而必须完成的内容，安全人员可以利用该模型识别和预防网络入侵活动。

Cyber Kill Chain 如图 16-12 所示。

第 16 章
保持防护状态

在 Cyber Kill Chain 各阶段的活动如下。

- 侦察（Reconnaissance）跟踪是指攻击者进行探测、识别及确定攻击对象（目标）的阶段。信息一般通过互联网进行收集（内容包括网站、电子邮箱、电话、社会工程学等一切可能相关的情报）。

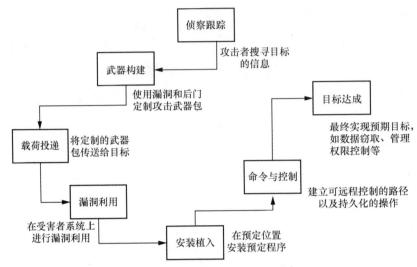

图 16-12　Cyber Kill Chain 示意

在这个阶段，安全团队的防御方法是防止不必要的信息泄露，并关注日常异常流量、日志与数据，将其集中存储，并结合内外部情报对数据进行关联分析。

- 武器构建（Weaponization）是指攻击者通过侦察跟踪阶段确定目标、收集足够的信息后，准备定制攻击武器包的阶段。定制攻击武器包一般由攻击者直接构建或使用自动化工具构建等。比如制作有吸引力的特定标题，可以引导用户打开 PDF 或 Office 文档，其中捆绑了木马文件。

在这个阶段，安全团队的防御方法是重点关注自身资产的脆弱性，做好安全防护，减少武器的利用面。

- 载荷投递（Delivery）是指攻击者将构建完成的网络武器向目标投递的阶段。投递方式一般包括网络钓鱼、物理 USB（Universal Serial Bus，通用串行总线）投递等。

在这个阶段，安全团队的防御方法是加强对员工进行安全意识教育，防止员工被社工以及网络钓鱼。

- 漏洞利用（Exploitation）是指攻击者将网络武器投递到目标系统后，启动恶意代码的阶段。一般会利用应用程序或操作系统的漏洞或缺陷等。

在这个阶段，安全团队的防御方法是做好安全监控工作，检测是否有异常操作，发现异常并及时处理。

- 安装植入（Installation）是指攻击者在目标系统设置木马、后门等，一定期限内在目标营造活动环境的阶段。

在这个阶段，安全团队的防御方法是及时发现并隔离异常，检验终端与服务端的安全策略，如防病毒、终端管理等方面的策略。

- 命令与控制（Command and Control）是指攻击者建立目标系统攻击路径的阶段。一般使用自动和手动相结合的方式进行，一旦攻击路径确立，攻击者将能够控制目标系统。

在这个阶段，安全团队的防御方法是做好应急响应，这是阻止攻击的最后机会，用于检验企业响应策略，如 HIDS、EDR 等。

- 目标达成（Actions on Objective）是指攻击者达到预期目标的阶段。攻击目标呈现多样化，包括数据窃取、管理权限控制等。

在这个阶段，安全团队的防御方法是在处理完成之后，对事件进行复盘，找到防御路径上的问题，并改进相应的安全措施，避免同样的事件再次出现。

Cyber Kill Chain 展示了黑客网络攻击的活动，这也是对企业层级纵深防御机制的考验。它加强了安全人员对黑客攻击战术、技术和程序的理解，从而进一步完善防御策略，提高企业的安全防护能力。

2. ATT&CK 矩阵

MITRE 是非营利组织，由美国联邦政府资助，很多安全标准都是由 MITRE 制定的，比如有名的漏洞 CVE 编号规则以及威胁情报格式 STIX。ATT&CK 是一个攻击者策略知识库，全面总结了相关领域的攻击策略及技术。

ATT&CK 就是敌对的战术、技术和常识（Adversarial Tactics, Techniques, and Common Knowledge），简单来讲就是站在攻击者的视角，描述黑客在入侵时可能用到的入侵战术、入侵技术，并建立一个知识库，帮助防守者更好地理解、分析攻击者的意图以及下一步攻击行为等，以此来帮助防守者做决策，制定更有效的防护策略和措施。

2023 年 4 月，ATT&CK 矩阵更新到第十三个版本，该版本更新了企业、移动设备和工控系统的技术、攻击组织、攻击活动和软件。ATT&CKv13 中最大的变化是为企业和移动数据源中的一些技术添加了详细的检测指南，以及两种新类型的变更日志，以帮助更准确地识别 ATT&CK 中发生的变化，更新内容包含针对企业（Windows、macOS、Linux、云和基于网络的技术，以及新增的基于容器的技术）、对于移动设备（涵盖 Android 和 iOS 平台）的矩阵以及 ICS 工控系统矩阵，改进了数据源、整合了 IaaS 平台、添加了 Google Workspace 矩阵、更新了基于 macOS 的攻击技术、添加了 macOS 特定的恶意软件，并创建了全新的 ATT&CK 容器矩阵。更新了基于 macOS 的攻击技术，添加了 macOS 特定的恶意软件，创建了全新的 ATT&CK 容器矩阵。此版本 ATT&CK 包含 14 个方面的战术、196 种技术和 411 个子技术、138 个组、22 个攻击活动和 740 个软件。

ATT&CK 将攻击者的战术划分成 14 个方面。

- 侦察（Reconnaissance）方面是指攻击者主动或被动收集可用于支持目标的信息的技术。

主要技术包括主动扫描、收集被攻击者主机信息、收集被攻击者网络信息、收集被攻击者组织信息、信息网络钓鱼、搜索封闭、搜索开放式技术数据库、搜索开放网站/域名、搜索被攻击者拥有的网站等。

- 资源开发（Resource Development）部署方面是指攻击者针对目标创建、购买或损害/窃取可用于支持目标选择的资源的技术。

主要技术包括获取访问权限、获得基础设施、盗取账户、攻陷基础设施、开发能力、设立账户、获取组件、部署能力等。

- 初始访问（Initial Access）方面是指攻击者通过各种手段尝试访问目标的系统。

主要技术包括水坑攻击、利用公开漏洞、外部远程服务、利用硬件入侵、网络钓鱼、通过可移动媒体、供应链篡改、利用授信关系、利用合法账户等。

- 执行（Execution）方面是指攻击者的命令执行或恶意软件的执行。

主要技术包括命令和脚本解释器、集群管理工具、部署容器、客户端执行利用、进程通信、原生 API、计划任务/工作、共享模块、软件部署工具、系统服务、用户执行、Windows 管理仪器等。

- 持久化（Persistence）方面是指攻击者使目标长时间处于攻击者受控状态，就算目标进行重启、修改密码等操作也无法摆脱控制。

主要技术包括账户操作、BITS Jobs 后门、引导自启动执行、引导初始化脚本执行、浏览器扩展、修改客户端文件、创建账户、创建或修改系统进程、事件触发执行、外部远程服务、劫持执行流程、植入恶意镜像、修改鉴权流程、办公应用捆绑、启动前引导、计划任务/工作、服务器软件组件、流量、有效账户等。

- 提权（Privilege Escalation）方面是指攻击者将权限提升到高权限，例如 root。

主要技术包括权限控制绕过、访问令牌操作、引导自启动执行、引导初始化脚本执行、创建或修改系统进程、域策略修改、底层访问、事件触发执行、权限升级漏洞、劫持执行流程、进程注入、计划任务/工作、有效账户等。

- 防御绕过（Defense Evasion）方面是指攻击者绕过安全设备的检查。

主要技术包括权限控制绕过、访问令牌操作、BITS Jobs 后门、在主机上构建镜像、去混淆/解码文件或信息、部署容器、批量访问、域策略修改、执行护栏、利用防御逃避、文件和目录权限修改、隐藏方式、劫持执行流程、削减防御、主机上数据移除、间接命令执行、伪装、修改鉴权流程、修改云计算基础设施、修改注册表、修改系统镜像、网络边界桥接、混淆文件或信息、OS（Operating System，操作系统）启动前引导、进程注入、违法域控制器、Rootkit、签名二进制代理、签名脚本代理执行、破坏信任组件、模板注入、端口碰撞、可信开发者实用工具代理执行、未使用/不支持的云区域、使用备用认证材料、有效账户、虚拟化/沙盒规避、弱加密、XSL（Extensible Stylesheet Language，可扩展样式表语言）脚本处理等。

- 凭据访问（Credential Access）方面是指攻击者通过各种方式尝试拿到目标的凭据，通过凭据直接访问系统。

主要技术包括爆破、密码存储的凭据、凭证访问利用、强制认证、伪造 Web 凭证、输入捕获、中间人、修改认证流程、网络嗅探、OS 凭据转储、窃取应用程序访问令牌、盗取或伪造 Kerberos 凭证、窃取 Web 会话 Cookie、双因素认证、无担保凭证等。

- 发现（Discovery）方面是指攻击者发现目标的各种信息，例如系统版本、用户账号、服务、进程、注册表等。

主要技术包括账户发现、应用程序窗口发现、浏览器书签发现、云基础设施发现、云服务仪表盘、云服务发现、容器和资源发现、域信任发现、文件和目录发现、网络服务扫描、网络共享发现、网络嗅探、密码策略发现、外设发现、权限组发现、过程发现、查询注册表、远程系统发现、软件发现、系统信息发现、系统定位、系统网络配置发现、系统网络发现、系统所有者/用户发现、系统服务发现、系统时间发现、虚拟化/沙盒逃逸等。

- 横向移动（Lateral Movement）方面是指攻击者单点突破系统后尝试通过网络横向移动，来达到控制更多主机、获取更多信息的目的。

主要技术包括利用远程服务、内部网络钓鱼、横向工具转移、远程服务会话劫持、远程服务、通过可移动媒体复制、软件部署工具、污染共享内容、使用替换认证材料等。

- 收集（Collection）方面是指攻击者收集各种数据，例如用户数据、邮件数据、图片数据、数据库、视频等。

主要技术包括归档收集数据，如音频捕获、剪贴板数据、云存储对象的数据、配置存储库的数据、信息存储库的数据、本地系统的数据、网络共享驱动器的数据、可移动媒体的数据、数据暂存、邮件收集、输入捕获、浏览器中间人、屏幕捕获、视频捕获等。

- 命令和控制（Command and Control）方面是指攻击者使用各种手段对目标进行远程控制。

主要技术包括应用层协议、可移动媒体通信、数据编码、数据混淆、动态连接、加密通道、后备通道、入口工具传输、多级通道、非应用层协议、非标准端口、协议隧道、代理、远程访问软件、流量、Web 服务等。

- 外泄（Exfiltration）方面是指攻击者对数据进行转移等。

主要技术包括自动过滤、数据传输大小限制、替代协议、通过 C2 通道、通过其他网络介质、物理介质上的过滤、通过 Web 服务、安排转移、将数据传输到云账户等。

- 影响（Impact）方面是指攻击者对目标进行一些破坏性操作。

主要技术包括账户访问权限删除、数据销毁、加密勒索数据、数据操作、数据损坏、磁盘擦除、终端拒绝服务、固件损坏、禁止系统恢复、网络拒绝服务、资源劫持、服务停止、系统关机/重启等。

ATT&CK 矩阵，如图 16-13 所示。

其中标黑的就是策略，下面对应的就是实现策略采用的技术。

- 策略（tactic）是指攻击者攻击行为的战术目标。每个战术目标都包含了攻击者使用的特定技术，呈现了攻击者在攻击期间所做的行为，例如权限维持、信息收集、横向移动、执行文件和窃取数据等。
- 技术（technique）是指攻击者实现攻击目标采取的技术手段。一种技术也可用于实现多个目标。例如，沙箱逃逸能够用于防御绕过，也可用于目标发现。实现战术目标的方法或技术可能有多种，因此每个战术类别中都有多种技术，如实现侦察策略的技术有：主动扫描、收集受害者身份信息、网络钓鱼等技术。

面对专业的境内外黑客组织，即使部署了相应的安全策略与措施，也无法保证能够抵御其精心准备的 APT 攻击。因此，安全组织通过这个面向实战攻防的 ATT&CK 矩阵，使用威胁情报了解对手的最新行为，将所用到的技术映射到 ATT&CK 中，模拟攻击者的攻击行为，分析当前的安全防护措施能否检测到最新的威胁，最后评估目前的防护短板，思考当前的防御需要做哪些调整，如何弥补防护短板。

第16章

保持防护状态

ATT&CK 企业矩阵

侦察	资源开发部署	初始访问	执行	持久化	提权	防御绕过	凭据访问	发现	横向移动	收集	命令和控制	泄露	影响
主动扫描(3)	获取访问权限	水坑攻击	命令和脚本解释器(8)	账户操作(4)	权限控制绕过(4)	权限控制绕过(4)	密码存储的凭证(5)	爆破(4)	账户发现(4)	利用远程服务	归档收集数据(3)	应用层协议	自动过滤(4)	账户访问权限删除
收集受害主机信息(4)	获得基础设施(7)	利用公开漏洞	集群管理工具	BITSJobs 后门	访问令牌操作(5)	访问令牌操作(5)	应用程序窗口发现	内部钓鱼	音频捕获	可移动媒体通信	数据传输大小限制	数据销毁
收集受害者身份信息(4)	盗取账户(2)	外部远程服务	部署容器	引导自启动执行(14)	引导自启动执行(14)	BITSJobs 后门	凭证访问利用	浏览器书签发现	横向工具转移	自动收集	数据编码	替代协议(3)	加密勒索数据
收集受害者网络信息(6)	攻陷基础设施(7)	利用硬件入侵	客户端执行利用	引导初始化脚本执行(5)	引导初始化脚本执行(5)	在主机上构建镜像	强制认证	云基础设施发现	远程服务会话劫持(2)	剪贴板数据	数据混淆	通过 C2 通道进行	数据操作(3)
收集受害者组织信息(4)	开发能力(4)	网络钓鱼	进程通信(3)	浏览器扩展	创建或修改系统进程(4)	去混淆/解码文件或信息	伪造 web 凭证(2)	云服务仪表盘发现	远程服务(6)	云存储对象的数据	动态连接(3)	通过其他网络介质(1)	数据损坏(2)
信息网络钓鱼(3)	设立账户(2)	通过可移动媒体	原生 API	修改客户端文件	域策略修改(2)	部署容器	输入捕获(4)	云服务发现	通过可移动媒体体复制	配置存储库的数据(2)	加密通道	物理介质上的过滤(1)	磁盘擦除(2)
搜索封闭(2)	获取组件(6)	供应链妥协(3)	计划任务/工作(7)	创建账户(3)	事件触发执行(15)	批量访问	中间人(2)	容器和资源发现	软件部署工具	信息存储库的数据(2)	后备通道	通过 Web 服务(2)	终端拒绝服务(4)
搜索开放式技术数据库(5)	部署能力(6)	利用授信关系	共享模块	创建或修改系统进程(4)	权限升级漏洞(1)	域策略修改(2)	修改认证流程(4)	域信任发现	污染共享内容	本地系统的数据	入口工具传输	安排转移	固件损坏
搜索开放网站/域名(3)	利用合法账户(4)	软件部署工具	软件部署工具	事件触发执行(15)	劫持执行流程(11)	执行护栏(1)	网络嗅探	文件和目录发现	使用替换认证材料(4)	网络共享驱动器的数据	多级通道	将数据传输到云账户	禁止系统恢复
搜索受害者拥有的网站		有效账户(4)	系统服务(2)	外部远程服务	进程注入(11)	利用防御逃避	OS 凭证转储(8)	网络服务扫描		可移动媒体体的数据	非应用层协议		网络拒绝服务(2)
			用户执行(3)	劫持执行流程(11)	计划任务/工作(7)	文件和目录权限修改(2)	窃取应用程序访问令牌	网络共享发现		数据暂存(2)	非标准端口		资源劫持
			Windows 管理仪器	植入恶意镜像	有效账户(4)	隐藏方式(7)	盗取或伪造 kerberos 凭证	网络嗅探		邮件收集(3)	协议隧道		服务停止
				修改鉴权流程(4)		劫持执行流程(11)	窃取 Web 会话 Cookie	密码策略发现		输入捕获(4)	代理(4)		系统关机/重启
				办公应用捆绑(6)		削减防御	双因素认证	外设设备发现		浏览器中间人	远程访问软件		
				启动前引导(5)		主机上数据移除(6)	无担保凭证(7)	权限组发现(3)		中间人(2)	流量(1)		
				计划任务/工作(7)		间接命令执行		过程发现		屏幕捕捉	Web 服务(3)		
				服务器软件组件(3)		伪装(6)		查询注册表		视频捕获			
				流量(1)		修改鉴权流程(4)		远程系统发现					
				有效账户(4)		修改云计算基础设施(4)		软件发现(1)					
						修改注册表		系统信息发现					
						修改系统镜像		系统定位					
						网络边界桥接(1)		系统网络配置发现(1)					
						混淆文件或信息(5)		系统网络发现					
						OS 启动前引导(5)		系统所有者/用户发现					
						进程注入(11)		系统服务发现					
						违法域控制器		系统时间发现					
						Rootkit		虚拟化/沙盒逃逸(3)					
						签名二进制代理(11)							
						签名脚本代理执行(1)							
						破坏信任组件(6)							
						模板注入							
						端口碰撞(1)							
						可信开发者实用工具代理执行(1)							
						未使用/不支持的云区域							
						使用备用认证材料(4)							
						有效账户(4)							
						虚拟化/沙盒规避(3)							
						弱加密(2)							
						XSL 脚本处理							

图 16-13 ATT&CK 矩阵

攻防信息不对等一直是信息安全世界客观存在的问题，但威胁情报就是企业化被动防御为主动防御的手段，安全体系建设成熟度高的企业会建立威胁情报平台。设想如果可以获取攻击者的攻击目标、攻击方式以及攻击手段等情况，企业就可以针对性地进行防御，建立更有效的企业安全防御机制，节约大量安全运营的成本。

16.4　安全监控

安全监控（Security Monitoring）是指安全组织通过实时监控网络或主机活动，配合安全扫描系统、入侵检测系统及安全审计技术，监视、分析用户和系统的行为，能够直观地查看网络或主机系统的状况，以及不符合安全规范的行为；对异常行为进行统计和跟踪，及时响应并处理，使得安全运营人员能更有效地评估业务系统、网络的安全状态，为下一步安全建设工作提供重要参考。

安全监控应监控的内容有以下几种类型。

第一种，网络联通。查看业务系统、网络设备及主机当前活动的网络连接、开放的系统服务以及开放的端口，从而全面了解主机的网络状态。

第二种，流量分析。对全网设备网络连接流量进行分析，及时掌握网络运行状态。

第三种，系统监视。通过系统状态监视可以实现对主机当前用户信息、系统信息、设备信息、系统进程、系统服务等信息和状态的监视和记录。

第四种，用户行为。对用户的行为进行监视和记录，为用户进行画像，及时发现违规行为。

很多企业都有相应的监控大厅，以及7×24小时的一线监控值班人员。值班人员通过监控系统，对业务以及网络状况进行监控，发现问题会及时上报给安全人员及相应业务人员，如图16-14所示。

图 16-14　监控大厅

监控记录应该清晰，这对事件处理、复盘及更新策略来说意义重大。所以应做好技能培训，提升值班人员的技能及责任心；做到通报流程明确，紧急联系列表齐全；并制定相应的应急预案，定期演练，确保处置预案有效可用。

值班人员会按时进行如下操作。
- 查看监控中的重要业务是否能正常显示，内容是否正常更新。
- 查看监控报警邮件，及时发现网络中断、服务器宕机、服务无响应等故障。
- 查看各骨干节点及重要服务器网络节点的网络流量数据是否正常，是否有突发性的流量增长。
- 查看入侵检测日志，及时发现互联网上的入侵、攻击、病毒传播等情况。
- 接听值班电话，记录企业内部职员或者企业外部人员反映的故障情况和异常现象。

一旦出现异常，立即执行异常处理流程，评估事故严重程度、通报相关负责人处理、跟踪处理进度并同步给安全部门。

16.4.1 监控系统

监控系统（Monitor System）是指安全组织通过对目标系统或目标设备进行连续或定期的监测来验证目标系统或目标设备功能的状态是否正常，并在目标系统或目标设备发生状况的情况下，手动或自动执行必要操作的系统。

监控系统，简单来说应由采集节点、监控服务端、报警模块以及展示平台组成，如图 16-15 所示。

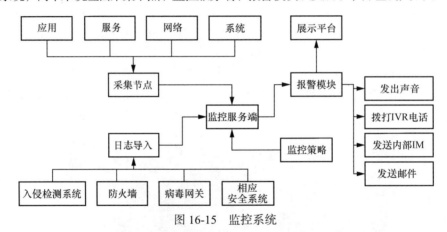

图 16-15　监控系统

监控系统的主要组件如下。
- 采集节点，部署在需要监控的应用、服务、网络、系统等，收集通过 Ping、Telnet、SNMP（Simple Network Management Protocol，简单网络管理协议）以及其他网络协议产生的数据。
- 监控服务端，将采集节点收集的数据和相应安全系统导入的日志进行汇总、存储，通过监控策略及规则，分析监控目标，并将异常情况发送给报警模块。
- 报警模块，这是发生异常情况时的处理模块，如发出声音提示值班人员介入、拨打 IVR（Interactive Voice Response，交互式话音应答）电话、直接给相应负责人员发送内部 IM 或发送邮件等。
- 展示平台，用来查看监控目标实时状况的平台，如整体网络连通性、网络流量状况、业务服务情况，以及用户异常行为等。

16.4 安全监控

企业通常采用开源或商业的监控系统，实时监控全网设备的网络连通性并进行网络流量分析，监控系统的运行状态，出现异常及时报警。

16.4.2 SIEM 系统

安全信息和事件管理（Security Information and Event Management，SIEM）是一个由不同的监控组件和分析组件组成的安全系统，其目的是将多个数据源的数据和不同事件之间的相关性进行融合及关联，对安全事件进行处理，如图 16-16 所示。

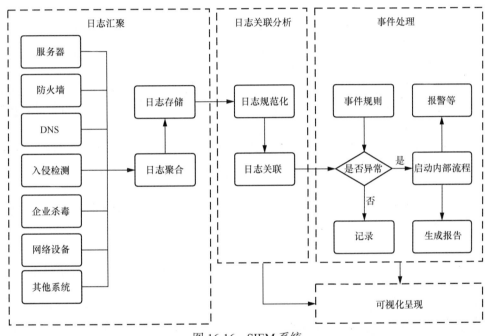

图 16-16　SIEM 系统

在 SOC 一直没有被推广的时期，SIEM 一度被当成事件处理的核心。SIEM 不是一个单独的工具或应用程序，而是由一组不同的模块组成的。目前业界没有标准的 SIEM 协议或已建立的方法，大多数 SIEM 系统将包含如下模块中的大部分内容。

- 日志汇聚模块，将多个源的日志进行聚合及存储。日志是实时发生的事情的记录，这是 SIEM 系统的主要数据源。无论是数据库日志、服务器日志、防火墙日志，还是在网络环境中生成的任何其他类型的日志，SIEM 系统都能够收集这些数据并将其集中存储。此收集过程通常由代理或应用程序执行，部署在监视的系统上，并将数据转发到 SIEM 系统进行集中存储。
- 日志关联分析，包括日志规范化和日志关联两个部分，其中日志规范化在 SIEM 上下文中收集数据进行日志规范化。SIEM 系统将从各系统或设备（如服务器、防火墙、网络路由器、数据库）中提取数据，每种记录的格式都不同。为了能够跨不同源和事件相关性高效地解释数据，SIEM 系统需要能够规范化日志。这个规范化过程包括将日志处理为可读的结构化格式，从日志中提取重要数据，并映射日志中包含的不同字段。另一部分就是日志关联，它将日志收集、解析和存储完成后，SIEM 系统需要负责关联来自不同数据源的事件。这种关联工作基于各种 SIEM 工具提供的规则、为不同的攻击场景预定义的规则，或者由分析人员创建和调整的规则。简单地说，关联规则定义了一个特定的事件序列，该序列可能表示安全性受到了破坏。

- 可视化呈现，SIEM 系统中的另一个关键组件就是可视化数据和事件的功能，因为它允许分析人员方便地查看数据。通过多个可视化视图有助于识别趋势、异常情况，并监控环境的总体健康或安全状态。
- 事件处理，SIEM 系统的最后一个关键组件就是事件处理模块。大多数 SIEM 系统支持自动包含缓解安全事件的机制，根据相关事件规则，可以将 SIEM 系统配置为自动启动内部升级流程，执行脚本、触发警报让安全运营人员来关注异常问题。

SIEM 系统集中收集和存储来自所有相关数据源的大量安全数据，通过广泛的上下文，了解实时发生的事件的整个经过。SIEM 相关规则以及围绕它们构建的报告机制可以帮助安全组织在这些事件发生时得到通知，能够将事件关联起来并在大屏幕进行可视化呈现。

SIEM 系统根据功能可以分为日志管理系统、安全信息管理以及安全事件管理这 3 个部分。

第一部分，日志管理系统（Log Management System，LMS）主要用于传统日志的收集和存储。

第二部分，安全信息管理（Security Information Management，SIM）主要从多个数据源收集和管理与安全相关的数据的工具或系统。这些数据源可以是防火墙、DNS、入侵检测系统、反恶意程序等。

第三部分，安全事件管理（Security Event Management，SEM）是基于主动监视和分析的系统，包括数据可视化、事件相关性和警报等。

简单来说，SIEM 系统就是通过自动收集多个数据源的信息，集中存储并进行格式化处理，再将不同事件进行关联，并根据这些信息生成警报和报告，帮助安全组织检测威胁、及时响应并处理。

16.4.3　UEBA 系统

用户和实体行为分析（User and Entity Behavior Analytics，UEBA）是指通过关注用户的正常行为，汇总及分析日志和报告中的数据，查看数据包、流程、文件和其他类型的信息，以及相关威胁数据，及时发现异常情况，并判断用户的活动和行为是否可能构成网络攻击。UEBA 系统如图 16-17 所示。

UEBA 本质上用于分析用户和实体行为是否正常。首先要确认正常模型，这需要丰富的业务经验或者大量的数据分析。有了正常状态的标准，就可以划分异常状态。最后通过关联分析，对正常数据与不正常数据进行建模，从而得出用户或者实体不正常的概率。

UEBA 具有 3 个主要组件，这些组件对其功能至关重要。

16.4 安全监控

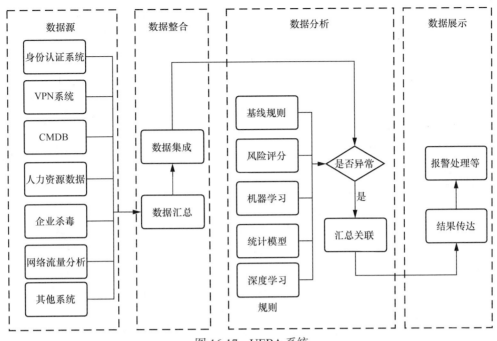

图 16-17　UEBA 系统

第一个是数据整合组件，UEBA 系统将各种来源的数据（例如日志、数据包捕获数据和其他数据集）进行汇总及集成。

第二个是数据分析组件，首先通过用户和实体"正常"行为的数据来构建它们正常行为的配置文件来确认正常模型，然后将汇总的数据与正常模型进行比较，检测异常状态并进行行为汇总关联，将结果发送给系统管理员。

第三个是数据展示组件，UEBA 系统将结果进行传达，通过异常报警让安全分析人员进行处理。

UEBA 的评估方法有两种。一种采用基线 UEBA，它是基于正常行为为人和机器行为创建基线来进行操作的。使用数据科学创建用户或实体的每个适用属性的行为模型。给定足够的数据，可以识别出表示典型行为的趋势。偏离此基线的行为很容易被视为异常行为和潜在威胁。另一种采用风险评分 UEBA，它利用风险评分的概念来减少误出现的安全警报。单一的行为异常不足以提醒分析人员潜在的威胁。相反，非典型行为会给用户或实体带来风险。用户或实体在特定时间范围内收到足够的风险后，将其视为高风险，并通知分析人员潜在的威胁。

UEBA 的主要工作步骤如下。

第一步，整合数据。为了分析特定用户或实体的行为，需要整合用于特定用户或实体分析的所有数据源数据，数据源包括身份认证系统、VPN 和代理等访问系统、CMDB、人力资源数据、防火墙、入侵检测和防御系统（Intrusion Detection and Prevention System，IDPS）、反恶意软件和防病毒系统、端点检测和响应系统、网络流量分析、威胁情报源等。

第二步，行为基线和风险评分。行为基线方式是基于正常行为为人的行为和机器的行为创建基线，使用数据科学方法创建用户或实体的每个适用属性的行为模型。只要给定足够的数据，模型就可以识别出典型行为的趋势。偏离此基线的行为很容易被视为异常行为和潜在威胁。这种分析方法的优势在于可以汇总和减少误报以及联系更多上下文。风险评分方式利用风险评分来减少误报。单一的行为异常不足以提醒分析人员潜在的威胁。相反，非典型行为会给用户或实体带来风险。用户或实体在特定时间范围内收到足够的风险提示后，将其视为高风险，并通知分析人员潜在的威胁，从而减少误报次数，提高分析人员工作效率。而传统的关联规则对于一组用户或系统可能是正确的，但对于其他用户或系统则是不正确的。

第三步，时间线分析和会话拼接。在分析安全事件时，时间轴是一个关键概念，可以将看似无关的活动联系在一起。攻击是一个事件过程，不是孤立的事件，可以将来自不同系统和事件流的数据关联在一起，从而构建安全事件的完整时间表，给用户及事件画像。

UEBA 分析方法有两种。一种是传统方法，使用手动定义的规则，建立安全事件与已知攻击模式之间的关联。另一种是高级方法，使用 UEBA 工具，它涉及机器学习、贝叶斯网络、深度学习等多种现代技术，即使在没有已知模式的情况下也可以帮助识别异常行为。传统方法建立规则的分析技术是确定性的，如果某些条件为真，则会生成警报；如果不是，则系统认为一切正常。而高级方法则是启发式的，利用风险分数，确认事件是否异常。当风险分数超过特定阈值时，系统将会创建安全警报事例。

在 SIEM 系统中跟踪的是安全事件，而在 UEBA 系统中跟踪的则是系统中的所有用户和实体，所以 UEBA 系统更专注于内部威胁，如员工有意或无意未经授权便访问服务器、应用程序、系统及数据等。通常 UEBA 系统会与 SIEM 系统联动，针对外部数据和内部数据进行统一侦察、分析，实现系统的多维度异常检测，对于将会产生的威胁进行及时告警，规避风险。

实施安全监控是为了对相应系统、网络及主机的运行状况和系统中的用户的行为进行监视、记录及报警。通过使用相应的安全监控系统，对安全事件及人员的行为进行分析，使安全运营人员可以更有效地评估目前信息系统的安全运行状况，为下一步安全体系建设工作提供参考。

16.5 安全扫描

安全人员通过安全扫描实现漏洞识别，通过安全扫描不但可以识别资产，充分了解网络及信息系统运行、开放的应用及服务，还可以及时发现安全问题，并能根据扫描的结果更正相应的安全漏洞和系统中的错误设置，争取在问题被利用前进行修复，同时与防火墙、入侵检测系统互相配合，能够有效提高信息系统及运行环境的安全性。

执行安全扫描的主要目的有以下两个方面。

- 一方面，收集信息。从安全防护角度，收集包括操作系统识别信息、网络结构分析信息、端口开放情况以及其他敏感信息等。
- 另一方面，漏洞识别。从攻击者角度，尽可能发现可能存在的问题，如对已知安全漏洞的检测、错误的配置检测、弱口令检测等，发现目标系统的安全漏洞，并在被攻击前修复。

16.5.1 安全扫描流程

相信大多数安全从业人员都经历过，使用漏洞扫描器或者系统对资产列表进行定期或不定期的扫描，发现漏洞后，通过行业通用标准以及漏洞对业务的影响，划分优先级，通知管理员修复，同时提供修复方法，并验证是否修复成功的过程。

安全扫描示例，如图 16-18 所示。

首先，确认目标资产。这是安全扫描目标，即待扫描的特定资产列表。

其次，选择扫描工具。根据不同类型扫描器对目标进行扫描，获得相应的信息，包括开放的端口及服务、操作系统及应用软件版本等，并将扫描到的目标资产信息汇总到资产库。

然后，通过扫描引擎进行规则匹配。保持扫描引擎策略更新，对比扫描引擎中的特征库、漏洞库或自定义策略，如果匹配则说明存在相应的问题，如安全漏洞、错误的配置、弱口令等，否则说明目标系统安全。

最后，扫描结果呈现。生成扫描报告，对扫描项目进行说明，并提出修复建议。

应该定期安全扫描，发现安全漏洞后遵循相应的流程进行处理，帮助企业消除安全隐患。在新产品上线前、网络改造后、新产品和新技术使用时都可能会引发新的安全问题，这时进行安全扫描，发现安全问题，提供解决方案，从而确保企业安全。

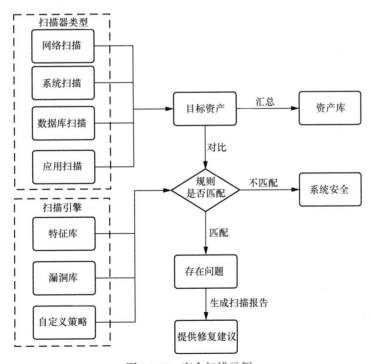

图 16-18　安全扫描示例

16.5.2 安全扫描器

安全扫描器是对安全扫描技术进行软件化及自动化实现的工具，是一种可以收集系统的信息并根据收集的系统信息自动检测脆弱性的程序。安全扫描器有商业产品，也有开源软件，商业产品通常会更加稳定。不过，大多数安全能力成熟度高的企业会自研相应的扫描系统。

安全扫描器主要分为系统扫描器、网络扫描器、数据库扫描器与应用扫描工具4类。

- 系统扫描器，用于扫描本地主机或设备，查找安全漏洞，查杀病毒、木马、蠕虫等危害系统安全的恶意程序。
- 网络扫描器，通过网络来测试主机安全性，它检测主机当前可用的服务及其开放端口，查找可能被远程试图恶意访问者攻击的大量众所周知的漏洞、隐患及安全脆弱点。甚至许多扫描器封装了简单的密码探测，可自设定规则的密码生成器、后门自动安装装置以及其他一些常用的工具，这样的工具就可以称为网络扫描工具包，也就是完整的网络主机安全评价工具包。
- 数据库扫描器，工作机制类似于网络扫描器，主要用于检测数据库系统的安全漏洞及各种隐患。
- 应用扫描工具，主要针对业务应用（如 Web 应用、App）的脆弱性进行安全评估，及时发现安全问题及漏洞。

安全扫描器常见部署方式有两种。一种为单独部署，指在网络中只部署一台扫描器或一个扫描系统，主要应用在网络结构较为简单的小微型企业。另一种为多系统部署，采用多台扫描器或多个扫描系统共同工作，共享各系统间的数据并汇总，方便用户对分布式网络进行集中管理，主要应用在网络结构较为复杂的大中型企业。

安全扫描器通过对全网信息的分析，了解信息系统的安全状况，从而指导信息系统安全建设目标以及相关安全策略的调整，虽然不能实时监视网络上的入侵，但是能够收集资产信息，以及测试和评估系统的安全性，并及时发现安全漏洞。如果说防火墙和入侵检测系统是被动防御措施，那么安全扫描器就是一种主动的安全检测手段。发现问题，修复问题，减少漏洞，从而减少被黑客利用的机会，这不只是安全运营的重要工作，同样也是整个安全建设工作的重要内容。

16.6 本章小结

希望读者了解在安全运营中保持企业安全防护状态的相应内容，如用于开发安全产品的安全开发生命周期管理，用于上下游第三方管控的供应链管理；威胁情报是用来收集内外部情报，从而进行针对性保护的方法；日常的安全监控和安全扫描则用来评估系统状态，最终使企业的安全目标始终处于安全防护状态。

第 17 章

异常情况处置

异常情况泛指安全组织在安全运营过程中出现的安全目标偏离安全防护预期的情况。

异常情况处置就是安全组织应对异常情况所做的准备,以及在异常情况发生时所采取的措施,其目的就是减少异常情况的发生以及减小给企业带来的损失。本章主要介绍安全漏洞和安全事件,以及应急响应有效性的渗透测试。

安全漏洞被利用可能造成安全风险,安全事件是安全风险成真的实例。也就是说,安全漏洞可能是发生安全事件的诱因,安全事件则是这些安全漏洞被利用后出现的必然结果。

17.1 脆弱性管理

脆弱性也称为漏洞,一旦被威胁成功利用就可能对资产造成损害。漏洞存在于信息系统、软件、硬件、协议、人员等各个方面。

脆弱性管理(Vulnerability Management)也称为漏洞管理,是指为了减少漏洞被黑客利用的机会,降低资产损害的可能性,安全组织对安全漏洞进行识别、验证、评估、处置等一系列措施的管理过程。

17.1.1 漏洞管理流程

在企业日常安全运营工作中,当发现安全漏洞时,安全人员会验证漏洞是否对业务有影响,并通过行业通用漏洞评估标准对漏洞进行评估及优先级划分,制定漏洞修复方案,并通知管理员进行修复,最后验证漏洞是否修复。

漏洞管理主要通过以下步骤来实现。

第一步,漏洞识别,通过对企业所有的资产进行识别及评估,发现可能存在的缺陷,比如通过漏洞扫描工具对信息资产进行安全扫描。

第二步,漏洞验证,验证在漏洞识别步骤发现的漏洞是否存在,比如验证漏洞在测试环境中是否存在。几乎所有的安全设备或系统都会存在误报率(False Positive Rate,FPR)和漏报率(False Negative Rate,FNR),所以重要的系统及漏洞应该进行人工验证。其中,误报率是指检测结果有漏洞,但实际上没有漏洞。而漏报率是指检测结果没有漏洞,但实际上有漏洞。

第三步,漏洞评估,这是对验证后的漏洞进行严重性评估的过程。常见的评估方法有 CVSS

评分法，将漏洞分为低危、中危、高危和严重这4个等级。通过开展漏洞评估，对漏洞进行等级划分，确认漏洞的处理顺序。理想状态下，对于高危漏洞，管理员优先执行特定漏洞处理任务。

第四步，漏洞报告，这是将评估后的漏洞以及可能导致的风险、影响，通过各种不同的形式报告给不同的受众。如高危漏洞影响应该报告给相应高级管理层，漏洞细节及解决方案应该报告给相应业务及技术人员，以促进漏洞快速处理。

第五步，漏洞修复跟进，用于进行漏洞任务的跟踪工作，这样就可以更好地组织任务，掌握任务进度，从而提高工作效率。

安全人员在进行日常安全扫描的时候发现了一个安全漏洞，通过资产管理平台查询到了漏洞所属业务或服务器的管理员，利用工单系统建立了一个工单，将任务分配给了相应的管理员。管理员收到工单后发现只有开发人员可以修复，他将工单转给了开发人员，开发人员修复漏洞并完成了任务，安全人员验证完成后关闭工单，这是一个简单的漏洞处理过程。

在这个过程中，安全人员会从工单系统上看到任务的进度，这样就可以更好地对漏洞周期进行管理，从而降低安全运营成本。

第六步，漏洞处置，通常是安全部门针对相应的安全漏洞提供相应的解决方案，但采取接受处置则需要安委会通过。

常见的处置方法主要包含以下几种。

- 修复：对于未安装系统补丁而导致的漏洞，安装补丁就是修复。
- 缓解：指通过采取一些基本不在受影响系统直接管辖范围之内的其他动作来降低风险，如网络安全域之间的防火墙用来缓解两个网域之间的病毒蔓延。
- 接受：就是选择既不修复也不缓解，承认并接受漏洞存在。

如果在某个环境的漏洞修复成本比风险可能造成的损失还要大，那么不选择处理，即选择接受。

17.1.2 漏洞评估方法

业界广泛引用的漏洞主要参考来源有美国国家漏洞数据库（National Vulnerability Database，NVD）的通用漏洞利用库（Common Vulnerabilities and Exposures，CVE），漏洞总数为186331个，通用缺陷枚举（Common Weakness Enumeration，CWE）库，漏洞列表总数为927个，以及我国国家互联网应急中心（CNCERT/CC）发起的国家信息安全漏洞共享平台（China National Vulnerability Database，CNVD），漏洞总数为179400个。（漏洞数目统计截至2022年10月。）

漏洞基本格式如表17-1所示。

表 17-1　　　　　　　　　　　　　漏洞基本格式

漏洞名称	CNVD 编号	CVE 编号	CWE 编号
Apache Log4j2 远程代码执行漏洞	CNVD-2021-95919	CVE-2021-44228	CWE-20

漏洞评估的方法主要有通用漏洞评分系统、常见漏洞评分系统以及国家标准漏洞分级指南等。

1. 通用漏洞评分系统

通用漏洞评分系统（Common Vulnerability Scoring System，CVSS），是由美国国家基础设施咨询委员会（National Infrastructure Advisory Council，NIAC）发布、美国事件响应与安全小组论坛（Forum of Incident Response and Security Teams，FITST）维护的开放式行业标准。CVSS 为美国国家漏洞库（NVD），同时也为安全从业人员根据系统漏洞的特点与影响提供了一个开放式的评估方法。

CVSS v3.1 计算的分值是通过基础评分、时间评分以及环境评分 3 个维度计算得出的。

通过这 3 个维度的计算，最终得出漏洞分值以及对应的危险度等级，如表 17-2 所示。

表 17-2　　　　　　　　　　　漏洞分值对应的危险度等级

漏洞分值	危险度等级
0～3.9	低危
4.0～6.9	中危
7.0～8.9	高危
9.0～10.0	严重

下面是这 3 个维度的具体介绍。

- 基础评分维度是指漏洞本身可能造成的影响的评价分值，这是漏洞评估的静态分值，表 17-3 展示了相关的参数赋值。

表 17-3　　　　　　　　　　　基础评分维度对照

维度项	维度子类	赋值描述	分值范围
可利用度	攻击途径 AV	网络 N/相邻网络 A/本地 L/物理 P	0.85/0.62/0.55/0.2
	攻击复杂度 AC	低 L/高 H	0.77/0.44
	所需特权 PR	无 N	0.85
		低 L	0.62（未改）/0.68（改变作用域）
		高 H	0.27（未改）/0.5（改变作用域）
	用户交互 UI	无 N/必填 R	0.85/0.62
影响度	保密性影响 C	无 N/低 L/高 H	0/0.22/0.56
	完整性影响 I	无 N/低 L/高 H	0/0.22/0.56
	可用性影响 A	无 N/低 L/高 H	0/0.22/0.56

计算方法：

$$可利用度分值 = 8.22 \times AV \times AC \times PR \times UI$$

影响度分值计算与作用域是否改变有关，影响度参数根据作用域变化而变化，相应计算方法如下：

$$ISCbase（影响度参数）= 1 - [(1-C) \times (1-I) \times (1-A)]$$

当作用域不变，影响度分值 $= 6.42 \times ISCbase$；当作用域变化，影响度分值 $= 7.52 \times$

$(ISCbase-0.029)-3.25 \times (ISCbase-0.02)^{15}$

最终基础分值的计算方法如下。

- 当影响度分值小于或等于 0 时，那么基础分值为 0。
- 当影响度分值大于 0 且可利用度分值小于 10 时，若作用域不变，基础分值=Roundup(影响度分值+可利用度分值)；若作用域变化，基础分值=Roundup[1.08×(影响度分值+可利用度分值)]。
- 当影响度分值与可利用度分值大于 10 时，基础分值为 10。

注意：Roundup 函数保留小数点后一位，当小数点后第二位大于零则向前进一。

以 Apache Log4j2 远程代码执行漏洞(CVE-2021-44228) CVSS:3.1/AV:N/AC:L/PR:N/UI:N/S:C/C:H/I:H/A:H 为例，通过上文的计算方法进行计算：

$$可利用度得分=8.22 \times 0.85 \times 0.77 \times 0.85 \times 0.85 \approx 3.887$$

$$影响度参数=1-[(1-0.56) \times (1-0.56) \times (1-0.56)]=1-[0.44 \times 0.44 \times 0.44] \approx 1-0.085 \approx 0.915$$

$$由于作用域改变，影响度得分=7.52 \times (0.915-0.029)-3.25 \times (0.915-0.02)^{15} \approx 6.049$$

$$基础分值=Roundup[1.08 \times (1.08+9.936)] = Roundup [1.08 \times 11.016] \approx 11.8$$

计算结果：基础评分为 10，判定为严重漏洞，应该立即进行修复。

- 时间评分维度，在基础维度之上结合受时间影响的 3 个动态分值，进而评估漏洞的动态分值，这里列举出 3 个与时间紧密关联的参数及赋值，如表 17-4 所示。

表 17-4　　　　　　　　　　　　时间评分维度对照

维度子类	赋值描述	分值
利用度 E	未定义 X/未证明 U/有 POCP/有 EXPF/自动化 H	1.0/0.91/0.94/0.97/1.0
补丁水平 RL	未定义 X/官方补丁 O/临时补丁 T/临时解决方案 W/不可用 U	1.0/0.95/0.96/0.97/1.0
报告可信度 RC	未定义 X/未知 U/有理由 R/已确认 C	1.0/0.92/0.96/1.0

计算方法：

$$时间分值 = Roundup(基础分值 \times E \times RL \times RC)$$

以 Apache Log4j2 远程代码执行漏洞(CVE-2021-44228) CVSS:3.1/AV:N/AC:L/PR:N/UI:N/S:C/C:H/I:H/A:H/E:H/RL:X/RC:C 为例，此处示例已加上时间维度，根据计算方法计算得出：

$$时间维度 = Roundup(10 \times 1.0 \times 1.0 \times 1.0) = Roundup (10) = 10$$

计算结果：加上时间维度评分为 10，判定为严重漏洞，应该立即进行修复。

- 环境评分维度，评估漏洞会给业务造成多大影响取决于企业本身的实际环境，因此在这个维度中包括关于企业自身环境的评价，可以对影响度分值进行修订，这是根据用户实际环境需求结合上面两个维度的分值最终确认的漏洞分值，如表 17-5 所示。

计算方法：

$$环境可利用度分值 = 8.22 \times MAV \times MAC \times MPR \times MUI$$

环境影响度分值计算方法参考环境影响度参数：

$$ISCbase（环境影响度参数）= Min(1-[(1-MC \times CR) \times (1-MI \times IR) \times (1-MA \times AR)], 0.915)$$

表 17-5　　　　　　　　　　　　环境评分维度对照

维度项	维度子类	赋值描述	分值
可利用度	攻击途径 MAV	网络 N/相邻网络 A/本地 L/物理 P	0.85/0.62/0.55/0.2
	攻击复杂度 MAC	低 L/高 H	0.77/0.44
	所需特权 MPR	无 N	0.85
		低 L	0.62（未改）/0.68（改变作用域）
		高 H	0.27（未改）/0.5（改变作用域）
	用户交互 MUI	无 N/必填 R	0.85/0.62
影响度	保密性影响 MC	无 N/低 L/高 H	0/0.7/1.0
	完整性影响 MI	无 N/低 L/高 H	0/0.7/1.0
	可用性影响 MA	无 N/低 L/高 H	0/0.7/1.0
影响得分	保密性请求 CR	低 L/中 M/高 H	0.5/1.0/1.5
	完整性请求 CI	低 L/中 M/高 H	0.5/1.0/1.5
	可用性请求 CA	低 L/中 M/高 H	0.5/1.0/1.5

当作用域不变化，环境影响度分值 = 6.42×ISCbase；当作用域变化，环境影响度分值= 7.52 ×(ISCbase−0.029)−3.25×(ISCbase−0.02)[15]。

最终环境分值的计算方法如下。

- 当环境影响度分值小于或等于 0 时，那么环境分值为 0。
- 当环境影响度分值大于 0 时，有两种算法：不含修正值，环境分值= Roundup(Roundup (Min[(环境影响度分值+环境可利用度分值), 10])×E×RL×RC)；含修正值，环境分值=Roundup (Roundup (Min[1.08×(环境影响度分值+环境可利用度分值), 10])×E×RL×RC)。Min 函数比较前后两值，此处取小者。

以 Apache Log4j2 远程代码执行漏洞 (CVE-2021-44228) CVSS:3.1/AV:N/AC:L/PR:N/UI:N/S:C/C:H/I:H/A:H/E:H/RL:X/RC:C/CR:M/IR:M/AR:M/MAV:N/MAC:L/MPR:N/MUI:N/MC:H/MI:H/MA:H,为例，根据上面的计算方法得出：

环境可利用性分值= 8.22×0.85×0.77×0.85×0.85 ≈ 3.887

环境影响度参数= Min(1−[(1−1.0×1.0)×(1−1.0×1.0)×(1−1.0×1.0)], 0.915) = 0.915

由于作用域改变，

环境影响度分值=7.52×(0.915−0.029)−3.25×(0.915−0.02)[15] ≈ 6.049

最终环境评分=Roundup (Roundup (Min[1.08×(6.049+3.887), 10])×1.0×1.0×1.0) = 10

最终结果：漏洞得分为 10，所对应的危险级为严重，应该立即进行修复。

以 Apache Log4j2 远程代码执行漏洞(CVE-2021-44228)为例，读者朋友们还可以通过 CVSS v3.1 自动化工具进行计算，计算的结果如图 17-1 所示。

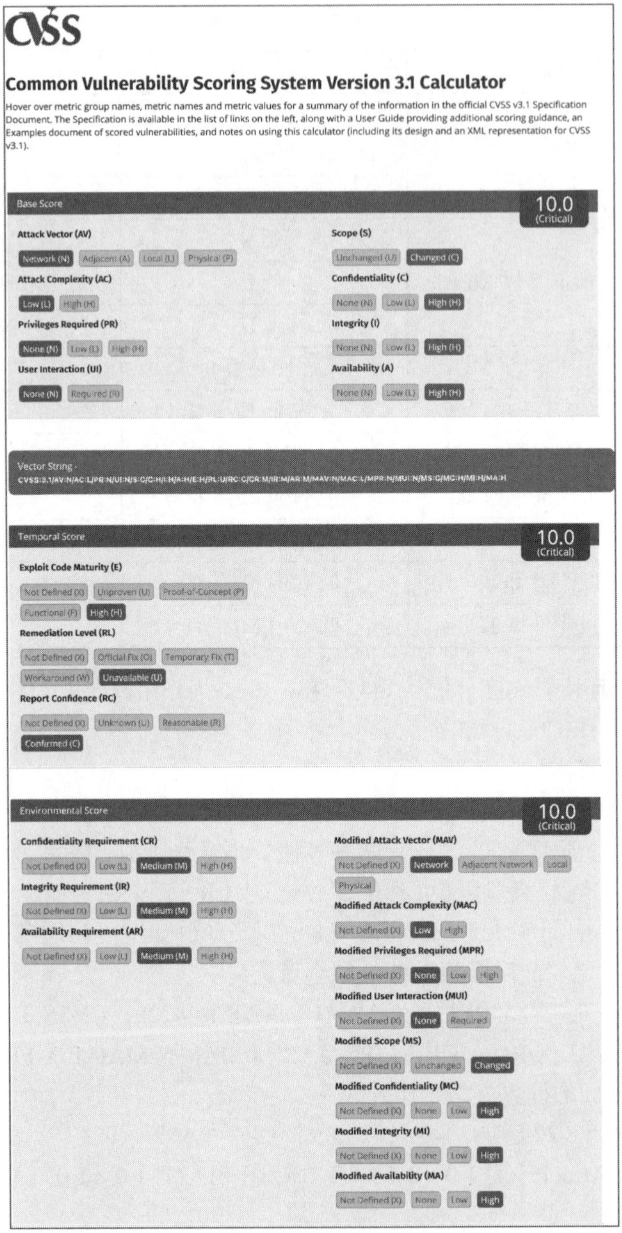

图 17-1　CVSS 自动化计算结果

2．常见漏洞评分系统

常见漏洞评分系统（Common Weakness Scoring System，CWSS）是由 MITRE 维护的，为 CWE（Common Weakness Enumeration，通用缺陷枚举）提供漏洞评估的方法，截至写稿时最新的版本为 CWSS 1.0.1。

CWSS 计算分值是通过 3 个指标，即基本发现度量、攻击面度量以及环境度量结果计算得出的。

- 基本发现（Base Finding）度量，捕捉弱点的固有风险、对发现准确性的信心和控制的强度，相应评分参考表17-6。

表 17-6　　　　　　　　　　　　基本发现指标评分对照

指标子类	赋值描述	分值范围
技术影响 TI	关键 C/高 H/中 M/低 L/无 N/默认 D/未知 UK/不适用 NA/量化 Q	1.0/0.9/0.6/0.3/0/0.6/0.5/1.0/自定义
获得特权 AP	管理员 A/部分特权用户 P/普通用户 RU/客人 L/无 N/默认 D/未知 UK/不适用 NA/量化 Q	1.0/0.9/0.7/0.6/0.1/0.7/0.5/1.0/自定义
获得特权层 AL	应用程序 A/系统 S/网络 N/基础设施 E/默认 D/未知 UK/不适用 NA/量化 Q	1.0/0.9/0.7/1/0.9/0.5/1.0/自定义
内部控制有效性 IC	应用程序 A/系统 S/网络 N/基础设施 E/默认 D/未知 UK/不适用 NA/量化 Q	1.0/0.9/0.7/1/0.9/0.5/1.0/自定义
找到信心 FC	无 N/有限 L/适度 M/间接 I/最佳 B/完成 C/默认 D/未知 UK/不适用 NA/量化 Q	1.0/0.9/0.7/0.5/0.3/0/0.6/0.5/1.0/自定义

计算方法：

$$\text{基本发现分值} = \{[10 \times TI + 5 \times (AP + AL) + 5 \times FC] \times f(TI) \times IC\} \times 4.0$$

如果 TI = 0，$f(TI) = 0$，否则 $f(TI) = 1$。

- 攻击面（Attack Surface）度量，攻击者必须克服障碍，以利用弱点，相应评分参考表17-7。

表 17-7　　　　　　　　　　　　攻击面指标评分对照

指标子类	赋值描述	分值范围
必备特权 RP	确信为真 T/局部为真 LT/确信为假 F/默认 D/未知 UK/不适用 NA/量化 Q	1.0/0.8/0/1/0.8/0.5/1.0/自定义
必填特权层 RL	无 N/有限 L/普通用户 RU/部分特权用户 P/管理员 A/默认 D/未知 UK/不适用 NA/量化 Q	1.0/0.9/0.7/0.6/0.1/0.7/0.5/1.0/自定义
访问向量 AV	应用程序 A/系统 S/网络 N/基础设施 E/默认 D/未知 UK/不适用 NA/量化 Q	1.0/0.9/0.7/1/0.9/0.5/1.0/自定义
认证强度 AS	强壮 S/适度 M/弱 W/无 N/默认 D/未知 UK/不适用 NA/量化 Q	0.7/0.8/0.9/1/0.85/0.5/1.0/自定义
互动水平 IN	自动化 A/有限 T/适度 M/机会 O/高 H/无互动 NI/默认 D/未知 NK/不适用 NA/量化 Q	1.0/0.9/0.8/0.3/0.1/0/0.55/0.5/1.0/自定义
部署范围 SC	所有 A/适度 M/罕见 R/可能触及 P/默认 D/未知 UK/不适合 NA/量化 Q	1.0/0.9/0.5/0.1/0.7/0.5/1.0/自定义

计算方法：

$$\text{攻击面分值} = [20 \times (RP + RL + AV) + 20 \times SC + 15 \times IN + 5 \times AS] / 100.0$$

第17章
异常情况处置

这会产生一个介于 0 和 100 的值,然后用该值除以 100,得到攻击面分值。

- 环境(Environmental)度量,特定环境或操作环境特有的弱点特征,相应评分参考表 17-8。

表 17-8　　　　　　　　　　　环境指标评分对照

指标子类	赋值描述	分值范围
商业影响 BI	关键 C/高 H/中 M/低 L/无 N/默认 D/未知 UK/不适用 NA/量化 Q	1.0/0.9/0.6/0.3/0/0.6/0.5/1.0/自定义
发现的可能性 DI	高 H/中 M/低 L/默认 D/未知 UK/不适用 NA/量化 Q	1.0/0.6/0.2/0.6/0.5/1.0/自定义
剥削的可能性 EX	高 H/中 M/低 L/无 N/默认 D/未知 UK/不适用 NA/量化 Q	1.0/0.6/0.2/0/0.6/0.5/1.0/自定义
外部控制有效性 EC	无 N/有限 L/适度 M/间接 I/最佳 B/完成 C/默认 D/未知 UK/不适用 NA/量化 Q	1.0/0.9/0.7/0.5/0.3/0.1/0.6/0.5/1.0/自定义
流行率 P	广泛 W/高 H/常见 C/有限 L/默认 D/未知 UK/不适用 NA/量化 Q	1.0/0.9/0.8/0.7/0.85/0.5/1.0/自定义

计算方法:

$$环境分值 = [(10 \times BI + 3 \times DI + 4 \times EX + 3 \times P) \times f(BI) \times EC] / 20.0$$

如果 $BI = 0$,$f(BI) = 0$;否则 $f(BI) = 1$。

CWSS 最终分值计算方法:

$$最终分值 = 基本发现分值 \times 攻击面分值 \times 环境分值$$

CWSS 最终分值是在 0 到 100 之间。基本发现分值在 0 到 100 之间,攻击面分值和环境分值均在 0 到 1 之间。

以 Apache Log4j2 远程代码执行漏洞为例,使用 CWSS 方法进行漏洞评估:

TI:C, 1.0/AP:A, 1.0/AL:A, 1.0/IC:A, 1.0/FC:N, 1.0;
RP:T, 1.0/RL:N, 1.0/AV:A, 1.0/AS:N, 1.0/IN:A, 1.0/SC:A, 1.0;
BI:C, 1.0/DI:H, 1.0/EX:H, 1.0/EC:N, 1.0/P:NA, 1.0。

为了可读性,矢量已被分成多行,每行代表一个度量组。
根据上文中的计算方法,计算过程如下。
第一步,计算基本发现分值。

$$\{[10 \times TI + 5 \times (AP + AL) + 5 \times FC] \times f(TI) \times IC\} \times 4.0$$

$$f(TI) = 1$$

$$基础发现值 = \{[10 \times 1.0 + 5 \times (1.0 + 1.0) + 5 \times 1.0] \times 1 \times 1.0\} \times 4.0$$
$$= [(1.0 + 10.0 + 5.0) \times 1.0] \times 4.0 = 100$$

第二步,计算攻击面分值。

$$[20 \times (RP + RL + AV) + 20 \times SC + 15 \times IN + 5 \times AS] / 100.0$$
$$= [20 \times (1.0 + 1.0 + 1.0) + 20 \times 1.0 + 15 \times 1.0 + 5 \times 1.0] / 100.0$$

第三步，计算环境分值。

$$[(10 \times BI + 3 \times DI + 4 \times EX + 3 \times P) \times f(BI) \times EC] / 20.0$$

$$f(BI) = 1$$

环境分值= $[(10 \times 1.0 + 3 \times 1.0 + 4 \times 1.0 + 3 \times 1.0) \times 1 \times 1.0] / 20.0$

最后，得出最终分值。

$$100 \times 1.0 \times 1.0 = 100（高危）$$

最终分值为100，所对应的危险级为高危，应立即进行修复。

3．国家标准漏洞分级指南

《信息安全技术 网络安全漏洞分类分级指南》是由中华人民共和国国家市场监督管理总局和国家标准化管理委员会发布的，是现行的国家标准，其中漏洞评估和等级划分的计算方法的内容为安全从业人员进行漏洞评估提供了方法。

网络安全漏洞分级根据漏洞分级的场景不同，分为技术分级和综合分级两种分级方式，其中技术分级反映漏洞的危害程度，而综合分级反映在特定环境下漏洞的危害程度。

网络安全漏洞分级过程包括分级指标和分级方法两方面内容。分级指标反映漏洞特征的属性，包括被利用性指标类、影响程度指标类以及环境因素指标类这3类。分级方法主要阐述漏洞分级的具体实现步骤和实现方法，包括漏洞指标分级方法、漏洞技术分级方法和漏洞综合分级方法。

技术分级和综合分级两种分级方式的分级等级均为超危、高危、中危、低危4类。

国家标准漏洞分级指标对照，如表17-9所示。

表17-9　　　　　　　　　　国家标准漏洞分级指标对照

指标	指标子类	赋值描述	分值范围
被利用性	访问路径	网络/邻接/本地/物理	分值为1～9（参考《信息安全技术 网络安全漏洞分类分级指南》附录被利用性分级表）
	触发要求	低/高	
	权限需求	无/低/高	
	交互条件	不需要/需要	
影响程度	保密性	严重/一般/无	分值为1～9（参考《信息安全技术 网络安全漏洞分类分级指南》附录影响程度分级表）
	完整性	严重/一般/无	
	可用性	严重/一般/无	
环境因素	被利用成本	低/中/高	分值为1～9（参考《信息安全技术 网络安全漏洞分类分级指南》附录环境因素分级表）
	修复难度	高/中/低	
	影响范围	高/中/低/无	

通过对被利用性、影响程度和环境因素3个指标进行赋值，再根据赋值的结果对照标准中的分级表进行分级，再根据分级计算出结果。技术分级由被利用性和影响程度这两个指标得出，而综合分级则需再加上环境因素指标。

根据不同的情况，在标准中根据被利用性分级表 48 种组合、影响程度分级表 9 种组合、环境因素分级表 27 种组合，最终根据漏洞技术分级表 21 种结果对照得出漏洞技术分级，对照漏洞综合分级表 14 种结果得出漏洞综合分级。（参考《信息安全技术 网络安全漏洞分类分级指南》附录漏洞技术分级表及漏洞综合分级表。）

以 Apache Log4j2 远程代码执行漏洞（CNVD-2021-95919）为例，根据《信息安全技术 网络安全漏洞分类分级指南》制定的安全漏洞等级划分步骤如下。

第一步，通过访问路径赋值为"网络"，触发要求赋值为"低"，权限需求赋值为"无"，交互条件赋值为"不需要"，确定被利用性指标为 9。

第二步，通过分别确定保密性、完整性和可用性的影响程度赋值为"严重"，确定影响程度指标为 9。

第三步，通过确定被利用成本为"低"，修复难度为"高"，影响范围为"高"，确定环境因素指标为 9。

第四步，根据被利用性和影响程度这两个指标赋值，漏洞技术分级的等级为"超危"。

第五步，根据被利用性、影响程度和环境因素这 3 个指标赋值，漏洞综合分级的等级为"超危"，最终得到结果如表 17-10 所示。

表 17-10　　Apache Log4j2 远程代码执行漏洞分级

漏洞编号	被利用性指标				影响程度指标			环境因素指标			技术分级	综合分级
	访问路径	触发要求	权限需求	交互条件	保密性	完整性	可用性	被利用成本	修复难度	影响范围		
	网络	低	无	不需要	严重	严重	严重	低	高	高	超危	超危
CNVD-2021-95914	9				9			9				

漏洞管理不仅是安全运营工作关注的重点，同样是化被动为主动的防御手段。有效且持续的漏洞识别及管理，可以更好地收敛攻击面，降低企业产生风险的可能性，同时提高攻击者入侵的成本及延长利用的时间。

17.2　安全事件管理

安全事件（Security Incident）是指由于外部攻击者或者内部员工有意或无意的操作，最终导致服务中的业务功能出现完全或间歇中断、数据异常、访问缓慢、用户敏感信息泄露等，并对业务收益、用户体验、企业形象等产生影响的意外现象。

安全事件管理（Security Incident Management），也被称为应急响应，指安全组织通过对突发安全事件的识别、分析、处置，从而降低对信息资产影响的过程，这是安全运营工作非常重要的一部分。

安全事件管理主要包含事前准备、事中处理及事后反思 3 个阶段。

17.2.1 事前准备阶段

在事前准备阶段，企业应按自身实际情况制定相应的安全事件管理策略，通常包含相应组织与人员、安全事件定级标准、工具集准备及制定相应预案等内容。

建立安全事件管理团队，至少由专家组、应急响应人员、业务人员以及政府关系人员组成。

- 专家组，负责对相应安全事件处理预案、制度及规程内容进行审核并对履行过程进行监督管理，对升级的安全事件进行评估、确认及指导，在安全事件的定级上有最终裁定权。
- 应急响应人员，负责对安全事件相应的制度文件进行拟定及修改，制定相应的安全事件处理预案，对发生的安全事件级别进行识别评定，同时协助处理安全事件。
- 业务人员，负责执行业务恢复流程，执行安全解决方案，以及验证业务正常状态。
- 政府关系人员，负责对内外事件的通报，以及配合调查、取证、上报电子证据给相应的监管部门。

建立适当的安全事件管理的组织及团队，确认相应人员的角色责任，能够对安全事件进行有效的处理，减小事件的影响，提高安全运营人员的工作效率。

制定安全事件定级标准的目的是通过事件定级确认修复时间，简单的安全事件定级标准及修复时间如表 17-11 所示。

表 17-11　　　　　　　　　　安全事件定级标准及修复时间

等级	定级标准	修复时间
A 级	涉及商业机密、用户敏感信息，对核心系统、网络系统、业务系统造成非常严重的影响及无法弥补的损害，给企业品牌和业务造成重大危机或直接经济损失	4 小时
B 级	涉及用户敏感信息，对核心系统、网络系统、业务系统造成严重影响，可能会给企业品牌和业务造成重大危机或经济损失	1 天
C 级	对核心系统、网络系统造成比较严重的影响，暂未造成经济损失	4 天
D 级	一般不对核心系统、网络系统造成影响	7 天

企业的安全事件定级标准应参考多个维度，如安全合规、信息泄露、用户敏感信息、网络安全、系统安全、页面篡改、木马病毒等进行安全事件的分级。

确定事件修复时间，如 A 级事件的修复时间为 4 小时、B 级事件的修复时间为 1 天、C 级事件的修复时间为 4 天、D 级事件的修复时间为 7 天。企业应按照实际情况制定修复时间，如在规定修复时间内无法完成，企业将启动灾难恢复计划。

为了更好地完成工作，安全人员应该建立相应的安全事件处理平台以及系统，持续收集相应的软件、程序及工具，并形成安全工具集，比如信息收集工具、漏洞扫描工具、流量分析工具、密码爆破工具、无线测试工具、网络嗅探工具、进程查看工具、流量分析工具、应用扫描工具、移动端测试工具、数据库扫描及注入工具、专用漏洞利用工具、压力测试工具以及木马专杀工具等。

工具没有好坏，当使用的人是黑客的时候，工具就变成了伤害企业的黑客工具；但是当使用的人是安全从业人员的时候,那么工具就会变成帮助企业完善安全防护措施的安全工具。

除了准备相应的工具,安全人员还需要准备相应的安全预案,如业务方面、网络方面、系统方面以及内部攻击方面等的相关流程及处理手段,并定期进行演练以检验有效性。预案越完善,当事件来临的时候处理会越发从容。

比如业务服务遭受了拒绝服务攻击,安全运营人员通过预案流程进行处理,当发现有疑似攻击时,验证是否为攻击。如果确认为攻击,则立即进行封禁止损(通知网络部门进行近源封禁),或按流程将业务流量切换到清洗机房,同时通知安全分析人员进行调查分析。安全分析人员通过调查取证,查明攻击的来源、攻击的类型,并形成证据链提交给政府关系团队进行上报。

17.2.2 事中处理阶段

在事中处理阶段,通过事件处理流程对疑似事件进行检测与验证,并进行事件响应及处理、事件上报、缓解止损、调查取证、业务恢复以及问题最终修复。

安全事件处理流程如图 17-2 所示。

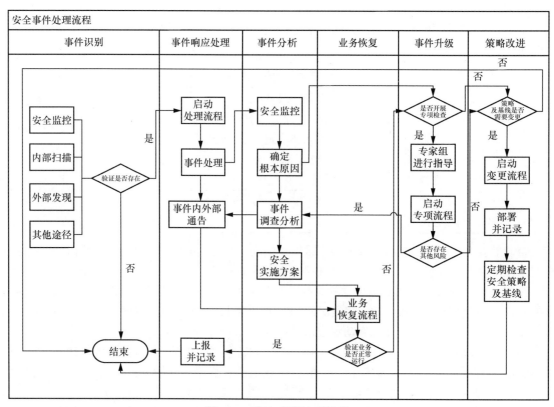

图 17-2 安全事件处理流程

安全事件处理流程中各阶段的行动包括以下内容。

在事件识别阶段,当安全运营人员收到疑似安全事件通知后,来源包含但不限于安全监控、内部扫描、外部提交、威胁情报以及其他渠道,安全运营人员需要立即进行识别验证,如果存在,则进入事件响应处理阶段。注:疑似 B 级以上安全事件由信息安全委员会专家组进行最后确认。

在事件响应处理阶段,根据安全预案对事件进行处理,由安全响应人员对安全事件进行止损缓解操作,如断开网络连接、迁移业务流量等,并将存在的问题转到相关责任部门处理,安全人员则对事件原因进行分析。同时,相关部门准备对事件进行内外部通告,如在业务恢复时对外通告等。

在事件分析阶段,安全人员对受影响的业务系统及主机系统进行调查取证,定位根本原因,给公关部门内外部通告提供相关证据,同时制定安全实施方案,对业务恢复提供支持。安全人员对安全事件发生的根本原因、影响范围、修复时长以及严重程度进行分析及评估,决定是否开展专项检查,如果开展检查,则进入事件升级阶段。

在业务恢复阶段,在事件分析的同时,业务部门按照既定的业务恢复流程对业务进行恢复,并验证业务是否正常运行,如果正常,则上报处理结果并记录到安全案例库。如未正常提供服务,则进入事件升级阶段。

在事件升级阶段,当决定开展专项检查,则由专家组进行指导,启动专项流程,确认是否存在其他风险,执行事件调查分析,并进行业务恢复流程,在事件升级处理过程中,专家组及安全人员指导业务部门对问题进行处理,使业务恢复正常。如果无其他风险,则确认现有策略及基线是否需要变更,如果需要变更则进入策略改进阶段。

在策略改进阶段,在发现安全问题的同时,确认是否修改安全策略的基线配置。如果不需要修改配置,则完成了事件处理流程,整个流程记录归档。如果确认修改配置,则进入配置变更流程,部署并记录,定期检查安全策略及基线配置。至此整个安全事件处理流程结束。

而当安全人员在事件分析阶段,通过调查取证和追溯反制,固定证据,并形成证据链,由专家组根据事件的影响,决定是否提交给政府关系团队进行上报处理。

17.2.3 事后反思阶段

安全人员在事件处理完成后应该进行事件复盘、经验总结以及安全策略更新。应对每个事件都进行总结与反思,查找不足之处,如处理流程、预案及工具准备、防护盲区,以及根据事件处理报告对比攻击者的思路及路径,从而总结经验教训。

在复盘过程中需要格外注意以下 3 个指标,其同样是安全运营的关键指标。

- 平均检测时间(Mean Time To Detect,MTTD)是指事件发生到被检测出所花费的时间平均值,可用于查看安全事件的检测速度,并验证安全检测能力有效性以及检测能力是否全面覆盖。

$$MTTD =安全事件发生与检测之间的总时间/事件数量$$

- 平均修复时间(Mean Time To Repair,MTTR)是事件发生后到修复正常的时间平均值,用于查看安全事件的解决速度,并验证安全协同能力以及业务系统的恢复能力有效性以及是否需要改进及优化。

$$MTTR = 总修复时间/事件次数$$

- 平均无故障间隔（Mean Time Between Failure，MTBF）是指同类型安全事件再次发生的时间平均值，用于查看安全事件的发生频率，并验证安全策略有效性以及策略措施是否需要更新。

$$MTBF = 总运行时间/安全事件发生次数$$

安全组织通过对整个事件的复盘，根据这些指标找到安全策略措施的不足，如处理流程、工具、预案以及防护盲区等，从而更新相应的防护策略措施，优化相应流程，更新应急预案，提高事件检测速度与解决速度，最终提升安全防护能力。

17.2.4 安全事件处理策略

安全事件处理最重要的就是时间，分秒必争。因此，当安全事件发生后，应立即进行安全事件处理。

大多数企业的安全事件处理策略是通过基于时间维度的安全事件检测响应 PDR 模型，建立自动化应急响应处理平台对安全事件进行快速反应及处理，完善调查取证系统的对事件根因进行溯源调查，从而全面提高企业安全防护、检测以及响应能力。

1．基于时间维度的 PDR 模型

PDR（Protection-Detection-Response）模型是信息安全工作中常用的模型，这是美国国际互联网安全系统（Internet Security System，ISS）企业提出的基于时间的可证明的安全模型，是最早体现主动防御思想的一种网络安全模型，其思想是承认信息系统中漏洞的存在，正视信息系统面临的威胁，通过采取适度防护、加强检测工作、落实对安全事件的响应、建立对威胁的防护来保障系统的安全，同时，它也是一个可量化、可数学证明、基于时间的安全模型，包括 P（Protection，保护）、D（Detection，检测）、R（Response，响应）3 个部分。

P 是通过一系列安全技术及方法来实现的，如防火墙、加密和认证等方法。

D 是指通过不断地检测和监控网络和系统，来发现新的威胁和弱点，通过循环反馈来及时做出有效的响应。

R 是指针对安全问题所采取的办法。

所有的安全技术措施是围绕安全策略的具体需求而有序地组织在一起的，构成一个动态的安全防护措施。保护及其保护时间 P_t（系统在黑客攻击下的生存时间）、检测及其检测时间 D_t（黑客攻击开始到被发现的时间）、响应及其响应时间 R_t（从发现攻击到做出有效响应的时间）的关系如图 17-3 所示。

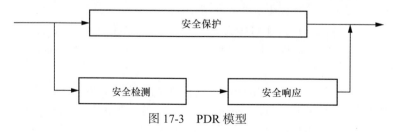

图 17-3　PDR 模型

简单来讲，PDR 的思想是所有与信息安全有关的活动，包括攻击行为、防护行为、检测行为

17.2 安全事件管理

和响应行为等都要消耗时间,可以用时间衡量一个体系的安全性和安全能力。

安全状态:$P_t<D_t+R_t$,系统安全(系统的防护时间 P_t 大于检测及响应事件,系统安全)。

非安全状态:$P_t<D_t+R_t$,系统是不安全的。

系统暴露在不安全因素环境的时间(也就是黑客在入侵到被发现的时间)$E_t=(D_t+R_t)-P_t$。

PDR 模型有很多扩展,如 PPDR 模型以及 PPDRR 模型,其中 PPDR 模型增加了策略(Policy),而更进一步演化的 PPDRR 模型增加了恢复环节,包括策略(Policy)、保护(Protection)、检测(Detection)、响应(Response)和恢复(Recovery)5 个主要部分。

2. 自动化应急响应处理平台建设

所有的安全防护措施都是基于时间的,超过保护时间防护措施就有可能失效,应该思考如何确认信息系统中可能存在的攻击,如何缩短检测及响应的时间,保护重要的系统。必须正视系统所面临的相应威胁,从而设计合适的策略、保护、检测、响应及恢复。

安全编排自动化和响应(Security Orchestration Automation and Response,SOAR)就是一种自动化应急响应处理平台。它将各类安全应急响应过程中的动作进行组合,按照剧本化的方式自动开展应急响应工作,大大缩短了检测及响应的时间,如图 17-4 所示。

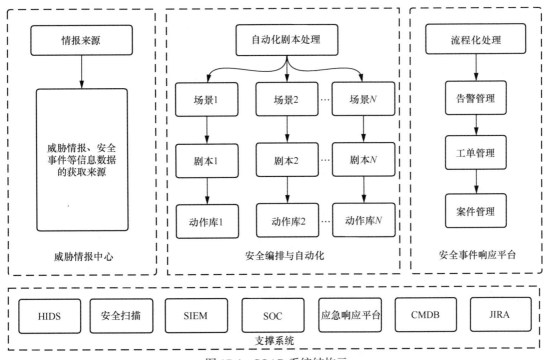

图 17-4 SOAR 系统结构示

早在 2017 年 Gartner 将 SOAR 定义为安全编排自动化和响应,并将其看作安全编排与自动化(Security Orchestration and Automation,SOA)、安全事件响应平台(Security Incident Response Platform,SIRP)以及之前介绍过的威胁情报平台 3 种技术的组合。

第一种技术是安全编排与自动化。安全编排是指将不同的系统或者一个系统内部不同组件的安全能力通过可编程接口（API）和人工检查点，按照一定的逻辑关系组合到一起，用以完成某个特定安全操作的过程。安全自动化特指自动化的编排过程，也就是一种特殊的编排。SOAR 通常通过应用和动作（Action）机制来实现可编排指令与实际系统的对接。应用和动作的实现是面向编排指令开发者的。

安全编排与自动化实现了剧本的编辑维护，以及应用和动作的管理。安全编排与自动化的核心是剧本库和应用库（动作库）。这些库可以被安全分析、告警管理和案件管理等功能随时调用。

第二种技术是安全事件响应平台。这是事件响应及处置的平台，主要包括告警管理、工单管理、案件管理等功能模块，其中告警管理包括告警分诊、告警调查、告警响应和告警库 4 个功能。其中核心是告警分诊和告警调查。告警分诊能够自动地聚合告警信息，减少管理员需要查看的告警数量，同时还能自动计算告警的可信度和处置优先级，帮助管理员聚焦关键的告警。而告警调查是指针对告警信息的补充调查分析，剔除虚警，并将模糊的、低质量的告警变成高质量、有价值的告警的过程。工单管理就是通过流程化工具，如 JIRA 系统，进行告警处置与响应，实现对安全事件的快速闭环响应，自动生成新的工单，并通知相关责任人进行处理，确保响应过程可记录、可度量、可考核。案件管理是安全事件响应管理的核心功能，帮助用户对一组相关的告警进行流程化、持续化的调查、分析与响应处置，并不断积累该案件相关的证据以及攻击者的技术过程指标（TTP），从而实现持续地对一系列安全事件进行追踪处置。

第三种技术是威胁情报平台。它是安全组织对威胁情报进行管理，通过多源威胁情报的收集、关联、分类、共享和集成，以及与其他系统的整合，协助用户实现攻击的阻断、检测和响应的一种方法。

借助自动化应急响应处理平台，通过编排好的安全应急响应剧本，当安全事件发生时，系统将通过自动化的手段进行响应，减少人工干预，让安全人员有更多的时间去分析根本原因，更新相应的安全防护策略。

设计及开发事件响应平台，安全事件响应及处理的速度和效率能够得到保证，安全应急响应的质量也能够得到保障，更能够在真正的攻防对抗实战中为防守者争取时间，加速威胁响应处置。

3．调查取证能力建设

调查取证的目的是安全组织规范调查取证人员、流程、工具和方法，对事件进行分析，确定根本原因，获取相应证据，保存完整的证据链，作为溯源的支持信息，并协助监管机关进行案件处理，从而威慑及打击入侵者。

安全人员在调查取证过程中，除使用威胁情报分析模型 Cyber Kill Chain 和 ATT&CK 矩阵之外，还有钻石模型（Diamond Model）。它是由塞尔焦·卡尔塔吉罗内（Sergio Caltagirone）、安德鲁·彭德格斯特（Andrew Pendergast）、克里斯托弗·贝茨（Christopher Betz）在 2013 年的论文"The Diamond Model of Intrusion Analysis"中提出的一个针对网络入侵攻击的分析框架模型。

钻石模型提出，不论何种入侵活动，其所有的基本元素都是一个个的事件（Event），而每个事件都由以下 4 个核心特征组成：对手（Adversary）、能力（Capability）、基础设施（Infrastructure）和受害者（Victim）。4 个核心特征间用连线表示相互间的基本关系，并按照菱形排列，从而形成类似"钻石"形状的结构，因此得名"钻石模型"。同时，该模型还定义了社会关系（对手和受害者之间的）和技术能力（用于确保能力和基础设施的可操作性）两个重要的扩展元特征。

因此，我们可以将每个事件理解为对"对手在哪些基础设施上部署哪些针对受害者的入侵攻击能力"的结构化描述。安全人员可运用支点（Pivoting）分析，提取单一的元特征作为起点，借助威胁情报、告警信息等可观测数据，结合对元特征间关系的理解和分析，进而发现其他相关的元特征，获取更多的关于对手的情报，发现新的攻击能力、已经/可能被攻击的基础设施和受害者（包括潜在受害者）。它提供了关于对手的组件间相互依赖性的一种理解，从而在对手的意图和结果之间创建一条完整的活动线，形成证据链。

同时，钻石模型是一个基础概念，它有助于对攻击活动进行分析。它不但可以确定攻击者的攻击行为和路径，还可以帮助安全人员选择使用最小的代价保护系统，让攻击者攻击成本最大化。

企业进行调查取证应成立相应的调查取证团队，至少应包含安全人员、专家组成员、业务人员、法务人员、政府关系人员以及外部律师或专家等。

通过建立相应的安全事件处理平台以及系统，完善相应的取证软件、程序及工具，并形成工具集。通过合法合规的取证流程进行调查取证，形成完整证据链，并建立上报流程，对证据进行上报。

企业进行调查取证的简略流程如下。

第一步，收集证据。保护环境并妥善保存收集到的证据，如账号信息、进程信息、服务信息、启动项信息、计划任务信息、网络连接信息、内存数据、敏感文件及文件夹的修改信息等。

第二步，固定证据。应确保所有的记录和文档清晰、真实、完整且有时间特征，保留所有日志，如应用日志、系统日志以及安全日志等，并兼顾当地的法律，形成有效、合法的证据链。

第三步，案件上报。将调查结果上报专家组，由专家组确认是否上报给相应监管机构。

第四步，记录归档。对整个事件的调查取证过程进行记录并归档。

信息安全体系化建设成熟度高的企业，均配备相应的调查取证团队、设计和开发调查取证的系统或平台，这将大大提升企业安全反制能力，并通过案件公开以及宣传，提升企业名誉，形成对恶意攻击者的威慑能力。

在安全运营工作中，安全事件管理是非常重要的一部分，加强对安全事件前、中、后阶段的管理，做好事件应急响应，有利于企业安全事件的快速处理和安全防护策略的更新，从而持续提升企业安全保护水平。

17.3 渗透测试

渗透测试（Penetration Test）是指内部或外部安全团队通过模拟黑客的攻击方式及方法，评估企业信息系统安全与否的一种方法。同样，它也是为了证明企业安全防御是否按照预期计划正常运行而提供的一种机制，是制定成熟、完善安全计划的重要组成部分。

简单来说，渗透测试是指渗透人员在不同的位置（如内网、外网）采用可控、非破坏性质的方法和手段发现目标和网络设备中存在的弱点，输出渗透测试报告，帮助我们知晓系统中存在的安全隐患和问题。我们就可以根据安全加固建议，制定相应的安全策略及措施，从而进一步提升系统的安全性。

17.3.1 渗透的方法

经过多年的发展，渗透测试的工作流程以及方法也日渐成熟。根据对目标的了解状态，可将渗透测试分为黑盒测试、白盒测试、灰盒测试。

- 黑盒测试是指测试者对目标系统完全不了解的状态，测试人员需要通过收集信息，如企业对外提供的服务，或者暴露在外面的端口服务，接近目标系统的测试方式，主要是模拟外部黑客对企业的攻击，旨在收敛企业的攻击面。
- 白盒测试则与黑盒测试相反，测试者可以通过与企业沟通获得一切关于目标系统的信息，包括业务逻辑、网络架构、服务器列表等，这类测试的目的是模拟内部员工的恶意行为，旨在发现内部的安全问题和缺陷。
- 灰盒测试是介于上述两种测试之间的一种方法。测试人员需要渗透测试者能够根据对目标系统所掌握的有限知识与信息，来选择评估整体安全性的最佳途径。这类测试的目的是，渗透测试者如同黑客一样入侵，需要从外部逐步渗透进入目标网络，但他所拥有的目标网络底层拓扑与架构将有助于更好地决策攻击途径与方法，旨在验证整体的安全防护策略措施是否完善。

攻防演练也是灰盒测试的一种，组织方通常会站在更高的角度来检验企业的安全策略是否正确、安全防护措施是否有效，以及安全事件管理规程（如监控、响应、恢复等）是否做得到位等。

17.3.2 渗透的流程

渗透测试是对系统的受控攻击，用以评估系统的当前安全状态的过程，而这个过程需要分阶段进行，且每个阶段都要进行适当的记录，为之后的复盘做准备。

简单的渗透流程，主要分为渗透前、渗透中与渗透后3个阶段，如图17-5所示。

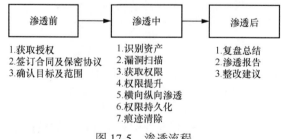

图17-5 渗透流程

渗透测试各阶段的主要活动如下。

在渗透前阶段，切记一定要获取授权，签订合同及保密协议，确认目标及范围。

在渗透中阶段，通过识别资产、漏洞扫描、获取权限、权限提升、横向纵向渗透、权限持久化、痕迹清除等检测安全团队的保护措施、检测能力及响应能力。如果发现重大安全问题，则需暂停渗透测试，立即向企业汇报。

在渗透后阶段，渗透测试结束之后，复盘总结，提交渗透测试报告，报告中要详细说明测试的设备、步骤、利用方法、影响以及整改建议等相应信息。

17.3.3　渗透的人员

在渗透测试中，测试人员与黑客采用相同的攻击策略、手段及工具，最终目的都是尝试突破目标的边界并访问受保护的数据或控制系统。

渗透测试的人员主要分为以下几种。

- 内部测试人员，一般由企业安全人员兼任，有些大型企业还会建立专业的渗透团队，如红队（攻击方）、蓝队（防守方）、紫队（裁判或组织方）等"彩虹队伍"，从而有效开展企业内部的攻防演练。
- 外部测试团队，一般指第三方专业的检测团队，如专业的安全企业、各企业的 SRC（Security Response Center，安全响应中心）平台，以及"白帽子"众测平台等。
  - SRC 平台是指企业通过建立 SRC 平台，通过协议集中对"白帽子"进行授权，让"白帽子"可以对企业对外服务的业务系统进行安全渗透，并提交渗透测试报告。企业建立 SRC 的目的是通过奖励引导"白帽子"进行产品渗透测试，从而提升产品及业务的安全水平。SRC 平台上应包括漏洞评分及奖励标准、漏洞提交的流程和方式、联系方式，以及异议解决说明等内容。
  - 众测平台是指企业借助第三方的声誉或影响，帮助企业收集漏洞信息，从而实现提升业务产品安全水平的一种方式。这种模式是企业先入驻第三方平台（授权给第三方平台），而第三方平台对企业的产品进行渗透测试，由第三方平台和企业对漏洞进行评估，并按照相应标准予以奖励。企业开展众测的目的是加强与业界的合作和交流，并通过多方面渠道，提高"白帽子"的积极性，发现现有业务的安全问题，从而提高产品的稳定性及安全性。

渗透测试和黑客入侵虽然使用同样的工具和技术，但最大的区别在于渗透测试有被攻击目标的合法授权。

17.3.4　攻防演练

攻防（Offensive and Defensive）演练是指在真实环境下开展对抗的渗透测试活动，目的是提早发现企业网络安全问题所在，并针对问题及时整改，提升企业的网络安全防护能力。

进行攻防演练有三个好处。第一个好处，发现企业潜在安全威胁，通过模拟入侵来验证企业内部 IT 资产是否存在安全风险，从而寻求应对措施。第二个好处，强化企业安全意识，通过攻防演练，提高企业内部协同处置能力，预防风险事件的发生，确保企业的高度安全性。第三个好处，提升团队能力，通过攻防演练，以实际网络和业务环境为"战场"，真实模拟黑客攻击行为。防守方通过企业中多部门协同作战，模拟大规模攻击情况下的防护流程及运营状态，提升应急处置

第 17 章
异常情况处置

效率和实战能力。

攻防演练的核心是攻防两方的较量,也就是人与人之间的对抗。攻击方尝试使用复杂的攻击技术识别和利用网络防御中的潜在弱点,能够准确评估企业预防、检测和安全事件处置能力。防守方由事件响应团队组成,承担识别、评估和响应入侵的工作,通过攻防演练能够反映出防守方的安全防御和应急响应的能力。

攻防演练中攻击方展开从攻击面分析、边界突破、横向渗透到攻破目标的攻击过程,防守方则展开从暴露面收敛、边界防御、区域控制到强化控制的防守过程。但双方不是一味地攻击或防御,比如攻击方要防御来自防守方的蜜罐欺骗。攻防演练过程实质是攻中有防,防中藏攻。在这场激烈的攻防博弈战中,双方不断增进技术,改进安全策略,联合多方视角帮助企业组织了解自身的安全能力,并能够有针对性地进行提升,减少被攻击的可能性,最大程度地保障企业网络安全。

参与网络安全攻防演练的团队通常包括红队、蓝队以及紫队。

- 红队通过模拟攻击实现系统提权、控制业务、获取数据等,以发现系统的薄弱环节。
- 蓝队是参加演练的企业与外部专家在演练期间组成的防守队伍。
- 紫队作为攻防演练活动的组织方,负责活动过程的监控指导及应急保障等工作,并在最后做出演练总结,提出优化建议。

在攻防演练中,红队采用的攻击方式随着网络技术的发展而不断升级,开始是针对网络边界的攻击,之后则是广泛使用社工、近源、供应链攻击以及零日攻击等方式。当然,每个阶段、每种攻击方式并不是完全独立的,攻击者为了达到攻击目的,经常会混合利用多种攻击方式。

红队常见的攻击手段通常有以下几种类型。

第一种,网络边界渗透。针对企业开放于互联网的设备或系统,如网站、邮件系统以及 App 等。

第二种,组件漏洞利用。很多通用组件由于各方面原因存在安全漏洞,这也将给企业带来很多潜在隐患,如 Apache Log4j2 漏洞、OA 漏洞、中间件漏洞等。

第三种,零日攻击。各类零日漏洞大部分和暴露在互联网上的 Web 应用相关,将直接威胁到核心系统的安全。

第四种,弱密码。收集及验证企业及人员的密码策略,包括弱强度密码、默认密码、通用密码、已泄露密码等不同类型。

第五种,供应链攻击。通过查找目标企业的上下游供应商(比如设备供应商、安全供应商等)的软件或系统、管理上的漏洞,进一步攻击目标。

第六种,社工网络钓鱼。社工网络钓鱼在实战中的应用越来越广泛。

攻击队将以人为目标,通过发送钓鱼邮件或文件木马给相应的人员进行社会工程学攻击,还有搭建钓鱼用的 Wi-Fi 热点进行中间人攻击,或者在场所放置木马 U 盘,利用人的好奇或贪小便宜的心理等待人员插入 U 盘等方式。

针对红队多种多样的攻击手段,蓝队应该根据红队攻击手段,而不断从技术角度更新防护手段,提升自动化水平。这样可以实现在攻防演练和平时的安全防护过程中,能让防守不再被动、响应不再滞后,兼顾安全防护水平与效率。

通过 PDR 模型构建覆盖保护、检测、响应 3 个阶段的安全防御策略，将应急响应式的被动防御转变为覆盖事前、事中、事后的主动防御，从而达到纵深防御的安全效果。

蓝队在 PDR 3 个阶段的工作内容如下。

- 保护阶段。安全加固，消除安全隐患，提升整体防御能力。

摸清企业组织的网络安全架构及具体各种资产的情况，全面了解网络边界到靶标系统的所有路径。利用渗透测试、红队评估等手段，发现和评估信息系统原有的脆弱性，预测攻击者可能采取的攻击方式。并基于预设环境，对核心数据系统、业务系统、权限控制系统迅速构建精确的威胁检测模型，形成安全基线，并对主机层面的细粒度数据进行实时监控、检测，主动捕获异常行为，提前发现问题。

在资产细粒度清点的基础上，持续、全面、透彻地发现潜在风险及安全薄弱点，包括弱密码、安全补丁、应用风险等。通过补丁升级、策略优化、部署安全设备等手段，将风险降到最低，并增强对威胁的可见、可防、可溯源等综合能力。做好安全预案并开展安全培训，从安全技术和意识等方面提高技术人员处置能力以及增强全员安全意识，最大限度地限制红队进行网络钓鱼等非技术性攻击的成功率。

- 检测阶段。实时监控，判断入侵行为是否存在。

对攻击路径的每个节点都进行监控，实时发现失陷主机，并对入侵行为进行告警。根据所收集的情报数据，采用相关技术和工具来分析不同来源的数据，确认系统中是否存在威胁。

- 响应阶段。及时止损，更新防御策略。

进行安全应急响应，确认攻击路径后，对攻击快速、及时地进行响应处置，遏制攻击的影响范围，并消除攻击发生的所有要素，确保攻击者无法进一步攻击。

企业形成基于保护、检测、响应的安全防御体系，全面复盘在演练中暴露的脆弱点，并根据需求升级防护策略，以进一步提高目标系统的安全防护能力，为下一步安全建设规划提供必要的支撑。

攻防演练又分为内部攻防演练（红蓝对抗）以及外部攻防演练（护网行动）。

1. 红蓝对抗

红蓝对抗参考了军事演习中的叫法。信息安全领域的红蓝对抗是指企业组织攻守双方（红队与蓝队）在实际环境中进行网络进攻和防御的一种内部攻防演练的方法。红队模拟黑客进行攻击，而蓝队负责防御，从实际攻防行动中有效地验证企业安全防护能力，有助于找出企业安全中较脆弱的环节，提升企业安全能力，如图 17-6 所示。

红蓝对抗的人员包括红队、蓝队以及裁判，其中红队是攻击方，成员可以是内部人员，也可以是外部专家，通过完全模拟黑客攻击，系统地对整个企业进行不受限的攻击，发现系统的薄弱环节。蓝队是防守方，一般是在演练期间组成的防御团队，可以是内部人员，也可以邀请内外部专家进行指导，目的在于发现企业内部应急处理和安全防护体系上的问题。裁判一般由企业安委会专家组成员组成，对红蓝对抗整体过程进行监督并保证其对抗公正性，对提交成果进行评判，保证成果的有效性，并负责活动过程的监控指导及应急保障等工作，在最后做出演练总结，提出优化建议。

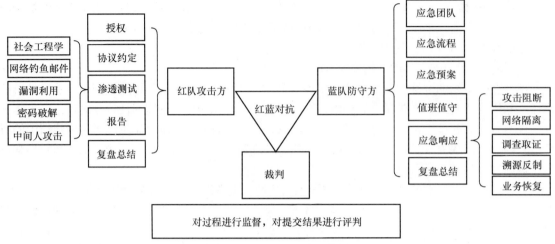

图 17-6 红蓝对抗示例

红蓝对抗活动各队主要活动如下。

首先，裁判组织启动红蓝对抗活动，召开启动会，宣布规则及注意事项等，采取相应的技术措施对整个红蓝对抗过程中红、蓝队的活动进行实时监测及监督。

其次，红队在参加启动会，收到授权邮件和活动协议后，成立相应团队，制定相应攻击计划，对目标进行渗透活动，包括但不限于进行社会工程学、钓鱼邮件、漏洞利用、密码破解以及中间人攻击等手段。并做好记录，形成报告并进行上报，由裁判根据规则对报告进行评定。

蓝队在参加启动会后，成立应急团队，制定演练计划、应急预案及应急流程，开展安全培训，在攻防活动中进行值班值守以及应急响应，具体包括但不限于攻击阻断、网络隔离、调查取证、溯源反制及业务恢复等，并将溯源报告上报裁判，由裁判进行评定。

最后，裁判对两队的上报结果进行公布，评判胜负，并进行复盘总结，根据问题提供相应的安全加固方案，完善相应安全策略，提升整体安全防护能力。

注意事项：内部红蓝对抗活动应由安委会专家组发起，范围、协议由业务方、专家组、安全部门红队和蓝队成员确认，成果确认应按照相应文件要求。在复盘总结后，所有涉及的漏洞务必修复完成。

红蓝对抗帮助企业排查和分析攻击面/暴露面，从排查系统安全隐患和保障网络安全的角度出发，在有监督的条件下，运用多种攻防技术模拟真实的网络攻击，完成对目标系统安全性和运营保障有效性的评估。攻防演练也是构建完备的安全策略的关键组成部分，能够帮助安全组织识别网络边界内人员、流程和技术的弱点，检验企业安全防护能力以及对安全事件的监测发现能力和应急处置能力。通过对抗、复盘和研讨，总结经验教训，提升网络安全保障整体能力和水平。

2．护网行动

护网行动是由监管部门组织的外部攻防演练，针对全国范围的真实网络目标对象进行实战攻防活动，旨在发现和解决安全问题，检验各大企事业单位、部属机关的网络安全防护水平和应急处置能力，提高企业的综合防控能力。

17.3 渗透测试

攻击方由监管系统内部技术力量、头部互联网渗透团队,以及安全企业组合的技术力量组成,防守方为目标企业。经过多年的工作开展,护网行动逐渐形成常态化,基本每年都会开展一次,对企业来讲也算是一项重要任务。企业应认清形势,提高站位,夯实责任,将网络安全责任制工作要求落实落细,确保网络安全工作有序、安全、高效。

在围绕目标系统制定演练策略后,开展护网行动的首要步骤是攻击面分析与暴露面收敛。攻击方试图通过信息收集获取目标可用的信息,将各攻击点连接汇成攻击面,攻击面越广意味着发现潜在漏洞的可能性越大,攻击成功的概率也就越大。同样地,防守者关注自身的暴露面,分析自身可能存在的安全风险,然后通过安全方案最小化暴露面,以此降低安全风险。防守方通过信息收集,获取的结果越全面,对自身安全状况了解就越透彻,对抗的思路也越清晰,进而找到降低安全风险的最优解决方案。攻击者往往只需要利用目标存在的某个脆弱点即可发动网络攻击,安全组织欲在攻击者发现风险之前消除或管理风险,需了解自身安全现状并探知未知风险。为了应对这些挑战,安全组织必须实现完整的可视化和持续监控。

企业在护网行动中应该从事前准备、事中处理、事后复盘3个阶段开展相应的工作,如图17-7所示。

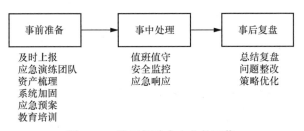

图 17-7 护网行动中企业的工作

企业(防守方)在护网行动事前、事中、事后的应对措施如下。

在事前准备阶段,在收到监管通知后,应及时上报给高层领导,并成立相应的应急演练团队,部署攻防演练相关工作。做好系统、网络、服务器等资产的梳理,无用的系统及服务及时下线。通过全面的风险评估实现资产梳理和系统加固,收敛暴露面,如及时更新补丁、提高漏洞扫描的力度、做好修复工作等。并对各类突发事件做好预案,尽量做到及时响应并处理,将损失减到最小,做好教育培训,增强全体员工安全意识,减少被社工的风险。

在事中处理阶段,做好值班值守工作,实行 7×24 小时值班制度,采用 0 报告方式。做好值守,对业务、网络及服务器运行状态进行日常安全监控,出现异常进行报警,并及时响应、处理。攻防演练主要考验的是应急响应及处置的能力,这取决于技术的积累。在护网行动中,由于攻击方是大量专业的人士,不可能做到万无一失,当出现被攻破的情况时也不用慌张,先根据相应的应急预案进行处理,再根据实际情况进行适当的调整和修正。应急响应大致可分为几个阶段,具体内容如下。

- 攻击阻断。发现外连 IP 地址,进行封禁。
- 网络隔离。将业务切走,并针对被攻击的服务器及疑似受影响的网络进行隔离排查。
- 调查取证。通过排查定位原因及影响,最好同取证单位一起收集证据链,并由取证单位开具电子数据司法鉴定报告。
- 溯源反制。根据证据定位攻击源、攻击对象，最好能确认攻击方，然后报警，防止出现有人在攻防演练过程中实施真实的攻击行为。
- 木马清除。清除相应的木马、后门文件，最好重装系统，防止持久化木马。
- 业务恢复。将业务切回。

在事后复盘阶段，演练结束后，演练团队务必召开总结会，全面复盘、分析得失，根据演练报告对比攻击思路及路径，整改相关问题，优化相应安全策略，从而提升安全能力。

护网行动是监管机构为了检验国家关键信息基础设施的安全防护能力而开展的，可提升企业网络安全应急处置队伍应对能力，完善应急处置流程和工作机制，提高安全事件应急处置综合能力。

在日常安全运营过程中，企业目前的安全状况是什么样的，有哪些安全防护系统在工作，以及制定的安全策略和措施是否将提供必要的保护水平，是否符合之前设计的安全规划，都可以通过渗透测试的方式进行验证，从而发现不足、改进防护策略措施，帮助企业组织了解自身的安全能力，并能够有针对性地进行提升，减少被攻击的可能性，最大程度地保障企业网络安全，这是开展攻防演练的最终目的。

17.4 本章小结

希望读者了解安全异常情况处置的相关知识。漏洞管理是指对安全漏洞进行识别及管理，减少受攻击的风险；而安全事件管理是针对安全事件的管控，降低事件对企业带来的损失和影响；最后是渗透测试，为了检验安全防护策略和应急响应恢复的有效性。不论是针对各种意外事件的发生所做的准备，还是在事件发生后所采取的措施，其目的都是将事件所造成的损失减到最小。

第 18 章

业务持续运营

业务持续性管理（Business Continuity Management，BCM）是指企业制定有效的业务持续性策略及计划，在发生灾难、战争或重大信息安全事件时，遵循相应的流程来提高企业的风险抵御能力，及时恢复已中断的业务活动，确保业务持续运营发展而实施的管理活动。BCM 的目标就是业务在任何条件下都可以持续经营，这同样也是信息安全的终极目标。

BCM 主要由策略、流程、人员、资源及计划这 5 个方面组成。

- 策略（Policy）是指为设计和建立 BCM 工作提供总体的框架和策略支持，通过概述业务持续性计划（Business Continuity Plan，BCP）的目的来帮助企业理解 BCP 的重要性。
- 流程（Process）是指当灾难发生，业务受到威胁时，需要采取一系列关键步骤，及时恢复系统、数据和业务，以减小损失。
- 人员（People）是指 BCM 流程的执行主体和关键因素，合理的分工、人选和职责定义有助于 BCP 顺利进行。在应急恢复流程中，可能涉及的人员包括领导小组成员、灾难恢复功能操作小组成员、外部联系人员、恢复工作设施联系人员等。需要注意的是，涉及的人员还包括企业外部人员，如合作方、供应商等。
- 资源（Resources）是指 BCM 中需要构建的信息系统基础设施和业务持续的相关资源，人员按照一定的流程操作并应用这些资源，才能保证业务快速从灾难状态恢复。
- 计划（Plan）是指为了实现 BCM 策略、规范 BCM 的流程以及规范 BCM 人员的职责，从而制定有效的 BCP。

BCP 是指制定相应的策略，采取有效措施积极防范并处理自然或人为所造成的一系列后果，使灾难的影响和损失控制在企业能够接受的范围内，使业务产品持续运营。灾难恢复计划（Disaster Recovery Planning，DRP）是指自然灾害或人为事件发生后，根据预定的计划，尽可能快地使企业重新恢复业务运行，每个人知道自己应该做些什么，快速接管业务，使生产业务不停顿，从而最大程度地减小损失。

灾难恢复计划的目标是最小化灾难或中断的影响，这就意味着应该采取必要的步骤，确保资源、人员和业务流程能够及时恢复运作。而 BCP 则提供了处理长期中断和灾难的方法和程序。灾难恢复计划是在灾难发生后立即处理灾难及其后果，通常是以 IT 资源为核心，所以，灾难恢复计划是事后处理流程。灾难恢复计划是 BCP 的一部分，而 BCP 是整体的计划，包括事前防御策略以及事后处理流程。

假如 BCP 团队需要制定在南海某小岛数据中心机房台风的 BCP，那么首先要确定哪些业务功能最有可能成为目标，是否会影响到所有业务功能，以及其他项目是否会直接或间接地波及，恢复的及时性对业务流程和企业的生存至关重要。例如,客户可能接受支持的功能12小时不能使用,但如果这个功能72小时还不能使用,那有可能你就失去了这个客户。那么,如果超过12小时怎么办?答案是启动灾难恢复计划,判定已到最大容许停机时间(Maximum Tolerable Downtime,MTD)无法恢复,需要在规定时间内将服务迁移到备用机房。运维团队检查备用机房系统资源,备用数据中心系统启动,数据团队迁移并恢复数据,将服务从小岛数据中心机房切到备用机房,为用户持续提供服务。

18.1 制定业务持续性计划

各种各样的灾难,如重大自然灾害等,都将严重影响一些企业持续经营,这就是制定 BCP 的原因。

安全组织制定一个简单的 BCP 的过程,如图 18-1 所示。

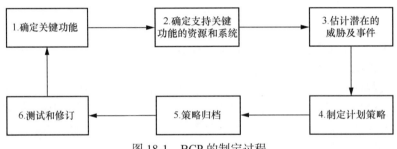

图 18-1 BCP 的制定过程

BCP 的制定过程的说明如下。

第一步,确定关键功能。确定企业关键的业务功能,务必为这些功能设定优先级别,这样才能指出什么对于企业的生存是至关重要的。

第二步,确定支持关键功能的资源和系统。确定了关键的功能之后,务必找出实现这些功能究竟需要哪些支持。这些支持不一定只是计算机系统,也有可能是员工、程序、任务、服务供应商的支持。对这些关键功能来讲,制定计划的过程中必须确定哪些资源和系统无法获取,将产生什么样的后果。需要有专人对这些资源进行分析,分析工作应该由那些理解资源并知道它们是如何为企业提供功能的人员来完成。这些人通常应该知道各种资源之间的相互依赖关系,以及资源缺失造成的真正后果。

第三步,估计潜在的威胁及事件。确定所有可能的意外事件及灾难,这不仅需要内部的专家,为了使计划制定得更完善,同样需要外部的专业咨询人员来参与制定计划,全面识别尽可能多的问题。

第四步,制定计划策略。确定如何恢复关键资源和评估应急方案,一个有效的灾难恢复计划通常包括突发事件响应、恢复和复原等活动。突发事件响应涉及保护生命和止损,恢复包括为使关键功能重新回到工作状态而采取的一系列必要步骤,复原是使企业回到初始工作状态的活动。

第五步，策略归档。将制定的策略进行归档，并将计划的备份保留在除主站点之外的一个或多个地方，这样就算主站点被破坏，团队仍然可以获得 BCP。

第六步，测试和修订。需要对 BCP 做定期测试，因为环境因素一直在变化，每一次测试都能够带来一些改进，需要进行定期测试及演练，用以维护这个计划的时效性。有个好的方法，就是将计划的维护工作也包含到变更管理流程中。

18.2 业务持续性计划的内容

不同企业由于业务的不同，可能在 BCP 内容上会略有不同，但在目标上是一致的，都是在发生灾难或重大信息安全事件时，可以遵循相应的流程提高企业的风险抵御能力，保证业务持续运营，及时恢复已中断的业务活动，实现业务持续运营。

BCP 的内容应包括组织与人员、威胁评估、业务影响分析、策略计划、计划测试及维护等。

18.2.1 组织与人员

BCP 组织由安委会业务持续性小组指导及监督，成员应该由业务团队、技术团队、运维团队、安全团队、公共关系团队以及设备厂商对接团队等组成。

BCP 组织相应的分支团队如下。

- 沟通团队，负责及时获得有关威胁发展的信息，负责对内与对外的沟通与联系。
- 评估团队，负责对危险进行评估，评价业务中断的严重程度。
- 业务影响分析团队，负责确定各类业务功能的优先恢复顺序。
- 重建团队，负责灾难后让备用站点投入运营的各项事宜。
- 恢复团队，负责将备用站点转回主站点，并恢复运营的各项事宜。

通过配置 BCP 的组织与人员，可以明确角色责任，确认 BCP 目标、范围以及标准。

18.2.2 威胁评估

威胁评估就是风险评估团队全面识别并分析各种潜在威胁，通过定量或定性的方式对各种威胁的来源、类型、影响程度以及可能性进行评估的过程。

企业面临的主要危险如下。

- 区域性的各种自然灾害，如洪水、地震等。
- 人为事故或蓄意破坏造成的严重灾难，如火灾等。
- 网络攻击引起的重大安全事故。
- 业务应用、硬件、软件及网络故障等。

所有的危险都应纳入企业的危险评估范围，并且应对各种危险的类型、危害程度以及可能性进行评估。

对企业来说，一个完备的 BCP 必须尽可能多地考虑到所有可能的危险情况，威胁评估的最后结果应该是评估团队提供的一份有关威胁效益分析的详细陈述报告，要有对威胁的精确描述、哪些威胁可能发生，以及需要采取的保障业务持续性和缓和威胁的措施，同时要有因为克服了威胁而带来的收益分析，这份报告还应该描述清楚任何现有的前提或者限制因素。

18.2.3 业务影响分析

业务影响分析（Business Impact Analysis，BIA）是指对关键性的业务功能，以及当这些功能一旦失去作用时可能造成的损失和影响的分析，应该在 BCP 的开始阶段执行，是 BCP 中重要的步骤。通过收集、分析、评估灾害对业务影响进行定量或定性的风险评估，确定在发生灾难或中断时，哪些服务及系统将会遭受最大的损失，确定企业必须存活的关键系统，并确认企业可以忍受的各种不幸事件的 MTD，可以帮助企业确定各类业务功能的优先恢复顺序。

在 BCP 团队中没有人会真正理解所有的业务流程，以及这些业务流程运行所需的资源，所以要先收集这些信息。这是由 BCP 团队中负责业务影响分析的人员完成的，如通过调查、访谈或研讨会等多种方式进行数据收集。

在完成数据收集后，进行汇总及分析，确定哪些功能、业务、系统、设备及流程是关键的。如果系统是独立的，不会影响其他系统，并且具有较低的优先级，那么可以将其分类到优先级低的恢复步骤。这意味着在恢复阶段不会优先处理这种系统，直到关键的业务恢复后再处理。

在确定了关键功能之后，还必须找出那些单独的业务流程所需要的具体内容，所确定的业务流程需要的资源不一定只是 IT 资源，还可能包括人员、程序、任务及供应商的支持。若这些支持资源中有一个或多个不可用，关键功能就可能就会失效，所以 BCP 团队必须确定不可用的资源和系统将对这些关键功能产生什么类型的影响。

在进行了这些分析之后，才有可能对企业的各种功能进行分类。

- 关键功能：如果这类功能被中断或失效，就会彻底危及企业的业务并造成严重损失。
- 紧急功能：这些功能一旦失效将会严重影响企业长期运营的能力。
- 重要功能：企业可以继续运营，但这些功能的失效会在很大程度上限制企业的效率。
- 正常功能：企业可以继续运营，功能的缺失不会影响企业的运营能力，但可能会影响一些用户体验。
- 非必要功能：企业可以继续运营，这些功能的缺失不会影响企业的运营能力。

根据各种功能的恢复需求，企业便可为上述各类功能设定业务停止的 MTD。

业务影响分析定义对象恢复时间，在进行影响分析之后可能会发现，在一次灾难之后恢复业务运营时，首先恢复部分功能就足够了，比如在 24 小时内先恢复日常业务的 40% 就够了。详细定义好在灾难发生或业务中断之后保障业务功能运营的资源需求也是可能的，这些资源包括基础设施、人力资源、文档、记录、设备、电话、传真机等，无论需要什么资源都要有完备的规范要求。拥有适当的细节要求是非常重要的，因为在威胁事件发生时，会产生一定程度的慌乱，到那时再决定这类细节几乎已经不可能了。成本因素在进行影响分析时也是不能忽略的。

经过威胁评估和业务影响分析之后，统计企业需要保持业务持续的基础业务。然后将企业的业务分成 5 类，即关键业务、紧急业务、重要业务、正常业务和非必要业务，以及其 MTD。

功能等级对应的 MTD 如表 18-1 所示。

表 18-1　　　　　　　　　　　　功能等级对应的 MTD

功能等级	MTD
非必要的	30 天
正常的	7 天
重要的	72 小时
紧急的	24 小时
关键的	4 小时

有这样的分类就可以让业务恢复的优先顺序十分清晰，这样业务恢复的目标就可以用指标进行量化。

18.2.4　策略计划

BCP 策略是用于指导企业在业务中断时进行响应、恢复、重新开始和还原到预先确定的业务运行水平的程序，包括预防策略、响应策略、接续策略、恢复策略以及复原策略等。

- 预防策略，目的是减少灾难发生。预防策略可以减少威胁，保护企业的弱点区域，防御威胁的发生并降低其影响。

如企业场所的安全、人员控制、相关基础设施（如 UPS、后备电池、烟雾探测器、灭火器等）控制、软件控制、相关的高可用性手段等。企业保障其资源（包括信息资产）的可用性和安全性，安全策略也必须针对这些对象而制定，并且提供有关资源使用和管理的指南。在识别企业的所有资源、资源的布局以及威胁管理等之后，制定出实施安全策略所需的必要的控制措施，这些控制措施必须进行测试及更新。

当措施部署到位，就可以监控对系统的入侵行动并防范那些试图破坏系统的行为。策略执行必须保证在实施过程中不能对日常业务带来限制或引发其他问题，如系统的访问和使用障碍等。

- 响应策略，这是当威胁发生时的反应动作，目的是阻止威胁的进一步扩大，也就是止损。

当威胁发生时需要评估威胁的程度，从而通过与外部世界的正常通信挽回企业的声誉，启动必要的恢复时间表。对业务中断的第一反应应该是告知所有相关的人员，及时告知非常重要，因为这可能会给阻止威胁的进一步扩大创造机会。如果在适当的时机执行措施，如一次关机或者一次切换，甚至有可能完全防止威胁的发生。但是这需要有诊断或检测控制的存在。这类控制或者可以持续扫描以探测发生中断的征兆（网络、服务器），或者可以从外部资源搜集信息（自然灾害），准确告知程序必须事先制定好相应措施。必须清楚地记录在案，如需要告知谁、怎样告知、由谁告知，而且还得有告知扩大通知的机制。

必须建立紧急联系列表或告知树，把最初的告知发送给一组人，再由他们中的每个人去告知

第18章
业务持续运营

另一组人，依次类推，属于这棵告知树的人都有不同的责任和作用。还有很重要的一点就是每一个团队都应明确第二负责人，万一第一负责人没有通知到或者无法负起责任，那么必须告知第二负责人。告知可以使用各种工具或手段（如 IM 软件、短信、电话和电子邮件等）实现，每个团队都应当有相应的配备。

威胁评估团队应该是最早被告知的，他们应当最早来到现场，以便评估所遭受的威胁程度和级别。如果工作现场已经遭到破坏，那么他们就应该做好各项准备，一旦允许进入现场就开始工作。

评估过程本身也应有计划地进行，必须与保障业务持续性的优先顺序密切相关，这就是说威胁评估团队应当意识到威胁所影响到的工作区域和工作流程是否对整个业务的运行至关重要。这将有助于他们优化评估进程，同时也可正确地关注关键性工作区域。有了威胁评估团队提供的有关受损程度和受损区域的详尽信息，技术团队便可立刻投入工作。

BCP 必须拥有一组基于业务影响分析和持续性目标的标准，这些标准应该能够区分出中断和灾难的不同性质，同时也能评价出威胁的严重程度。当威胁评估团队和技术团队开始工作时，其他 BCP 团队也应依照警示告知到位，以便按照 BCP 采取应当采取的行动。

- 接续策略，涉及那些时间敏感的业务流程，不是针对所有业务的恢复。时间敏感的业务可以在中断发生后立即接续，或者是在可允许的一段时间后接续。

有关业务接续运营的决策过程，在哪里和怎样进行业务接续、需要采取什么行动，以及接续哪些业务到何种程度等，都需要在此加以说明。还要为 BCP 团队中的各个小组指定各自应该采取的行动，每个小组要完成指定的任务。一旦 BCP 被激活，命令由高层领导或安委会业务持续性团队发出。

需要做出的第一个决策是，关键性业务的运营能否在日常的工作场所或者在一个备选场所很快恢复运营。通信、网络和工作站需要设置，与外界的联系必须保持畅通。企业可以首先手动恢复一些业务，直到关键的 IT 业务可以继续运行为止。当然，如果恢复计划允许，那么关键业务功能也可采用自动方式迅速恢复。

- 恢复策略，目标是时间敏感度稍低一些的业务流程，业务恢复的开始时间要取决于接续那些时间敏感的业务流程需要的时间。

恢复点目标（RPO）是指企业在对业务造成重大损害之前可能丢失的数据量，该目标表示为从灾难到最近一次备份的时间度量。如果以定期计划的 24 小时增量备份全部或大部分数据，那么在最坏的情况下，企业将丢失 24 小时的数据。

恢复时间目标（Recovety Time Objective，RTO）指的是组件可以中断或宕机多少时间而不会对业务造成重大损害。有些组件可能会宕机数天而不会产生严重的后果。而一些高优先级的应用只要停下来超过 5 分钟，就会导致业务异常，给企业带来巨大损失。

执行业务恢复的程序，也可写入灾难恢复计划，这一部分计划文档的组织可以有很多种方式。一种方式就是简单地列出所有的恢复目标（按照 RPO、RTO、目标服务器/网络等来罗列）。根据每一目标进行计划分解，同时明确相应的团队/负责人以及任务。还有一种方式就是按部门来组织。无论采用哪种方式，应确保所有的 BCP 目标都能覆盖到，这部分必须编排得像一本操作手册，由一系列简单明确的指令构成，恢复团队完全可以按照这些指令进行恢复操作。各种操作之间的相互关系也必须加以明确说明，所有的指令和说明必须明白无误，以免因可能引起误解或不明了而导致时间损失。

在进行业务恢复的场所（可以是主要场所或备选场所），需要在备份的设备上恢复操作系统，并按照关键性次序恢复必要的应用系统。当服务于关键功能的应用系统恢复之后，则需要从备份磁带或其他异地备份媒介上恢复数据。

备份数据也必须经常保持同步，也就是说，重建的数据应当与业务中断之前的某一预先确定的时间点的数据相吻合。该时间点的选择取决于关键业务的要求。由于商业数据有各种不同的来源，因此重建的每一种数据都必须与所需的数据达到一致性状态。经过同步的数据必须经常进行复查并保持有效。这种复查必须强制执行，因为在威胁发生的紧急关头，不可能再有闲暇来测试数据是否可用。因此，必须要有一套清楚的方法、策略或复查清单来执行这个让数据保持有效性的过程。

一旦数据达到了可靠的状态，企业的事务就可以加速运行，因为灾难已经得到处理，所有的关键性功能都已得到接续。逐步地，其他业务也可开始恢复功能。

- 复原策略，目的是恢复业务。就是最终要在原有的场所或者一个全新的场所完全恢复所有的业务流程，需要标明每个团队及负责人的责任和任务。

恢复团队从某个备选场所开始支持恢复运营的时候，对主要场所的全部功能进行复原的工作也可以展开。如果原有场所在灾难后的确无法恢复，则需要在一个新的场所进行复原工作。恢复团队和复原团队有可能是同一组人，必须确保该复原场所配备必要的基础设施、设备、硬件、软件和通信设备，而且要对该场所能否处理全部的业务流程进行测试。执行上述所有行动的计划应当包括一个时间跨度定义，确定在某一时间跨度内必须完成哪些行动。这个时间跨度的定义必须与企业的恢复目标相一致。BCP 团队必须意识到，如果在任意时间点，他们的行动超出了规定的时间跨度，那么这个意外事件就必须立刻上报到指挥中心，由指挥中心立刻制定相应的解决办法，否则企业就无法实现其恢复目标。

18.2.5 计划测试及维护

只有测试通过的 BCP 才可以使用，一定要进行定期测试及演练，维护 BCP 的有效性。没有经过测试的 BCP，在灾难真正来临的时候将造成比灾难更大的风险。一旦有新的系统、新的业务流程或者新的商业行动计划加入企业的生产系统或者信息系统，引起企业整体系统发生变化，就更应该强制启动这种测试程序，如企业为了业务持续性而对组织进行新的调整、在 BCP 测试过程中发现了新的问题或发现的更好的行动方式等。

BCP 的维护应该是变化和改进的结合与不断促进，每一次对 BCP 所做的改动都应该及时通知所有的 BCP 团队，并具体落实到每一次的培训和测试过程中。与业务持续性相关的资源，也会受到维护的影响。人员会通过培训和测试程序受到影响，设备会通过维护程序受到影响。企业没有 BCP 就像不设防，不可能阻止任何不可预测的破坏所造成的各种损失。所以企业必须认真对待 BCP。

很多灾难的发生，事先都是无法预测的。我们能做的只有设计一个合适的 BCP，可以在灾难来袭的时候，增加企业人员及业务生存所必需的方法和手段。

18.3　本章小结

希望读者了解 BCM 的相关内容，我们不可能为每一种可能性都做好准备。设计和开发 BCP 就是为了应对这些不确定性的问题，就算不能预测灾难是否会发生或什么时候发生，也可以为之制定相应的应对措施。制定 BCP 的意义就是考虑所有可能发生的灾难，估计潜在的损害和损失，对潜在的灾难进行分类和排序，并在这些事件真的发生时制定可行的替代方案，让业务可以持续运营。

第 19 章

安全运营中心

随着企业信息化的快速发展,安全工作也面临着巨大的挑战。网络安全的威胁和攻击者手段在不断变化,攻击方式和利用工具也在不断更新,企业面临越发复杂的安全环境,安全防护策略需要不断完善及优化。

比如一般的互联网企业,内部安全设备每天会生成海量日志,且每天产生的各类设备及系统日志不计其数。如果无法做到集中管理和分析,安全威胁可能就淹没在海量的日志文件中。倘若再加上全网的网络流量、业务系统日志,以及大量内外部威胁情报的信息,没有强大和高效的处理能力和响应速度,就很难在其中发现安全威胁,无法实现有效的安全防御。这样日复一日会对信息资产造成巨大安全威胁,一旦被攻击者利用,将给企业带来不可估量的损失和影响。

安全组织通常会建立安全平台或者安全运营中心(SOC),将企业中的各安全设备及系统协同运行起来,实现对各类网络安全资源的集中监控、统一策略管理、智能审计,以及多种安全功能模块之间的关联分析。并且能够在多个安全系统模块协同的基础上实现实时监控、安全事件预警、报表处理、统计分析、应急响应等功能,使得网络安全管理工作由繁变简,更为有效,这同样是企业信息安全体系化建设达到一定成熟度的体现。

SOC 是一个可视化的安全事务管理平台,更是企业信息安全工作的"大脑",采用集中方式统一管理所有安全系统及产品,并通过对收集到的各种安全信息和情报进行深层的分析、统计和关联,及时反馈信息资产的安全态势,快速定位安全风险并提供相应的解决方案,从而提高安全运营工作的效率。

建立有效的 SOC 的 3 个重要因素分别是人员、技术和流程。

第一个重要的因素是人员。在人员方面,应该有一个良好的安全运营团队,其中至少包括安全运营人员、安全工程师及安全专家。

安全运营人员负责简单问题的处理以及异常情况的发现;安全工程师负责定位异常情况,分析事件,并给出解决建议,更新事件预案;而安全专家负责对事件的最终定级及整个过程进行监督。

第二个重要的因素是技术。在技术方面应该通过多种技术,实现管理多种安全系统、设备及产品,并对海量日志进行集中汇聚、关联、分析,及时定位潜在的安全风险,从而保护组织资产,为业务系统的安全状态监控、故障快速定位、事件关联分析、系统报表分析等提供安全技术方面的支持。

第三个重要的因素是流程。在流程方面主要是指安全事件处理流程、安全故障定位流程、应急响应流程、日常操作流程等。

企业通过 SOC 将人员、技术、流程 3 个因素更好地结合起来，将日常安全工作变无序为有序、化复杂为简单，全面提升企业安全运营能力。

同时，SOC 又将各类安全产品功能组成一个整体安全防控体系，在整体的安全策略下，使安全人员、安全系统、安全产品、安全设备以及安全流程有机结合，实现对信息资产的保护。SOC 架构如图 19-1 所示。

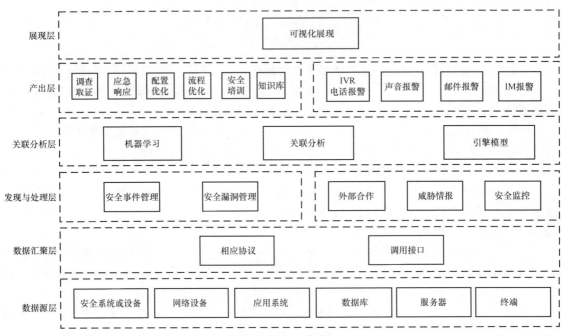

图 19-1　SOC 架构

SOC 架构中主要包括以下内容。

- 数据源层，这是 SOC 数据的源头，用于采集相应基础数据，如各类安全系统或设备、网络设备、应用系统、数据库、服务器以及终端等。
- 数据汇聚层，指通过相应协议和调用接口，将基础数据汇聚到 SOC。
- 发现与处理层，指通过安全监控，并结合内外部情报，对安全事件及安全漏洞进行识别、响应及处理。
- 关联分析层，指采集各种威胁情报、安全信息进行关联分析，利用机器学习的方法和相应的引擎模型，实现数据关联与分析，形成对新型威胁的检测规则和学习模型。
- 产出层，指通过 SOC 平台的关联分析及处理，提高应急响应的效率，规范调查取证流程，配置更新及优化，充实知识库以及提供安全培训的方向，同时实现实时异常报警，报警方式有 IVR 电话报警、声音报警、邮件报警以及 IM 报警等方式。
- 展现层，指全方位、多角度的报表可视化展现，如资产风险态势、攻击者画像、安全告警趋势等，如图 19-2 所示。

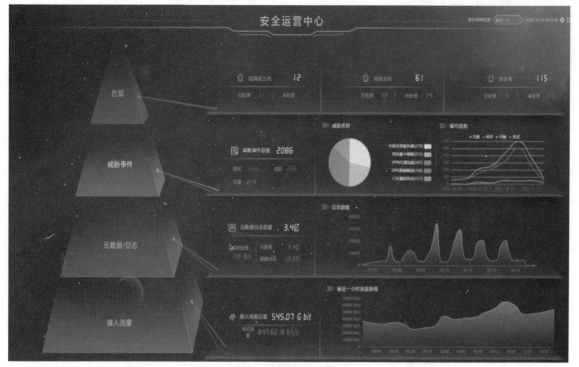

图 19-2　SOC 平台可视化示例

19.1　安全运营中心的功能

安全组织通过 SOC 实现对网络中各类数据源中海量日志的采集、处理和分析，结合内外部情报进行关联分析，建立风险评估模型，使安全组织能够实现全网的资产运行监控、事件分析与审计、风险评估与度量、预警与响应、态势分析，并借助标准化的流程管理实现持续的安全运营及策略优化。

SOC 主要包括以下功能模块，如图 19-3 所示。

- 统一安全设备管理模块，实现对各种安全设备及系统，如防火墙、防病毒网关、入侵检测系统（IDS）、上网行为管理等的统一管理，实现设备状态的监控以及安全策略的下发。最简单的实现是通过 SOC 的设计及开发，将各设备及系统的 API 或管理接口封装在后台，通过在页面上输入并点击就能实现设备或系统安全策略的输入和执行。
- 日志汇聚处理模块，实现海量日志的统一存储、查询、分析、过滤和报表生成等功能，实现对产生的日志和报警信息进行统一汇总和分析。通过日志管理系统自动收集多个数据源的信息，集中存储并进行格式化处理，与不同的事件进行关联，根据这些信息生成警报和报告，帮助安全组织检测威胁，并及时进行响应。

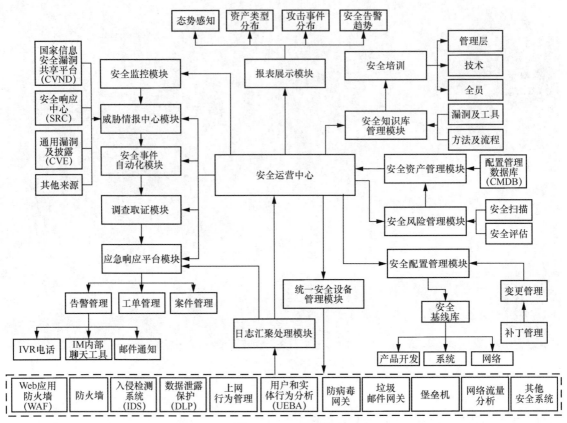

图 19-3 SOC 功能

- 安全资产管理模块,实现识别重要资产,明确企业有哪些资产是需要优先并重点保护的目标。通过与资产管理系统联动进行对企业资产信息的梳理,形成正确的人员、设备、业务及服务的相互对应关系,帮助安全组织更好地对资产进行管理。
- 安全配置管理模块,实现对安全基线库的集中管理,提高安全工作效率。配置标识统一管理,定期进行审核及验证,如有变更,通过变更管理进行,并将变更记录存储在配置管理库中,做到配置统一、变更有序。
- 安全知识库管理模块,有安全事件处理流程、安全故障定位流程、应急响应流程、日常操作流程等一系列的管理流程,同时提供了漏洞库、工具库、事件特征库、补丁库、安全配置知识库等。日常的安全运营应是一个知识与经验不断积累的过程,安全知识库的建设有利于提高安全组织的整体安全管理能力。
- 安全风险管理模块,实现根据资产、威胁及系统的安全弱点等对企业的安全风险进行统一的管理,包括风险的评估、分级以及处置措施等,并提供周期性评估报告和改进建议。通过风险处理机制将各类风险分门别类地展现出来,并进行追踪处理,实现风险可视可控。

- 安全监控模块，可以通过平台实时监控网络或主机活动，监控、分析用户和系统的行为。通过查看网络或主机系统的状况，以及不符合安全规范的行为，及时响应并处理，使得安全运营人员能更有效地评估业务系统、网络及主机系统的安全状态。
- 威胁情报中心模块，通过对多源威胁情报的收集、关联、分类、共享和集成，与其他系统的整合，将外部的威胁情报与用户自身网络中收集到的告警信息进行情报比对、分析和验证；与其他系统及产品进行联动，实现攻击的检测、响应、阻断的动作。
- 应急响应平台模块，通过对安全事件进行响应和处置，完善安全事件发现、分析、处置到更新策略、持续可控的完整过程，这同样也是安全运营的重要过程。
- 安全事件自动化模块，通过建立安全事件自动化流程和功能，完善 SOC 的安全响应及处理能力。安全事件自动化处理作为 SOC 的重要组成部分，对于 SOC 具有极强的支撑作用，可以整体上提升 SOC 的效能，包括安全事件调查分析的速度、安全响应及恢复的速度、安全系统整合能力，以及安全运营人员的工作效率。
- 安全培训模块，建立有效的安全培训和知识共享平台，它是建立企业的整体安全能力的基础，也有助于形成企业内部统一有效的安全信息传输通道，可实现安全问题上报、安全公告下发、处理和解决反馈等。
- 调查取证模块，通过建立安全事件调查取证模块，规范相应流程、工具和方法，对事件进行分析，确定根本原因，获取相应证据，保存完整的证据链，为溯源做支持，并协助监管机构进行案件处理，从而威慑及打击作恶者。
- 报表展示模块，可以提供对各类安全数据进行全方位、多角度的报表展现能力，如态势感知、资产类型分布、攻击事件分布、安全告警趋势等，并提供自定义报表展示汇报和可视化呈现，从而更好地对企业整体安全策略进行度量与验证。

SOC 将信息安全运营工作相关的方方面面都整合在一起，形成统一集中的管理操作平台，提高安全运营效率，增强全面识别安全威胁并及时响应处理的能力，并通过对安全策略措施的不断完善和优化，全面提升企业安全防护水平。

19.2 安全运营中心的建设步骤

SOC 的设计与开发是为了更好地提高安全运营的效率，是实现安全工作自动化的关键，同样也是循序渐进的工作。

SOC 系统建设应分为 3 个阶段。

第一阶段，日志收集分析阶段。实现日志的汇总，通过协议或 API 将各类安全设备日志、内部系统日志、业务系统日志以及网络流量进行收集、汇总以及集中存储，并进行格式化处理，为之后的安全事件关联分析提供基础。

第二阶段，系统关联阶段。实现安全事件应急响应与处理，将汇总的日志进行关联分析，并与相应管理系统，如资产管理平台、安全扫描系统、工单处理平台、威胁情况中心、安全事件处理平台等系统，联动起来对威胁进行整合处理，实现及时响应并恢复。

第三阶段，可视化阶段。实现用户行为可视化、数据流量可视化、安全态势可视化、漏洞事件处理可视化，并构建安全部门的展示和操作平台。

最终，经过烦琐的建设过程，实现安全运营工作的自动化处理，使 SOC 真正成为企业信息安全工作的"大脑"，变成统一、集中、可视化的信息安全管理平台。

19.3 XDR 产品

XDR 产品是近年来讨论得很火热的话题，2017 年 Gartner 指出，未来 5 年企业网络安全支出战略将发生重大改变，重心将从阻止向检测和响应倾斜。尤其是新技术快速迭代带来的新变化，XDR 再次被广泛关注，Gartner 更是将 XDR 列入 2020—2021 年十大安全项目之一。

Gartner 给 XDR 的定义是：XDR 是一种基于 SaaS 的、绑定到特定供应商的安全威胁检测和事件响应工具，可以将该供应商的多个安全产品原生地集成到一个统一的安全运行系统中，以统一所有授权的安全组件。

简单来说，扩展检测与响应（Extended Detection and Response，XDR）就是将从网络、系统、终端、云端、邮件以及应用中相应的数据，汇聚到特定供应商的统一管理平台中，经过关联分析，通过可视化平台展示出来的过程，可以将其看成一个轻量级的 SOC，如图 19-4 所示。

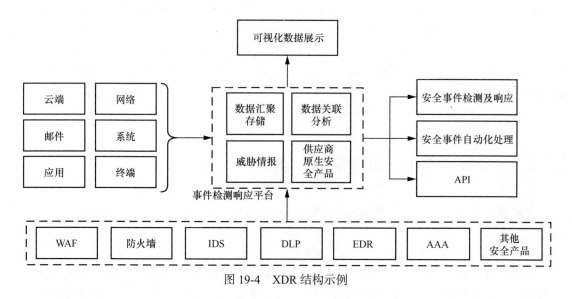

图 19-4　XDR 结构示例

XDR 将特定供应商的多个安全产品整合为一个统一的安全事件检测和响应平台，能够更好地促进威胁防御、检测、响应等安全功能之间的协同和互操作，帮助企业提升威胁检测和响应的效率。

19.3.1　XDR 产品的实现方法

要实现 XDR 产品，最少应该有威胁情报和数据汇聚，通过持续更新威胁情报及对数据的集中关联分析，实现威胁检测与响应功能。

目前有两种实现方法。

第一种是特定厂商 XDR 平台。这种方法是采用全面整合特定厂商旗下的所有安全产品，如数据分析平台、EDR、NGFW（Next-Generation FireWeall，下一代防火墙）、NDR、蜜罐等，形成完整 XDR 整体解决方案，提供覆盖网络、终端、云端、应用等的多层防御安全能力。

第二种是通用 XDR 平台。这种方法是打造通用轻量化的 XDR 平台，通过特定厂商的 XDR 平台，对接更多第三方安全产品，通过灵活、智能化的日志分析及关联查询，实现威胁的快速检测和响应。

特定厂商的 XDR 平台通常具备较丰富的私有 API 来执行自动化操作，可通过开箱即用式集成和跨产品的预先调优检测机制，快速实现可扩展的威胁检测和响应。而通用 XDR 平台的开放性更高，可以对接更多第三方特定安全产品，可通过标准协议或安全 API 与其他不同特定厂商的安全产品进行联动响应，但在与第三方安全供应商进行能力集成时也将面临挑战。

19.3.2　XDR 产品的安全能力

XDR 产品大多结合了安全信息和事件管理（SIEM）、安全编排自动化和响应（SOAR）、端点检测与响应（EDR）以及网络流量分析（NTA）等安全产品，可对多来源、多领域的安全威胁进行检测及响应，是企业安全防护的有效措施。

XDR 产品应具有以下安全能力。

- 整合能力，将不同系统的安全能力整合在一起，提供网络、终端、云端的可视化能力，在电子邮件、应用相关数据等其他领域都可以整合数据。
- 分析能力，将安全系统生成的海量数据通过机器学习算法，可以发现能表明攻击的最小的异常点。
- 自动化响应能力，和基于机器学习的分析能力类似，通过 XDR 系统进行响应方案推荐，由安全团队验证这个方案并实施。
- 协同响应能力，通过集中的响应系统，让安全团队从视图上直观看到网络、终端和云端的威胁，形成快速响应，将威胁保持在可控范围内。
- 优化能力，通过整个事件的工作流程，从而能够轻松发现问题根源、了解事件的发生顺序，以及从多个来源获取威胁情报的详细信息，简化工作流程，提高工作效率。
- 展现能力，通过一个多维度展现安全状态的页面，提供 XDR 平台关联分析后的威胁识别结果以及解决问题的方案。

XDR 与 SOC 的区别是 XDR 更关注于安全威胁的检测与响应，而 SOC 除了关注安全威胁及安全事件的闭环处理，还关注其他安全运营事务。XDR 部署在特定供应商，使用特定供应商或合作伙伴的安全产品，而 SOC 部署在企业内部，可使用任何供应商的产品。

19.4 本章小结

希望读者通过本章了解 SOC 的相关内容。安全体系建设成熟度越高的企业，SOC 的功能也将越完善、越有效。有效的 SOC 可以形成统一集中的管理操作平台，使安全运营工作自动化，提高安全风险的识别和处置能力，增强应急响应处理的能力，从而提升企业的整体安全防护能力。

附 录

常用的行业标准有信息安全管理体系参考 ISO/IEC 27001 标准、IT 风险管控体系参考 COBIT 标准、企业风险管控体系参考 COSO 框架、信息安全流程管理参考 ITIL 框架,以及系统和软件开发成熟度模型参考 CMMI 等。

1. ISO/IEC 27001 标准

ISO/IEC 27001 是以信息资产及业务风险管理为核心的管理体系,对企业建立、实施和文件化信息安全管理提出了极高的要求。该标准已成为当今国际上最权威,也是最被广泛接受和应用的信息安全领域的体系认证标准之一,ISO/IEC 27001 标准的前身是英国 BS 7799-2 标准,该标准是由英国标准协会(British Standards Institution,BSI)于 1995 年 2 月提出,经过不断完善,现行标准为 ISO/IEC 27001:2022《信息安全、网络安全和隐私保护——信息安全管理体系——要求(Information security、cybersecurity and privacy protection—Information security management systems—Requirements)》,共有 4 个控制领域,以及 93 个控制措施。

ISO/IEC 27001 的 4 个控制领域如下。

- 组织控制,指的是在企业安全体系建设中采用的关于安全管理、策略文件、流程等方面的安全控制措施,包括信息安全策略、信息安全角色和职责、职责分离、管理职责等。
- 人员控制,指的是在企业安全体系建设中采用的关于人员管理方面的安全控制措施,包括入职筛选、雇佣条件、信息安全意识教育培训、保密协议等。
- 物理控制,指的是在企业安全体系建设中采用的物理方面的安全控制措施,包括物理安全边界、物理入口控制、物理安全监控等。
- 技术控制,指的是在企业安全体系建设中的采用的技术方面的安全控制措施,如安全认证、数据备份、安全认证、访问控制等。

ISO/IEC 27001 标准从管理、技术、人员、过程的角度来定义、建立、实施信息安全管理体系,保护信息的机密性、完整性和可用性,目前几乎所有的企业都在参考 ISO/IEC 27001 建立相应的信息安全管理体系,从而确保企业业务的持续运营,维护企业的竞争优势。

2. COBIT 标准

信息及相关技术的控制目标(Control Objectives for Information and Related Technology,COBIT)是目前国际上通用的 IT 风险管控标准和信息系统审计的框架体系,为企业信息系统治理提供参考,由信息系统审计与控制协会(Information Systems Audit and Control Assotiation,ISACA)在 1996 年公布,这是一个在国际上公认的、权威的安全与工厂管理和控制的标准,经过不断完善目前较新的版本为 COBIT 2019(包含 5 个领域、40 个治理目标以及 7 大治理组件)。

COBIT 2019 的 7 大治理组件如下。
- 流程，每一个治理或管理目标都涉及一个流程，这是一个很关键的组件。
- 组织结构，不同参与程度的人员可被分为不同的责任和执行级别。
- 信息流和信息项，此组件提供对于与流程实践相关的信息流和信息项的指南。
- 人员、技能和胜任力，此组件确认了实现治理或管理目标所需的人力资源和技能。
- 文化、道德和行为，此组件就企业内支持实现治理或管理目标所期望的文化元素提供详细指南。
- 策略与程序，此组件确认了实现治理或管理目标应遵守的政策和流程。
- 服务、基础设施和应用程序，此组件提供有关被用于支持实现治理或管理目标的第三方服务、基础设施类型和应用程序类别的详细指南。

COBIT 是一个 IT 管理和治理框架，以业务为中心，为 IT 管理定义了一套通用的管理流程。每个流程都与流程输入和输出、关键活动、目标、绩效度量和基本成熟度模型一起定义。在具体运用过程中，企业可依据自身特点，结合信息系统开发生命周期各个阶段的不同特性，有选择、分阶段地实施 COBIT 中所要求的内容。

3. COSO 框架

COBIT 起源于 COSO 框架，是由美国反欺诈财务报告委员会的发起人组织委员会（The Committee of Sponsoring Organizations of the Treadway Commission，COSO）于 1985 年发起的，用来处理欺诈的财务活动和报告，是企业风险管控的重要管理框架，目前最新版本为 COSO 2017，主要包括 3 个目标、5 个部分、17 个原则及 82 个关注点。

COSO 内控框架的 3 个目标如下。
- 经营目标，指设定不同维度的经营目标来驱动企业达到理想的运营状态，如产量、成本、质量目标等。
- 报告目标，指企业对内外财务报告，对内外非财务报告的真实性、准确性。
- 合规目标，指保证在符合法律法规和政策要求的范围内运行，这也是企业经营的底线目标。

COSO 框架的 5 个要素及 17 个原则如下。
- 控制环境，包括对诚信经营和道德价值的承诺、体现监督责任、建立组织机构进行权限分配及责任、体现胜任能力以及加强内控问责机制等原则。
- 风险评估，包括明确目标、识别并分析风险、评估舞弊风险、识别并分析重大变化等原则。
- 控制活动，包括选择并执行控制活动、选择并设定一般信息技术控制活动、通过政策和程序部署控制活动等原则。
- 信息和交流，包括使用相关信息、内部沟通及外部沟通等原则。
- 监控，包括进行持续监控和独立评价等原则。

COSO 的成立是为了向美国反欺诈财务报告委员会提供支持，这是一个研究虚假财务报告的组织。COSO 框架是企业治理的模型，而 COBIT 是 IT 治理的模型，COSO 更侧重于战略层面，而 COBIT 更侧重于运行层面，可以将 COBIT 视为一种满足 COSO 中 IT 治理目标的模型。

2002 年的 SOX 法案对在美国上市的企业提出了合规性要求，使上市企业不得不考虑控制 IT 风险在内的各种风险。如果发现企业向美国证券交易委员会提交虚假会计调查结果，该法案可能会让高管入狱。SOX 法案以 COSO 模型为基础，因此企业要想遵守 SOX 法案，就必须遵循 COSO 模型。企业通常采用 ISO/IEC 27001 系列标准和 COBIT 来构建和维护其内部 COSO 结构。

4．ITIL 框架

ITIL 是英国中央计算机和电信局（目前已并入英国商务部）于 20 世纪 80 年代末开发的一套 IT 服务管理标准库。它把英国各个行业在 IT 管理方面的最佳实践归纳起来变成规范，旨在提高 IT 资源的利用率和服务质量。它融合了系统管理、网络管理、系统开发管理等管理活动和变更管理、资产管理、问题管理等许多流程的理论和实践，目前最新版本为 ITIL v4，有 34 个管理实践。

ITILv4 的 34 个管理实践又被分为通用管理实践、服务管理实践、技术管理实践 3 个部分。

- 一般管理实践：架构管理、持续改进、信息安全管理、知识管理、衡量与报表、组织变更管理、项目组合管理、项目管理、关系管理、风险管理、战略管理、供应商管理、劳动力、人才管理和服务财务管理。
- 服务管理实践：可用性管理、商业分析、职责与绩效管理、变更控制、事件管理、IT 资产管理、监控和事件管理、问题管理、发布管理、服务目录管理、服务配置管理、服务连续性管理、服务设计、IT 服务台、服务水平管理、服务请求管理、服务验证和测试。
- 技术管理实践：部署管理、基础架构和平台管理、软件开发与管理。

在 ITILv4 中提出服务管理的 4 个维度，引入了服务价值系统来指导企业的服务管理经营。在以往的理论基础上整合了敏捷、精益、开发运维等管理理念，ITILv4 通过指导原则、IT 治理、服务价值链、服务管理实践和持续改进等组件来提供服务的业务价值，成为有史以来结构完善、覆盖全面的服务管理框架。

ITILv4 的定义了 4 个维度，这些维度对于客户和其他利益相关者成功促进价值至关重要。

- 组织和人员：明确服务管理的角色和责任、正式的组织结构、企业文化以及所需的人员配置和能力，使企业中的每个人都应该清楚地了解他们对为企业、其客户和其他利益相关者创造价值的贡献。
- 信息和技术：确定企业服务管理过程中所使用的信息、知识以及所需的技术。
- 合作伙伴和供应商：识别企业进行服务管理过程中，参与设计、部署、交付、支持和持续改进服务的其他业务关系。
- 价值流和流程：定义了实现特定目标所需的活动、工作流、控制和过程。

服务价值系统（Service Value System，SVS）是 ITILv4 的关键组成部分，它促进了价值共同创造。它描述了组织的所有组件和活动如何协同工作以实现价值创造。由于 SVS 与其他组织的接口形成了生态系统，它也可以为这些组织，以及他们的客户和利益相关者创造价值。

ITILv4 通过 4 个维度、SVS 以及 34 个管理实践，实现了从流程到实践的转变，提供了通过服务关系共同创造价值的整体方法。通过 ITIL 框架，组织可以提高 IT 服务关键任务的可用性、可靠性及安全性，提供满足业务、客户及用户需求的服务。ITIL 为组织提供了应对新的服务管理挑战和利用现代技术潜力所需的指南。

5．CMMI

能力成熟度模型集成（Capability Maturity Model Integration，CMMI）是由美国卡内基梅隆大学软件工程研究所（Software Engineering Institute，SEI）组织全世界的软件过程改进和软件开发

附 录

管理方面的专家开发出来的,是在全世界推广实施的一种软件能力成熟度评估标准,主要用于指导软件开发过程的改进和进行软件开发能力的评估,目前最新版本为 CMMI V2.0。

CMMI 模型使用渐进的路径促进企业改进其开发产品或服务的过程,并采用级别来描述这一渐进的路径,如下图所示。

CMMI 模型共有 5 个成熟度等级,企业可以根据自身现状与改进目标,确定自身的成熟度等级并选择合适的阶段性改进目标。

- L1:初始级。企业满足了实践域的意图,但是实践并未得到完全实施,并且通常在解决问题时是被动的。
- L2:管理级。企业进行实践以满足实践域的意图,主动解决问题并实现计划目标。L2 不需要使用企业资产。
- L3:定义级。企业使用标准实践、资产和定制方法来解决问题,实现企业目标,计划目标并关注整体质量。
- L4:量化管理级。企业必须控制流程,并使用统计和定量技术以及预测工具来实现质量、性能和目标的衡量。
- L5:优化级。需要通过使用统计和定量技术来优化过程改进。

每个等级都在前一个等级的基础上增加新的功能或能力要求,为企业改进提供一条清晰的路径。

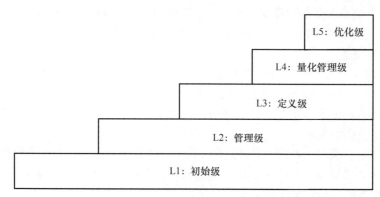

图 CMMI 成熟度等级

结 语

五代时期所著的《还金述》中讲到"妙言至径，大道至简"，说的就是真正精妙的言论就是直接的，大道（基本原理、方法和规律）也是极其简单的，简单到几句话就能说明白。

大多数企业的安全体系都可以用"一个目标、两种手段、三个部分"进行概括。

- 一个目标是指：为企业的信息系统及数据提供全面的安全保护，通过建立行之有效的信息安全体系，提高企业的整体安全防护水平，为业务发展提供稳健的信息安全保障。
- 两种手段是指：安全技术手段与安全管理手段。其中安全技术手段是安全保障的基础，安全管理手段是安全技术手段真正发挥效益的关键。安全管理手段的正确实施需要有安全技术手段来监管与验证，两者相辅相成，缺一不可。
- 三个部分是指：信息安全管理部分、信息安全技术部分、信息安全运营部分。信息安全管理部分是指为了满足监管需求以及业务需要，建立适合公司的信息安全总体方针和目标，明确安全组织架构及角色责任，形成一整套安全体系文件。信息安全技术部分是指通过各类安全设备、系统以及技术措施对企业的安全风险进行识别和管理，实现对企业业务产品的层级纵深防御机制。最后，信息安全运营部分是指运用安全管理及技术的手段，始终维持安全保护目标的安全保护状态，对异常安全情况进行日常有序处理，实现业务持续平稳运行。

除了这"三个部分"，笔者认为还应该有一个安全审计部分，实现"权力应该放在笼子里"。安全审计部分将对安全组织的权力进行制约，同时对安全体系建设的成果进行考核和审计，这将会使安全体系更加有效。

简单来讲，企业整体的安全建设工作从明确需求开始，识别业务及关联组件，进行全面的安全风险管理，通过企业信息安全体系建设，运用管理与技术的手段，逐步拥有有效的安全防御能力、安全检测能力、安全处理能力、安全恢复能力以及安全反制能力，最终实现风险可视化、防御主动化、运营自动化的层级纵深防御机制，并通过日常有序的工作保证业务平稳持续的运行。

"罗马不是一天建成的"，企业信息安全体系建设也一样，应该有目的、有规划，循序渐进地进行。读者务必清楚，安全体系建设从来就不是一个项目，而是一个持续不断发展的过程，这个过程还需要不断更新和修正。

信息安全领域很庞大，知识更新迭代也很迅速，新技术、新产品层出不穷，作为安全从业者应该保持自我修行的状态，持续学习，提高能力。

结　语

正所谓："路漫漫其修远兮，吾将上下而求索"。

希望通过本书，读者可以系统全面地了解企业整体信息安全体系建设工作的相关知识，能有一些启发和触动。如果您有什么意见或建议，欢迎随时留言、批评和指导。

最后，向那些奋斗在企业进行安全体系各方面建设的各级安全从业者们致敬！

大家要保重身体，多抽出时间陪陪家人。

有缘下本书见，再次谢谢您的阅读！

马金龙
2023 年春